贝睿学院财经咨询系列

基金公司
IBD 信托 Delo
信托公司
PE/VC
华夏基金！
Bain&Company
Ernst&Young 公务员
四大会计师事务所 ICBC
MBB信托公司
McKinsey & Company
银监会 PWC
投资银行
Investment Bank
公务员
麦肯锡
Deloitte
中信证券
PE/VC 咨询
公司 BCG
IBD Advisory

中金公司
国企 KPMG
IBD 投资银行
咨询公司
IBD
证监会
？商业银行

基金
公司
PE/VC
国企

求职，
你准备好了吗？
一条通向投行、咨询、央企的路

贝睿学院 编著

经济管理出版社
ECONOMY & MANAGEMENT PUBLISHING HOUSE

图书在版编目（CIP）数据

求职，你准备好了吗？——一条通向投行、咨询、央企的路/贝睿学院编著．—北京：经济管理出版社，2014.8

ISBN 978 - 7 - 5096 - 3294 - 9

Ⅰ．①求…　Ⅱ．①贝…　Ⅲ．①大学生—职业选择　Ⅳ．①G647.38

中国版本图书馆 CIP 数据核字（2014）第 178445 号

组稿编辑：何　蒂
责任编辑：王　琼
责任印制：黄章平
责任校对：陈　颖

出版发行：经济管理出版社
（北京市海淀区北蜂窝 8 号中雅大厦 A 座 11 层　100038）
网　　　址：www.E - mp.com.cn
电　　　话：（010）51915602
印　　　刷：北京银祥印刷厂
经　　　销：新华书店
开　　　本：720mm×1000mm/16
印　　　张：16.75
字　　　数：248 千字
版　　　次：2014 年 9 月第 1 版　　2014 年 9 月第 1 次印刷
书　　　号：ISBN 978 - 7 - 5096 - 3294 - 9
定　　　价：38.00 元

前　言

　　作为一本经管专业学生求职的"红宝书"，我们对投资银行（以下简称投行）、咨询公司、商业银行、信托公司、基金公司、央企国企、机关单位和四大会计师事务所（以下简称四大）等经管学生感兴趣且热门的领域行业现状进行了生动、完整的描述，以期揭开其神秘面纱帮助大学生朋友"知己知彼"，做好职业规划和求职准备，从而抢占先机、赢得心仪的职位。

　　以上几大热门领域对于任何一个经管学生都不陌生，可是大部分人也仅限于"耳熟"，并不真正的了解。作为围城里的"实战者"和大家的师兄师姐（虽然要"防火、防盗、防师兄"，但是，我们真的是"好"师兄，当然也有"好"师姐），我们期望把行业最真实的状况，自己最真实的经历、经验传授给大家，让大家能够"后浪推前浪，把我们'拍死'在沙滩上"。

　　作为经管专业的"过来人"，我们也经历过求职的艰辛，哭过、痛过、焦虑过、绝望过，也笑过、享受过、得意过，既有"山重水复疑无路"的痛苦，也有"柳暗花明又一村"的惊喜。1000 个求职人，就有 1000 个不同的求职故事，在目前就业形势如此严峻的形势下（每年毕业生人数接近 700 万），做最好的准备，尽最大的努力，不放过任何一个机会，都是毕业生应该去做的。要像一个战士一样应对就业的挑战。

　　求职的第一件事不是做简历，而是进行行业认知和职业定位。只有完成这一步，明确自己的求职目标和自身定位，才能做出有针对性的选择，避免精力和资源的浪费，提高求职的成功率。我们自身的求职经验也表明，对行业和自身全面的认知，是求职成功的关键因素。绝大部分的毕业生对行业不了解，有的人想去投行，却不知道投行是干什么的，更别说提前做好准备；有的人想去四大，去了后才发现不是自己想要的；还有的人哪里都不想去，可是自己既不是"富二代"也不是"官二代"。所以我们一直想要也必须告诉大家：一定要对行业和自身有一个全面的认知。

　　认识别人容易，认识自己难。很多人不知道自己想要什么，这也很正常，所以我们建议先从行业认知开始。当你对不同的行业有了全面的认识后，可能就会判断出哪个是自己喜欢的，哪个不是，从而慢慢地挖掘出自己想要什么，了解自己想过怎样的生活，这正是我们编写这本"红宝书"的初衷。

　　在本书出版前，有个"风云"学长想给我们写一篇序言，他写道："这是一本国内高校经济、管理专业毕业生的求职秘籍，求职路上常见的问题都有涉猎，将给大家很大的启迪和借鉴。市面上形形色色的就业指导类图书很多，但本书却非常独特，定位于广大经管专业毕业生，针对性极强，内容全面完整，操作性强，感情真挚，犹如师兄师姐在耳边私语。通过本书，你一定可以认识自我，科学规划职业生涯，掌握求职技巧，攻无不克，战无不胜。""风云"学长为这本书做了如此"溢于言表"的"背书"，我们都很感激，但是拒绝了。

我们知道，世界上不存在这样"神奇牌"的东西，我们的这本"红宝书"也绝不是这类"神器"。即使认真读完，也不能保证你一下子受到面试官的青睐，得到一份理想的工作，也不可能让你"当上总经理、出任 CEO、迎娶'白富美'、走上人生巅峰"。但是，我们也有"四个保证"，保证让你对行业有不一样的了解，保证提高你成功的概率，保证增强你的自信心，保证让你更加从容地应对求职这条漫漫长路。

为什么我们要花费大量时间、精力写这样一本书？作为金融行业的从业人员，我们真的很忙，加班、出差都很多，但是为什么还要花费大量的时间、精力甚至金钱来写这样一本书？是想赚钱吗？是想炫耀吗？诚实地说，这本书花费了我们太多的时间和精力，多少个日日夜夜的加班、熬夜，可能最终的稿酬都不够我们团队成员一起吃顿大餐，我们也不是要炫耀金融行业的工作，所有的付出，只是因为我们有一颗爱分享而又公益的心。团队成员都是一些很善良、友好的师兄师姐，有的人在求职路上走过弯路，自己吃过亏，有过心结，想把失败的教训告诉学弟学妹们，免得大家重走弯路；有的人曾经是学校里的"超级大牛"、"风云人物"，有很多成功经验和技巧想要传授给大家，共同分享求职中的喜悦；有的人想在青春的岁月里，留下点有意义的东西。我们坚信，只要有一个人因为本书受益，甚至改变命运，过上了更好的生活，我们就很满足了，因为我们知道已经 make a difference。

《乔布斯传》最后有这样一段话："我的动力是什么？我想大多数创造者都想为我们得以利用前人取得的成就表达感激。我并没有发明我用的语言或数学。我的食物基本都不是我自己做的，衣服更是一件都没做过。我所做的每一件事都有赖于我们人类的其他成员以及他们的贡献和成就。我们很多人都想回馈社会，在这股洪流中再添上一笔。这是用我们的专长来表达的唯一方式———因为我们不会写鲍勃·迪伦（Bob Dylan）的歌或汤姆·斯托帕德（Tom Stoppard）的戏剧。我们试图用我们仅有的天分去表达我们深层的感受，去表达我们对前人所有贡献的感激，去为这股洪流加上一点儿什么。那就是推动我的力量。"

团队中有一个成员，每每读到此处，眼里都会噙满泪水。写这本书所需投入的东西相比创造苹果帝国而言微不足道，但我们相信，不管是对苹果的用户，还是对本书的读者，这些创造和创作都是有意义的，都是在回馈社会的洪流中再添上一笔，这也是推动我们团队的动力！我们也希望，从本书受益的同学也能够做一些公益，分享更多的经验和技巧，一点一点推动社会的进步。青年人是社会的希望，广大青年做好了，社会就变好了。

最后想要告诉大家的是，求职是一件很辛苦的事情，生理上和心理上都会受到很大的考验和折磨，我们希望广大毕业生能够摆正心态、坚持不懈、厚积薄发、滴水石穿，去挥洒自己的青春，追求自己的未来。

　　送上俞敏洪的一段话共勉："不管你现在的生命是怎么样的，一定要有水的精神，像水一样不断地积蓄自己的力量，不断地冲破障碍。当你发现时机不到的时候，把自己的厚度积累起来，当有一天时机来临的时候，你就能够奔腾入海，成就自己的生命。"

　　亲，请抓紧时间开始愉快的对话式阅读吧！

目　录

第一部分　揭开面纱

一、投资银行（证券公司）

华尔街，一个让人胆战心惊的名字，翻手为云，覆手为雨；

投资银行，一个让人热血沸腾的行业，吸引着精英中的精英；

IPO、债券、并购，请倾听资本狂欢的声音；

高薪、高压、高强度，请直面内心深处的选择；

爱他让他去投行；

恨他让他去投行；

……

（一）概述

投资银行（以下简称投行），一个有着神秘色彩，顶着巨大光环，受到无数毕业生关注和讨论的行业。"一年买车，两年买房"、"出差出到腿短，拿钱拿到手软"、"金领中的金领，精英中的精英"，这些都是毕业生对投行最为直观的感受。对于很多经管专业的男生来说，投行就是心目中的"女神"，热切盼望"自己是风，投行是沙，缠缠绵绵到天涯"。综观全国各大高校 BBS，对投行的微小讨论都能引起巨大的轰动。然而，很多人对投行并不了解，甚至不知道投行主要做什么，更别提为进入投行事先做职业准备。在目前就业困难，投行工作竞争几乎"见血"的情况下，做最充足的准备成了唯一的选择，本书就对投行工作和职业技能要求做一个全面的介绍，以期对想进投行的毕业生有所帮助。

投行的概念是从美国舶来的，美国投行的典型代表是华尔街的高盛、摩根斯坦利和美林。投行是相对于商业银行（Commercial Banks）来说的，从功能上看，商业银行主要是吸收存款和发放贷款，而投行主要是帮助企业发行证券（股票和债券）融资以及进行并购等财务顾问服务。不同国家，投行有着不同的称谓。美国称作投行（Investment Bank）或者证券经纪商（Broker–Dealer）；英国称作商人银行（Merchant Bank）；欧洲大陆（以德国为代表）一直沿用混业经营制度，投行仅是全能银行（Universal Bank）的一个部门；在东亚（以中国、日本为代表）则被称为证券公司（Securities Company）。因此，在我国，证券公司即海外所谓的投资银行，未来有机会面试时，千万别犯低级错误。在后面的讨论中，都是以我国情况为准，下文所说的投行、证券公司、券商的概念都是一样的。

我国证券公司各部门的差异是很大的，不同部门之间所从事的工作和获得的报酬也显著不同。证券公司内部一般按照"前中后"台分类。这是按接触客户的远近（业务角度）区分的。前台一般是指能够带来收入的业务部门；中台包括风控和合规部门，主要是对业务风险的管理和控制；后台则包括清算托管部、信息技术、财务部、办公室、人力资源、内部审计等支持部门。

传统意义上，证券公司业务包括投行业务、经纪业务、资产管理业务、证券自营业务、投资咨询业务等，也分别按照业务设置单独的部门，如投资银行部、经纪业务总部、资产管理部、证券自营部、研究所等，各个业务部门之间的差别是非常巨大的。

按照 2013 年收入排名，前 20 位的券商分别为中信证券、海通证券、国泰君安、广发证券、国信证券、银河证券、华泰证券、招商证券、中信建投、申银万国、宏源证券、光大证券、齐鲁证券、中金公司、平安证券、安信证券、长江证券、中投证券、东方证券、兴业证券。毕业生如果想去券商，首选以上这些。

（二）前台业务部门

1. 投行部（IBD：Investment Banking Division）

投行部是证券公司最核心、最能体现其特征的业务部门。很多同学想去的所谓"投行"，大概都是指的这个"投行部"。投行部主要从事投资银行业务，简单来说就是帮助企业通过发行证券（股票或债券）融资，是一种中介服务。投行部门要经常和企业打交道，是企业、投资者与资本市场之间的连接桥梁。投行业务属于金融市场中的卖方业务（卖方的含义是说要负责把股票或债券这些"特殊商品"卖掉，基金、保险公司等属于买方，负责购买这些"特殊商品"）。投行业务收入主要有两个方面：一是证券的承销与保荐费（股票需要保荐和承销，债券只需要承销）；二是并购重组（M&A，LOB）等财务顾问费。

目前，投行业务收入主要来自证券的承销与保荐，财务顾问在国内发展相对缓慢，在收入中占比很小。但是，财务顾问却有着广阔的前景，是值得券商重点发力的地方，主要原因是我国正在经历发展模式的转型和产业结构升级，各行业间的并购和产业链并购将大量涌现，新一轮的并购重组浪潮即将来临。实际上，最近两年的并购交易明显增多，市场逐渐活跃，财务顾问收入增速很快。外国投行这些年的收入增长也主要来自并购重组等财务顾问收入。

大的证券公司（如中金公司）的投行部功能设置齐全，业务条线完整，包含股权融资业务、债券融资业务和财务顾问业务。股权融资业务包括境内外资本市场首次公开发行（IPO）、再融资以及私募融资；债务融资业务包括企业债券、公司债券、可转换债券、可分离交易的可转换债券、短期融资券、中期票据、金融债券、资产证券化产品和结构化产品（有的证券公司把债券融资业务放在固定收益部）；财务顾问业务包括企业间兼并与收购的财务顾问服务、企业内部资产重组与改制等咨询服务。

当然，各家证券公司投行业务分类不完全相同，有的公司投行部只做股权类的融资，不包括债务融资，而是把债券融资放在固定收益部；有的公司把资产证券化放到投行部，有的公司则放到资产管理部；有的公司把并购重组放到投行部，有的则设立单独的并购部。

另外要说明的是，银行也有投行部，也能做投资银行业务，但是银行投行部只能做债务融资，也就是债券的承销，承销的产品是各类银行间市场工具，如PPN、短融、中票、企业债等，并不能做股权类的融资，像股权融资的IPO、再融资等只能由证券公司来做（我国《证券法》规定的，所以证券公司的投行是垄断牌照）。

投行人士高薪的原因在于，证券的保荐和承销费用都是按照承销额（融资额）的一定比率收取的，而承销额都非常巨大，几亿元甚至十几亿元。假设某企业通过首次公开发行股票融资，股票发行费用占募集资金比例为2%~8%（视上市板块、公司资质、券商谈判能力而定），而证券公司会获得发行费用中高达85%的部分。由于承销额巨大（亿元级别），所以收入很多，另外投行项目团队成员很少（一般不超过10个人），所以人均收入很高。假如某公司拟IPO融资20亿元，发行费用为2%，证券公司会有3400万元（20×0.02×0.85）的收入，这部分收入一部分交给公司，剩下的就留给项目团队分了（具体数额视公司激励政策而定，看公司和团队分成比例）。试想一下，项目团队就几个人，这些人分千万元级别的奖金，人均能不高吗？即使大额被领导拿走，员工也是可以分点汤喝的，所以对于投行人士而言，做完一个项目发个十几万元的奖金实在正常不过了，这也是那么多人想去投行的原因了。

投行具体做的工作，可以用 IPO 来说明。在 IPO 中，投行的作用主要有保荐和承销两个方面。

保荐，是投行在尽职调查的基础上协助公司完成改制与上市总体方案，主导中介协调会（中介有会计师事务所和律师事务所等），协助公司完成募集资金投资项目的立项审批，协调政府关系，督导其他中介机构及时完成工作任务，完成公司高管的上市辅导等，最终编制《招股说明书》并出具《保荐书》。

承销，是投行用各种手法把发行人的股票以合适的价格卖出去。投行和发行人一起对股票进行定价（发行额、发行股数），同时以这个价格和各类金融市场的买方接触（如基金公司、证券公司自营部、保险公司等），将发行人的股票卖出。

需要说明的是，有的大证券公司把承销功能从投行部单独剥离出来，成立资本市场部或销售交易部，专门做证券的定价和销售工作（资本市场部负责调查买方客户的需求，确定应该发行多少股票或债券，并确定大致的价格区间；销售与交易部负责直接与买方客户接触，完成股票或债券的销售）。

> 注：会计师事务所和律师事务所在 IPO 中的作用（IPO 产业链中，会计师事务所和律师事务所得到的收入分别约为发行费的 6% 和 4%，券商为 85%）。
>
> 会计师事务所：会计师事务所需要对出资情况进行检验，出具验资报告；协助企业调整账目，使公司的财务处理符合规定；帮助企业建立符合股份制规则的账目；对之前的业绩进行审计，出具审计报告；对管理控制制度进行检查，出检查报告。

> 律师事务所：主要职责包括两方面：一是作为拟上市公司的专项法律顾问，为公司股份制改造、上市辅导及上市中涉及的法律问题提供专项服务；二是对投资者负责，对发行人进行尽职调查，对上市中存在的合法合规性问题做出评估并发表法律意见。

投行部的员工中，最为明显的为"保荐代表人"，简称保代。保代需要在《保荐书》上签字，承担 IPO 保荐责任，类似会计师事务所中在审计报告上签字的注册会计师，但是拿的钱是一般会计师的好多倍！！还记得前面说的分奖金的事情吗，保代分大头，其他人分小头或喝汤，四五年前，保代一个月的津贴就十几万元，想想收入吧！但是，就像想要成为注册会计师就要参加 CPA 考试一样，想要成为保荐人，也需要参加保荐人考试，保荐人考试的难度很大，而且不是什么人都能参加，需要一定的条件（保荐人资格考试不是一般应试性考试，非相关从业人员无法报考，考试人员需要首先通过证券从业两个科目以上的考试，并且就职于证券公司投行部门从事证券发行与承销或企业并购等相关工作 2 年以上，而且必须由证券公司统一报名，不能以个人名义报考。不过随着股票发行"注册制"的改革，"保代"考试可能会被取消，到时候"保代"的制度红利也会消失）。

虽然投行部挣钱很多，但是工作强度非常大，非常辛苦，有种"拿命换钱"的感觉。在投行部，熬夜加班是常事（不熬夜你都不好意思说自己是投行的），出差也非常的多，经常有人调侃投行部员工的出差是"一年两次，一次半年"。很多在投行的人真的是连谈恋爱的时间都没有，投行确实压力大，强度高，毕竟项目组就那么几个人，有大量的工作要做，要不也不可能人均分那么多钱了。目前市场上，对初级职位员工来说，国内大券商一般基本待遇不会太高，最高也就 12 万元左右，收入主要靠奖金，如果有业绩，奖金会非常丰厚（20 多万元很正常）；外资投行基本待遇比较高，40万元上下很正常，但是奖金比较少，多为一个月的工资。

投行做得是一级市场，需要和企业打交道，离实业很近，所以会遇到很多有意思的事情，陪企业负责人吃饭喝酒都少不了。平时的工作需要积累很多法律、财务知识，未来的发展方向要不继续跳到别的地方做投行，要不就转行去企业的投资部门，PE、VC之类的也可以，但一般很少去基金、保险资管等买方。

2011年11月以后，国内IPO暂停（证监会不批），证券公司投行部日子都不好过，中金公司、中信证券这样的大券商也对投行部员工降薪，甚至裁人。但是目前IPO已经开闸了，投行部又可以大干一场，赚得盘满钵满了。总体来说，投行部还是非常有发展前景的，也非常能锻炼人，毕竟是证券公司最为核心的部门，相比其他，还是有很多优势的。如果条件允许，又能吃苦，而且喜欢高薪高压的工作，不妨一试。

以下重点介绍一下进投行需要的条件。

从投行部工作内容可知，投行做的工作金额巨大（亿元级别）、高端复杂，注定是"聪明人的游戏"。而且投行员工赚钱确实很多，吸引着大量的"精英"，所以竞争异常的激烈，证券公司在招聘投行人才时要求很高，名校硕士是门槛。由于IPO主要涉及公司财务和法律问题，投行在保荐中也需要领导协调会计师事务所和律师事务所，因此投行喜欢要具有财务和法律背景的人，因而看重的证书就是CPA和法律职业资格证书（司法考试）。如果你既懂财务又懂法律，会让投行非常喜欢的，投行招的学生基本都是会计、财务、金融、经济和法律专业的人。

如果你想进投行，一般需要有如下条件：

一是良好的教育背景。投行基本上硕士是起点，而且都是名校，专业一般是会计、法律、财务管理、经济、管理等，因为干的活主要是与财务和法律相关的。

二是专业知识要扎实。要有相关的证书，首选CPA（财经类学生）和司法考试证书（法律类学生），如果有能力，强烈建议CPA和司法考试都考过，因为现在投行就业的竞争越来越激烈，两个证书都拿到可以增加不少的砝码。对于财经类的学生来说，如果暂时考不过CPA，可以考虑用CFA

（二级以上）来替代，毕竟 CFA 要简单得多，投行对 CFA 也是认可的。

三是有相关的实习经历。投行在招应届生的时候是很看重实习经历的，因为实习过的人一般都会对投行有一定的了解和认识，也更清楚是否符合自己的职业选择，所以建议想去投行的人多去券商实习。

此外，下文简单介绍固定收益总部（债券做得比较好的大证券公司才会有）。

固定收益总部并不是证券公司的一个典型部门，一般只有大的证券公司才会设置，是近两年才火起来的，一般是将投行和自营中关于固定收益的部分进行整合，并扩充人员。一些大券商的债券业务做得比较好，因此会把债券相关的业务单独拿出来，成立一个固定收益总部进行统一管理。固定收益总部一般从事债券的承销、销售/交易。承销是从投行部拿出来的，销售和交易是从销售交易部拿出来的。其实做的活都是一样的，承销是一级市场行为，就是帮助发行人把债券卖出去，销售/交易负责买方投资者（如基金）的联系和债券自营交易。中小证券公司债券业务规模较小，一般不会单独设立固定收益总部，而是放在了投行部或销售/交易部。这两年，固定收益非常火，所以成立固定收益总部进行债券的统一管理成了大券商的一个趋势，国信证券、中信证券等企业人均收入最高的部门都是固定收益部。

固定收益业务未来市场成长空间较大，销售、交易、发行、撮合、研究等岗位形成多元化的人才部需求，且其人才需求量较大，可根据自身特色和兴趣选择岗位。想去固定收益的同学最好是能具备比较好的金融学基础，对债券有较为深刻的理解，提前考取证券从业资格、CPA 或 CFA 证书，或者自学固定收益相关专业课程。

2. 经纪业务

经纪业务是目前证券公司最主要的收入来源，也最被大家所认知，大街小巷上看到的××证券公司营业部，是经纪业务最为典型的代表。很多人不知"经纪"是干什么的，其实就是中介服务。证券公司的经纪业务，即为投资者提供代理买卖证券服务。

证券公司一般设置经纪业务总部（也有叫营运管理部）来管理经纪业务，下面可能直接管几十家营业部，也可能设立分公司管当地营业部（大的证券公司一般会在省会城市设置省分公司）。营业部通过现场或者非现场的方式给投资者提供股票、基金买卖的平台，证券公司从中收取佣金。经纪业务总部负责营业部管理、绩效考核、客户管理等，还有以公司名义"总对总"谈业务（如基金销售等），营业部就负责冲在最前面销售。

经纪业务是目前国内证券公司最主要的收入来源，收入占比达到60%以上。但是经纪业务是"纯通道业务"，看天吃饭，周期性明显，完全由股市活跃度决定。经纪业务的佣金由交易量和佣金费率决定。交易量每年都不稳定，行情好的时候交易量可以达到一天1000亿元，行情不好的时候交易量甚至只有100亿元。此外，随着各家证券公司竞争的加剧，佣金费率变得非常低。在一些竞争密集的地方，如北上广深、长三角等地方，一个城市有上百家证券营业部，各家证券公司都打佣金战，竞争非常激烈。但是在一些二线、三线城市，一个城市只有几家甚至一家营业部，竞争较弱，营业部佣金率可能会高一些。

经纪业务总部收入比较平均，人数多、工作琐碎，收入不会太多（除非交易量特别火暴），也不会太差。但是营业部不同，一看行情；二看营业部的积累沉淀（如果新开的营业部，没有较多客户，又要摊成本，前几年一般都是亏的，老营业部反而容易吃老本，佣金贡献比较稳定）；三看地段，北上广深的人工费高、房租高、佣金低，如果新开营业部一般肯定亏，反之在二线城市，人工费低、房租低、佣金高，反而比较滋润。

营业部一般分拉客户的（营销）和中后台服务（开户、行政、合规等）的。如果是营业部的正式员工，会有薪酬保证，行情好的话奖金也很高；如果是进去做客户经理（也就是经纪人），则完全要靠自己营销能力和客户资源来帮自己糊口。营业部一般会有营销任务，一旦无法完成，就会扣奖金、扣工资，如果这方面不具备自身能力和先天资源的同学，除非遇到大行情，要不然就别凑啥热闹了。经纪人、客户经理的本质和保险公司营销保险的没有本质区别，江湖地位也是一样的。营业部正式员工也有调到总部的，但是不多。另外营业部员工也不是很清闲，有时候会非常忙。

　　总体来说，证券公司的经纪业务总部也还是一个不错的选择，比较安稳，收入不多不少（肯定没法和投行部比）。目前总部一般都要硕士，工作地点多是在证券公司总部。营业部或者经纪分公司要求会低点，但是待遇也差一些，如果是正式员工，也可以考虑，如果有渠道或资源，在营业部能赚非常多的钱。

　　求职建议：非一流大学研究生毕业或者是本科生，有志于进入资本市场的同学，可以考虑营业部的职位，相对来说成功率会高很多，而且通过在营业部的锻炼，也能逐步升职到分公司、经纪业务总部或总部其他部门。最重要的是，营业部是一线战场，可积累投资经验，学到很多资本市场的技能。

3. 资产管理

　　资产管理部相对经纪业务部和投行部来说要"年轻"很多，有的证券公司在总部设立资产管理部，有的成立资产管理子公司来做资产管理业务（主要是利益隔离的需要，资管和自营存在利益冲突）。资产管理业务本质是信托业务，即接受客户的资金或者资产委托，代客理财。其和公募基金本质上是一样的。在这个过程中，证券公司也好，基金公司也好，都是管理人。管理人的破产与否和管理的财产的破产没有关系，也就是说实现了破产隔离。

　　一开始，资管业务被寄予厚望，但是证券公司把资产管理"做歪了"，变成了保本保收益业务。证券公司通过资产管理的渠道向其他人融资，融来的钱给自己做自营或补亏，变成了负债业务。后来证监会搞综合治理，把资产管理业务给停了，直到完成综合治理，才允许创新类、规范类证券公司开展资产管理业务，但对资产管理业务施加了很多限制，变得像"鸡肋"，食之无味，弃之可惜。

2007 年以后，中国股市一路狂跌，股民被套牢，成交量急剧萎缩，证券公司看天吃饭的经纪业务受到重大影响，加上 2011 年 10 月以后 IPO 的实质暂停，投行业务收入也急剧萎缩，证券公司的"左膀右臂"都断掉了，眼看就要活不下去。在这样的大背景下，证券行业开始创新自救。2012 年10 月后，证券公司资产管理产品由事前审批变为事后备案，极大地促进了资产管理业务的发展，逐渐成为证券公司的一项重点业务。

目前证券公司资产管理业务分为三种：集合资产管理计划、定向资产管理计划和专项资产管理计划。集合资产管理和定向资产管理都是事后备案，专项资产管理是专门用来做资产证券化（ABS）的，需要审批。证券公司主要做的还是集合资产管理和定向资产管理，专项资产管理很少。在三种资管产品中，定向资产管理产品占了整个资管规模的 90% 以上。

集合资产管理业务，通俗来讲就是募集大家的钱去投资，2013 年 6 月 1日前，证券公司可以发大集合产品，干的事和公募基金一样。新《基金法》出台以后，规定自 2013 年 6 月 1 日起，大集合不允许发了，而是以公募基金的身份出现，即原来的大集合变成公募基金了，主办人也变成基金经理了，同时要求证券公司设立相应的基金部门进行管理（和资产管理部门同级）。

证券公司现在发行的集合产品被称作"限额特定资产管理计划"，俗称小集合，也称作证券公司集合理财产品，要求客户资产在 100 万元以上（只有 100 万元以上才能买，证监会规定的），类似阳光私募和集合信托业务，投向和收费都比较灵活。

定向资产管理业务，就是接受单一客户的委托进行资产管理（区别于集合，集合是接受多人委托）。现在其主要做的是通道业务，就是某一机构（通常是银行）出于某种目的（通常是为了资产出表，拿银行理财对接非标资产）会委托证券公司成立某一定向资产管理计划，然后向证券公司发送投资指令进行投资，证券公司只起到通道的作用（因为指令由银行发出，证券公司不进行主动管理，而是被动）。原来银行主要找信托公司做通道，现在证券公司也能做了，证券公司为了抢业务，把通道费降得很低，有的还免费，抢了很多信托公司的份额，让信托公司很火大（信托公司由银监会监管，因为各种原因，通道成本比证券公司高，所以如果打价格战，证券公司占上风）。当然定向资产管理业务只是一个形式，也可以用来做其他的，如类信托业务。

专项资产管理主要是资产证券化融资，也就是 ABS，但是目前做的还比较少。资产证券化需要审批，而且因为美国金融危机的爆发很大缘由是过度资产证券化造成的，金融危机爆发后，监管部门觉着风险比较大，在资产证券化上面比较谨慎。但是以后随着监管部门的认识加深，资产证券化一定会得到快速发展，截至 2013 年 6 月末，我国信贷资产证券化规模仅为 896 亿元，占同期金融机构约 80 万亿元信贷存量的 0.1%，而在美国该比例达到 60%，未来发展空间巨大。

过去证券公司大集合产品（现在已经没有了）虽然做的和公募一样的事，但是毕竟不是公募基金，无法公开宣传，所以很多股民不知道，因此规模也没法扩大起来。2012 年 10 月审批改备案以后，证券公司资产管理规模突飞猛进增长几倍，多是由于定向通道业务的"虚胖"支撑的（主要是从信托手里抢了通道业务，但是费率很低），实际实实在在主动管理的规模也没多少，相当于小基金公司的水平。只不过资产管理业务灵活，收费灵活，日子比小基金公司好过很多。

从未来几年看，资产管理的前景还是不错的。资产管理是证券公司内部横跨融资、投资的业务，可以做交易，可以做通道，也可以做分级，买方、卖方都可以兼顾。这个意义很重要。回顾上文提到的经纪业务，那就是一通道；投行业务，那就是融资业务；下面会提到的自营业务，那就是投资业务。而资产管理业务，把这几个方面都打通了。虽然这打通的意义不像打通"任督二脉"那么夸张，但是业务掣肘会少很多，灵活性也会大很多，可以把证券公司各个部门串成一条线，形成完整的产业链，而且一旦资产证券化放开，专项资管一定会成为下"金蛋"的"鸡"。

资管部门的收入主要看管理规模，因为资产管理有一部分是收业绩提成的（和私募类似）。通常主动管理的产品（一般是集合产品）收的管理费率比较高，而定向资管因为是做通道的，费率较低，但是如果规模很大，收入还是很好的。

资产管理部门招人要求比较高，在投资（股票市场投资）这块可以认为是略低于基金公司的要求，在类信托业务（非标投资，如房地产融资等）这块可以认为类似信托公司（基金子公司）的要求。这些都要有经验的，所以一般校园招聘不多，即使招收应届生，要求都非常高，一般是金融、经济、财务相关的名校硕士起步，看重的证书有 CFA 和 CPA，待遇非常不错。资管方面做得不错的有海通资管、中信资管、宏源资管等。

4. 证券自营（证券投资部）

证券公司对外的组织框架中，并没有一个叫做自营的部门，自营是从业务角度考虑的，只要是拿证券公司自有资金投资就属于自营，典型的有投资部、交易部等。自营、公募基金和资产管理都属于金融市场中的买方。

自营一般分股票自营和债券自营两类。大家一般认为的自营是股票自营，很多公司都有债券自营业务，或称债券业务部门，也有的称固定收益部（有的公司把债券的承销也放在固定收益部，债券承销属于投行业务）。股票自营比较好理解，一般就是拿证券公司自有资金买卖股票。债券自营一般分敞口和撮合两种，撮合就是自己找到买家、卖家，中间牵个线，券和资金从手上不过夜。敞口也就是留券过夜，这就是敞口的风险了。撮合风险小，利润也薄。敞口风险大，利润也大。最近两年，债券交易非常火暴，做债券交易的都赚得盆满钵满，因为股市和债市差不多是一个跷跷板，股市不好，债市就好了。当然，就债券业务而言，首选还是银行，因为国内债券市场主要集中在银行间市场，交易所市场中的债券占比不到 5%，而且债券的主要承销商、做市商和投资者都是商业银行。如果去不了银行做债券承销或交易，也可以去好的证券公司的固定收益部，待遇也是非常不错的，如宏源证券。

证券公司自营部的要求很高，一般都是要有工作经验的人，毕竟证券公司不会拿着自己的钱让应届生去玩。好多证券公司自营部的负责人都是博士，投资经理也很多是博士、硕士，学历都挺高的，待遇看投资能力了，给公司赚的钱多，奖金自然就高（想进一步了解买方工作情况，可以参考后面的基金公司介绍）。

5. 研究所

在学习中，大家可能经常听到分析师的概念，分析师所在的部门就是研究所。研究所主要向市场提供包括宏观、策略、行业、公司、市场等各种类型的研究报告，看报告、写报告是这个部门的主要工作。

经纪业务收佣金、投行收承销保荐费、资产管理挣管理费和业绩提成、自营买卖证券帮公司赚钱，那研究所靠什么赚钱呢？研究所主要通过两个途径赚钱：第一个是卖研究报告，不过靠这个赚钱不多。第二个是佣金分仓，某家基金、保险公司凭什么在你券商的席位上买卖证券，而不在其他券商的席位上买卖？那是因为我这家提供了高质量的研究报告。很多买方机构就是依据内部打分选择，研究报告质量高低，决定给哪家的分仓多少。而分仓对券商而言，收取的就是佣金。所以，对研究所（卖方）来说，买方机构就是衣食父母，想办法伺候好买方机构才是王道。这就要销售、公关，因为报告的同质性很大，销售的难度可想而知了，工作强度大家也可想而知。这也是券商销售几乎都要招美女的原因，甚至有的券商在招销售时提出了"长得乖，放得开"的"搞笑"要求。

有同学觉着券商的研究报告不靠谱，经常有十年牛市的说法，每年的十大金股也没有靠谱的，为啥还有人信？莫非是串通一气？券商研究报告的价值，就像安信证券高善文博士写过的，大意是这样，如果股票交易量是100亿元，本来上涨和下跌概率各是50%，如果我的研究报告深入研究了其中一个变量，增加了某个概率，比如50.5%，那么就概率而言，我产生的价值就是100亿元的1%（0.5×2），也就是1亿元，这就是研究报告的价值。

这是实的说法，虚的说法，就是研究报告能给读者提供某种思路、借鉴或者逻辑。

研究所内部一般有三类分析师，宏观分析师（也被称作首席经济学家）、策略分析师和行业分析师。宏观分析师做有关地区国家经济趋势、货币政策等的研究，策略分析师主要从产业角度判断一个地区或者国家市场的行业或板块冷热，如他们会建议超 TMT 行业、平配医药行业等。宏观分析师和策略分析师不会直接关注某家公司。研究部的大部分成员为行业分析师，他们一般按行业分工，直接覆盖公司，对单只股票给出评级和买卖建议。在行业内，宏观分析师和策略分析师往往要求很强的背景，他们往往是顶级学校的博士，首席宏观分析师和首席策略分析师年龄一般在 40 岁以上，研究部的领导往往也从他们中产生。行业分析师就是相对年轻的一个群体，国内硬性要求行业分析师有硕士以上学位。

研究所发展路径一般是，分析师—> 资深分析师—> 首席分析师。在研究所，大家最关心的就是能否上《新财富》的最佳分析师榜单，一旦上了《新财富》就意味着出人头地和市场价值、收入的翻几番（一般在《新财富》上榜的分析师，收入都在百万元级别，而且跳槽特别容易）。有人调侃券商研究所就是研究怎么上《新财富》的，可见《新财富》排名在研究所和分析师中的特殊地位。

对于分析师来说一般会选择两种路径发展：一种是跳槽到其他券商研究所，但是要有更高的职位和更丰厚的薪酬；另一种是跳槽到买方做研究员。一般来说，买方的研究员要比卖方轻松，卖方要推销报告，而买方就比较轻松了，每天收到一大批报告，你只需要挑选一下谁的可靠就是了，然后对你的投资稍作参考，这也就是为什么基金公司的行研比券商的行研更加有吸引力之处了（买方研究员晋升之路请参见后面的基金介绍）。

如何才能去研究所？

一般来说，研究所要求还是很高的，证券公司招聘行业分析师时比较喜欢要复合背景的人，最好是本科的理工科类（因为有相关行业背景和知识），硕士是金融、经济、财管专业的学生，最低学历也要是硕士，如果是做宏观研究的一般都要求是博士。看中的证书也是 CFA 和 CPA，好的研究所待遇非常好，工作强度也比较大，如果能在《新财富》上榜，年薪一般会达到百万元以上（《新财富》上榜难度还是比较大的，看个人研究能力和与买方的关系），同时，卖方分析师也能跳槽去买方做研究员或基金经理，也还是一个不错的选择。

几年前，去券商研究所做分析师还是大家梦寐以求的，特别是对于有复合背景的经管学生来说，去研究所和去投行部齐名，都是会让周围的小伙伴"跪舔"的。但是最近几年分析师有点产能过剩的感觉，从事行研的人很多，但是市场上的需求却在萎缩，卖方分析师的竞争变得很激烈。同时由于整个经济形势不好，股市也不好，买方（如基金）等的日子也不好过，卖方的日子也就可想而知了。总的来说，分析师的出路还是很广的，待遇也很好，也还算是一类不错的工作，每年还是会吸引大量的"精英"，如果能去到排名比较靠前的研究所工作，也是非常理想的。国内排名较好的研究所（基于《新财富》评选）如申银万国证券、中信证券、中金公司、安信证券、国泰君安证券等。

6. 信用融资（融资融券部、金融创新部等）

信用融资部门主要是做融资融券、约定购回、股票质押回购等信用融资业务的，正如前面提到的资产管理一样，融资融券、约定购回、股票质押回购也都是在创新的大背景下推出的，属于证券公司资本中介业务，最为典型的代表是融资融券。目前融资融券已经成为证券公司另一个利润增长点，其收入占比已经达到证券公司总收入的 10%以上（如同早期经纪业务赚得盆满钵满一样）。此外，伴随着股票质押回购在交易所的上线，股票质押回购发展也非常迅速，成为证券公司的另一个"尖刀"，前景非常广阔。

通俗地讲，融资就是客户在证券公司交一定的保证金或股票，以借到更多的资金买股票，并支付一定的利息（一般年利率 8.5%），主要用来加杠杆做多。融券就是向证券公司借入股票，然后在未来返还相同数量的股票，用来做空（做空盈利原理是，假如 A 股票 10 元，你预计几天后 A 股票价格会跌，所以就从证券公司借入 100 股 A 股票，当天卖掉，得到 $10 \times 100 = 1000$ 元。假设一周后 A 股票价格下跌，变为 8 元，那么你就可以用 8 元的价格购买 100 股 A 股票归还给证券公司，购买 A 股票花费 $8 \times 100 = 800$ 元，你赚取的利润为 $1000 - 800 = 200$ 元）。

融资融券等信用业务虽然给公司赚钱很多，但是并没有什么技术含量，客户接口主要在营业部，对毕业生也没有特别的专业要求，主要看证券公司的招聘意愿了。建议有兴趣的毕业生积累扎实的经济、金融专业知识，提前考取证券从业资格，同时有必要熟悉资本市场和投资行为。

7. 直接投资（直投部）

准确来说，直投并不是证券公司的一个业务部门，而是其投资子公司。券商直投子公司实质上就是金融市场中的 PE 和 VC，即私募股权投资公司和风险投资公司，只不过是和券商拉上了关系，能更好地利用证券公司的投行资源，可以理解为券商系的 PE/VC。证券公司的直投子公司和投行存在密切的关联方关系，2009/2010 年 IPO 的项目都是证券公司的直投公司先投资拟上市企业，然后投行部再保荐，采用"直投 + 保荐"的模式，造成利益冲突。因为一旦企业上市以后，直投公司会获得巨额的回报，所以投行部有动机去"造假"保荐企业上市。谈项目的时候，一般也是"投行 + 直投"一起出马，直投先入股，利益捆绑，投行"拼死命"把企业送上市，不过证监会也关注其中的关联交易问题，已经禁止证券公司采用"直投 + 保荐"的模式了。总的来看，券商直投子公司如果没了证券公司的门面支撑，只能看自己的项目选择能力和运气了。

直投子公司所从事的工作的详细介绍，可以参见下文"信托公司部分的（八）番外——私募与创投"中的介绍，一般说来 PE/VC 的收益率是要高于投行业务的，赚钱也很多。

证券公司直投子公司非常难进，很少要应届毕业生，即使要，要求也非常高，名校金融、经济、财务、法律专业硕士起。直投子公司很赚钱，待遇也很好，可以在别的地方工作两年后跳槽进入直投公司。

（三）中台业务部门

对于中台部门的分类，不同的人有不同的理解，但是一般认为，风险管理部和合规部是中台部门，每个前台业务部门或者开展新业务都会通过这两个部门。

1. 风险管理部

风险管理是金融机构的核心职能，业务部门存在逐利冲动，因为赚了钱是自己的，亏了钱公司却要背负，所以要由风险管理部门来踩刹车，把握尺度，告诉业务部门这能做，那不能做。

风险管理部掌握着各业务部门的风险把关大权，在券商内部的地位很高，各项业务超过一定规模，都必须通过风控的审核才能成形。风险管理部门有专门系统监控各业务部门运作情况，如对资管、自营投资有"股票双10"限制，如果你达到了持仓量的9%，风险管理部可能就会给你来函了，告诉你预警了。又如，你买的股票亏了20%，达到公司设定的平仓线了，风险管理部就会给你来函，请你解释为什么达到平仓线你还不平仓等。

公司风险管理部在某些业务问题上还有一票否决权，如在投行内核小组，会有一个风控合规人员，他要是投了反对票，这个项目就过不了内核，更无法报到证监会。风险管理部由于天天和业务打交道，对各类业务非常熟悉，相对而言转到业务口较为容易。风险管理岗位适合性格比较沉着冷静的人，由于需要评估风险，要求做事比较细心缜密。

对风险管理感兴趣的同学要具备金融学的基础，且对风险管理有系统的学习和认识，最好能在校期间考个 FRM。

2. 合规部

这个部门，有些公司叫法律合规部，合规风险本来是风险管理的一种，但是证监会要求专门拎出来，成立专门的部门。这个部门向合规总监负责（合规总监属于公司高管），合规总监直接向董事长负责，不对经营层，有权直接向证监会报告公司合规事项。公司要解聘合规总监的时候必须要经过中国证监会同意才可以。同样的职位，证券公司叫合规总监，基金公司叫督察长，期货公司叫首席风险官，含义是一样的。

合规部的作用主要是合规管理，合规体系建设、合规宣导和防火墙建设。合规管理，主要审查公司各类合同和各类业务事项是否符合合规性要求（证监会的、交易所的、中国人民银行的等），进行合规检查，进行合规报告，让全员树立合规意识。防火墙是隔离信息不当流动的，也就是说在公司内部建立很多无形的墙，每个人只能在墙内获得信息，如果他需要跨墙获得信息，必须得到允许，跨墙结束后，要回到墙内。比如自营因为工作需要参与了投行的活动，本来他是不知道投行在做什么项目的，如果他需要参与投行活动，知悉某些信息，就是属于跨墙行为，需要得到审批和监控，严防利益冲突。在国外，合规管理和防火墙都比较成熟，在国内还在发展阶段，主要侧重于对合同和业务活动的合规性把握。

在银行，合规部是属于很强势的部门之一，但证券公司合规部门则弱势得多，很多证券公司名义上被称作高管的合规总监都不是党委成员，主要是券商的合规意识还没建立起来。学法律的人去合规部比较多。

需要说明的是，中台部门员工的薪酬结构一般和前台不同，前台主要是工资＋奖金＋项目提成，中台主要是工资＋奖金，工资会比其他部门高，但是奖金一般占比很少，因为如果让奖金在薪酬中占比过高，风控和合规部门人员就有动机去"放松管控"，提高业绩，这是有悖其工作职能的。为了保证职位的竞争力，才会设置较高的基本工资。理论上讲，风控和合规是很重要的两个部门，担负着把控风险的作用，但实际上，两个部门的职能颇为尴尬，因为其职能主要是管控风险，必然会影响公司的业绩。经常出现的情景是，业务部门觉着某一个项目能做，而且有很高的利润，但是风控部和合规部觉着项目有问题，或是风险过高，或是有合规瑕疵，经常出现中台和前台的博弈，如果某证券公司领导风格是业绩导向，就会使得两个部门的工作颇为难做。

综合来看，中台部门待遇肯定不能和好的业务部门比，但是总体来说也不错，拿证券公司的平均薪资，福利待遇都很好，而且工作要比前台业务部门轻松得多，都是一些比较常规的事情，一般不用出差，加班也很少，比较适合不想出差，喜欢安稳生活的同学。风控和合规一般是要有工作经验的人，毕竟应届生不了解业务，也就更谈不上风险管控。如果是以应届生的身份进去，一般是从助理做起。也有很多中台人员想赚钱转型去前台的，也相对比较容易，因为中台人员对前台业务还是很熟悉的。

（四）后台支持部门

证券公司的后台部门主要包括办公室、财务部、清算托管部、稽核部、人力资源部和信息技术部等。说起后台，有些人就比较泄气，感觉在证券公司搞后台没啥前途。其实也未必如此，比较有特点的是三个，一个是清算托管部，一个是信息技术部，一个是财务部。

1. 清算托管部

清算托管，本来证券公司是没有的，都在财务部进行。因为前期证券公司挪用客户保证金的违规操作，证券公司综合治理期间，证监会提出五项内控的要求，其中就要求客户交易结算资金必须有单独的部门进行托管，这才有了清算托管部。简单地说，公司自有的资金由财务部进行管理，而客户交易结算资金（也就是客户保证金）由清算托管部管理。

清算托管的职责，说白了，就是把客户交易的钱和券算清楚，根据交易所和登记结算公司（中证登、中债登、上清所）发过来的交易数据，把钱券交割好，把产品的估值计算好，和托管行进行核对，完成资金划付等。

清算托管一般要求计算机、财务类人员来做，看起来是纯后台，但是从目前的情况看，场外交易市场的兴起让它逐渐成为中台甚至前台。OTC 是场外交易市场，也就是说对不在交易所内挂牌的产品进行转让和流动。比如说，你买了个资产管理计划，本来半年开放申购赎回一次，你中途要用钱? 没门。但是有了 OTC，你就可以转让给其他需要的人，获得流动性。

此外，证监会现在允许私募基金申请公募资格，申请公募资格就必须要有基金托管的部门或者外包。而券商的清算托管部刚好可以提供这样的职责，也就是说可以给众多的公募基金提供清算托管服务。既然有服务了，那就可以收钱了。

2. 信息技术部

信息技术从意义来说是证券公司核心竞争力之一。证券公司开业经营，无非就是人、财、信息系统，所有的业务数据和业务流都依赖信息系统，业务创新、风险控制也依赖信息系统。大的证券公司一年花几亿元在系统建设上是很正常的（跟交易所和登记公司通信线路、跟营业部通信线路、网上交易、灾备系统、集中交易系统、资产管理系统、清算系统、风控系统、估值系统、OA 系统等都需要花费大量的钱）。花了钱得不到明显的回报，公司当然不乐意，但是如果信息系统出事故，证监会要扣分，评级就会下降，资本扣除和向投保基金交的"份子钱"就会多很多，所以公司也只能痛苦地投钱加强系统建设和安全了。

但是有两件事情可能让信息技术变身"高富帅"：第一，私募基金申请公募资格，申请公募资格要有符合条件的信息系统或者外包，因此券商信息技术部可以提供外包了，有外包就有钱赚了。第二，大数据。大数据是数据挖掘的一种业务突破，它通过对数据的分析，找出因果关系，给公司提供业务支持。

信息技术人员要懂业务，才可能实现业务转型，比如，做集中交易的可能去经纪业务，做量化投资的直接到公司投资部。如果默默地做一些和公司业务无关的事情，那就比较苦逼了。总的来说，券商信息技术人员拿的钱不如去百度、谷歌这样的互联网企业，技术也比互联网企业差得多，但工作可能要比互联网公司轻松些。

3. 财务部

财务部是券商非常重要的部门，尤其对于上市的券商而言，财务部的工作会更繁多，除公司日常经营的财务管理外，还需要担任资本筹划、市场拆借、并购估值、资金分配等一系列职能。特别是在目前融资融券、股票质押回购、做市商等资本中介业务崛起的背景下，券商资金消耗非常巨大，对资本渴求变得"无以复加"，原来券商是有钱没地方花，现在是到处找钱，财务部的使命和责任也变得越来越重，对人才的渴求也越来越大。会计、财务管理等相关专业的毕业生可以重点考虑券商的财务部，待遇非常不错，看重的证书主要是CPA。

此外，如果说清算托管、信息技术今后几年无法赚钱，那就还是和其他后台部门一样，拿公司的平均奖金。其他后台部门，都是其他公司有的，如办公室、人力资源、内部审计等，没啥特别的，不多说了。

（五）总结

特别强调的是，各家证券公司的组织框架并不完全一样，业务也在随时变化和调整，以上的叙述并不能适用所有的证券公司，但即使名称不同，基本的工作是一样的，不会有太大的偏差。

总的来说，证券公司各部门待遇差别还是很大的，前台业务部门拿的钱要比中、后台高，但是工作强度也大，俗话说没有付出就没有回报。在证券公司总部，各部门之间基本工资差别不大，差距主要来自奖金和项目提成。目前，证券公司总部各部门要求都不低，普遍是硕士起步，专业一般是金融、经济、财政、财务、会计、法律等，看中的证书是 CPA、CFA 和司法考试证书。想进证券公司好的部门（如投行、资管）难度还是很大的，如果同学想去证券公司，就要至少读到硕士，最好能考出证书来，然后在学校时候要多去实习。

证券公司待遇是不错的，特别是排名靠前的大券商，给出的薪酬非常有竞争力，而且福利很好。券商有四类岗位，大多数券商（中金公司、中信证券等例外）的入门级工资如下：

（1）营业部中、后台，投资顾问、柜员等，一般每月基本工资在 2500 元左右，有绩效提成 1000～2000 元不等，有年终奖。

（2）营业部客户经理、经纪人，压力很大，底薪很低。

（3）总部营运、管理类岗位，都是硕士，少数 IT 是本科，基本工资 5000～8000 元，有年终奖。

（4）总部业务部门，都是名校硕士，少数关系户是本科，基本工资 5000～10000 元，有年终奖、项目奖，待遇丰厚。

二、咨询公司

管理咨询（Consulting 或 Management Consulting），一个既熟悉又陌生的名称；

麦肯锡、贝恩、波士顿、罗兰贝格、IBM、埃森哲，一个个让人敬畏的名字；

或许你不了解它们；

但是它们的判断与决策正影响着我们每天的生活，甚至一个国家的运行；

想和最智慧的人对话？与最精英的人一起工作？

请张开臂膀迎接管理咨询；

……

（一）概述

总能学习新知识的行业，赚取较多的收入，充满挑战的工作，紧张的加班，频繁的出差，项目中的压力，陌生的人……管理咨询业，一个在职场拥有较高关注度和话题性的行业，与投资银行一样，被国内顶尖学校毕业生所吹捧和羡慕。它不仅是毕业生每年都最想拿到的 offer 之一，而且其代表的职业形象逐渐成为职场标杆——高智商、高薪、智囊感、绝对金领、各种差旅高标准，但是也有各种加班、各种累。据传，咨询顾问动辄年薪上百万元，衣着亮丽光鲜，出差坐头等舱，住五星级宾馆，和名企的企业家称兄道弟，其创设的管理方法也如《圣经》般印在国内的管理学教材中，如"波士顿矩阵"、"波特 5 力模型"等，让人"跪舔"和"膜拜"。

随着中国经济实力的增强和市场地位的提高，顶级管理咨询公司不断在中国扩张，对人才的渴望也变得无以复加，越来越多的顶级高校毕业生通过各种途径进入这些咨询公司，得以揭开其神秘面纱，这是一个怎么样的行业？有着什么样的故事？生活状态如何？想进入这个行业有什么样的要求？需要做什么样的准备？本文就对管理咨询业做详细的介绍，如果你对进入顶级咨询公司产生了兴趣，请现在开始准备。

（二）了解管理咨询业

管理咨询（Management Consulting），是指具有丰富经营管理经验的专家，深入到企业现场，与企业管理人员密切配合，运用各种科学方法，找出企业经营管理上存在的主要问题，并提出切实可行的改善方案且执导实施，以谋求企业发展的一种改善企业经营管理的服务活动。简单来说就是帮助企业发现问题并解决问题。

管理咨询业已经成为一个专业的、明确的、影响广泛的行业。在过去的数十年间，管理咨询业在发达国家和一些发展中国家行业年均增长率超过20%。以顶级管理咨询公司麦肯锡为例，它的客户包括世界100强企业中的27%、世界银行50强中的58%、美国商业银行25强中的64%、欧洲银行25强中的80%。

1. 管理咨询业的历史

现代意义的管理咨询产生于19世纪的美国。

1886年，Arthur D. Little博士创造了世界上第一家管理咨询公司Arthur D. Little。由于管理内生于工程，管理咨询内生于管理，所以早期的管理咨询有着很强的工程技术取向，当时主要是以"科学管理之父"泰罗为代表的"效率"顾问工程师对企业提供有效的咨询服务。

1926年，芝加哥大学会计学教授詹姆斯O. 麦肯锡（James O. McKinsey）创立麦肯锡公司，该公司实际上是一家会计和管理工程事务所。麦肯锡在当时是一个思想非常先进的人，他认识到了将会计和管理结合起来的重要性，他开办的会计和管理工程事务所，就如何将财务状况用作高效的管理工具和管理决策依据的问题向客户提供建议。

1937年，James O. McKinsey过世。麦肯锡旗下的两位重量级人物Bower和Tom Kearney因为公司的运营问题发生了分歧。1939年，Tom Kearney留在了麦肯锡芝加哥的公司，并以其为基础创立了A. T. 科尔尼公司（A. T Kearney）。

20世纪60年代中后期，美国经济由繁荣高速增长期进入缓慢增长时期。多数企业面临很多问题，如市场趋向饱和、竞争加剧、效益降低等。1963年，曾在Arthur D. Little公司任职的布鲁斯·亨德森（Bruce Henderson）创立波士顿（BCG）公司。波士顿咨询致力于寻找问题根源，找出解决之道，其对美国 57 家公司的 620 种产品进行了历时 3 年的调查，从中不断发现普遍规律，并开发出很多管理工具，如经验曲线、波士顿矩阵、以时间为本的竞争、以价值为本的管理模式、持续增长方程式、价值链分析等，从而奠定了波士顿在战略咨询领域的领先地位。波士顿也成为第一家纯战略咨询公司。

20 世纪 70 年后，美国咨询行业开始了全球化的倾向，很多老牌咨询公司开始向欧洲、亚洲、拉美等国家进军，现代管理咨询业的影响也扩展到了世界上其他地区和国家。伴随着罗兰贝格于 1967 年在德国诞生，并利用欧洲企业私有化浪潮迅速崛起，成为少数几家可以与美国咨询公司抗衡的欧洲公司之一，管理咨询业进入全新的发展时期。

1973 年，波士顿咨询的合伙人威廉·贝恩（William Bain）离开 BCG 组建了贝恩（Bain）公司，与 BCG 专注做战略咨询不同，Bain 当时向大公司长期派驻咨询专家，建立了以客户为中心的新型咨询理念，这种做法在当时来说是独树一帜的，并为后来 Bain 的快速发展打下了良好的基础。

至此，管理咨询的先驱时代格局已经形成，麦肯锡、波士顿和贝恩并列为传统的三大战略咨询公司。

20 世纪 80 年代以后，欧美跨国公司的发展进入管理竞争的时代，企业面临着快速变革的挑战，企业重组与并购频繁发生，核心竞争力的加强最终取决于对战略的有效实施，企业的发展在很大程度上取决于变革管理的能力。因此，传统上与战略相关的咨询行业开始将"变革管理"（Change Management）作为管理咨询的重点，其职能开始从过去的方案性、基础性为主变为以实施性和操作性为主，帮助客户把管理战略和变革的愿望实施到位成为咨询公司的主要工作内容。

在此背景下，五大会计师事务所——亚瑟安达信（AA）、普华永道（PWC）、安永（E&Y）、德勤（DTT）、毕马威（KPMG）——大力发展管理咨询业务，并迅速超越大的老牌传统咨询公司，成为 20 世纪 90 年代全球收入最高的 5 家咨询公司。而一直从事薪酬福利、退休金计划和人力资源外包的翰威特（Hewitt）、美世（MERCER）、韬睿（Towers Perrin）、华信惠悦（Watson Wyatt）等人力资源咨询公司也在这轮管理竞争中得以发展壮大。

进入 21 世纪，美国监管层担心会计师事务所为客户提供咨询服务会造成利益冲突，影响审计的独立性与公正性，同时，因"安然事件"爆发而出台了《萨班斯·奥克斯利法案（SOX）》，客观上要求"五大"会计公司将咨询业务分拆。已经开始的会计师事务所分拆管理咨询业务进程加速。全球管理咨询行业在这一轮并购和合并中得以再次重整和洗礼。

2000 年 5 月，法国凯捷正式并购安永咨询业务部门（E&Y Consulting），组建凯捷安永（2004 年更名为凯捷）。同年 8 月，咨询业第一的安盛咨询（Anderson Consulting）脱离安达信公司，并于 2001 年更名为埃森哲（Accenture）。

2001 年 2 月，毕马威咨询（KPMG Consulting）从毕马威公司分拆，在纳斯达克上市，并于 2002 年更名为毕博（BearingPoint）。

2002 年 5 月，因"安然事件"，安达信破产。同年 7 月，IBM 以 35 亿美元收购了普华永道的咨询业务（PWC Consulting），组建 IBM 全球企业咨询服务部（GBS），成为当时全球最大的咨询部门。

德勤咨询（DTT Consulting）在启动分拆后不久便中止计划，是当时的五大会计师事务所中唯一保留咨询业务的一家。这也为德勤咨询以后的发展壮大创造了绝佳的条件，之后其常年保持高速增长，现已成为全球收入排第一名的咨询公司。

此后，企业资源规划（ERP）、客户关系管理（CRM）、供应链管理（SCM）和互联网信息技术快速发展与崛起，使得企业在制定战略时不仅要从市场、竞争、投资环境和法律规范的角度，更要从技术的角度考虑，科技在很大程度上开始影响企业的管理与发展。埃森哲、IBM、毕博、凯捷安永和德勤咨询等以 IT 实施为主的咨询公司得到迅速发展，并在欧美市场的年均增长率达 30% 以上。

2008 年金融危机爆发以及"四大"会计师事务所因审计市场趋于饱和，急需将咨询业务打造成新的增长点，"四大"咨询业务便"野火烧不尽，春风吹又生"，在分拆 10 年后强势回归，同时人力资源咨询市场也发生重大变动，咨询公司新一轮人才及份额之战也再度打响，全球咨询市场又进入新一轮的动荡。

2009 年 2 月，毕博破产，北美主要业务被德勤咨询收购，中国区业务则被戴尔收购。

2010 年人力资源咨询市场发生颠覆性事件，1 月华信惠悦和韬睿咨询公司合并成韬睿惠悦；7 月怡安收购翰威特，进行业务整合，专注福利咨询、人才和奖酬咨询、风险及金融咨询。

2011 年 8 月，普华永道收购全球管理咨询公司柏亚天（PRTM）。

2012 年，老牌战略咨询公司摩立特（Moniter）被德勤咨询收购，德勤咨询完成商业咨询领域中战略、运营、系统实施的一体整合。

2014 年 4 月，普华永道完成对老牌战略咨询公司博斯（Booz & Company）的收购，博斯公司更名为"Strategy&"，普华永道也借此完成了战略、运营和系统实施的整合。

至此，全球管理咨询行业以不同业务组合形成新的一轮竞争格局，包括以麦肯锡、波士顿、贝恩、科尔尼、罗兰贝格等战略和组织转型为主的战略咨询公司，以埃森哲、IBM、凯捷、四大咨询等以运营和 IT 实施为主的咨询公司，以韬睿惠悦、美世、翰威特等人力资源为主的人力资源咨询公司等。

2. 管理咨询的分类

传统上，管理咨询自上而下分为战略咨询（Strategy）、运营咨询（Operation）和信息技术系统实施（IT）三大类。

战略咨询是咨询产业中的最高层次，主要为企业提供战略规划、竞争策略、市场进入、高层组织架构设计等服务，也面向政府提供政策决策咨询等。提供战略与决策咨询服务的难度较大，效果也不明显，对咨询公司的能力要求非常高，因此，从业风险较大。有能力专门从事战略咨询服务的公司较少，在世界上享有盛誉的咨询公司几乎都是战略咨询公司。

第二层是管理咨询公司产业的核心层，涵盖企业的各个方面，如组织结构、制度体系、市场营销、生产管理、质量管理、流程再造、薪酬绩效等。运营咨询提供的解决方案是最多元化的，是处于最顶层"虚"的战略和最底层"实"的落地实施之间的过渡层级。

第三层是实施咨询，主要以信息系统实施为主，即将战略、组织和运营中的各项建议变成实实在在的绩效提升方案，使其"落地生根，开花结果"，得到具体的执行和操作。第三层的咨询是技术性要求最强的，也是最具体、耗时的，如 ERP 系统实施、商业智能（BI）系统和管理仪表盘（Dashboard）开发等。实施咨询的技能要求和思维模式与战略咨询有着很大的差异。

管理咨询的分类体现出咨询机构这样的逻辑：首先，为企业做战略层面的顶层设计；其次，将战略思想下沉到价值链上各个环节，提升各职能领域的运营绩效；最后，若客户有实施的需要，咨询公司便可将第二层咨询业务中"商议"一致的绩效提升方案落地。有些方案实施的工作，可以用企业内部的能力解决，而信息系统由于技术含量较高才有必要聘请外部实施顾问，所以实施咨询多体现于信息技术系统的实施。

因此，最为理想的咨询公司应该是提供"一条龙式的三级咨询服务"的公司，然而，实际上很少有咨询公司能做三级的咨询服务，不同咨询公司有不同的专长，如麦肯锡、波士顿、贝恩便是以战略咨询见长。埃森哲、IBM、凯捷则以 IT 实施见长，运营层面的咨询业务通常被视为支持其 IT 咨询的"附加品"。四大系的咨询公司则专注财务方面，美世、翰威特等专注于人力资源方面。但各家咨询公司也在不断地纵向一体化，业务不断延伸。

值得一提的是，对于四大系的咨询公司（普华永道、德勤、安永、毕马威）有除上述三层级以外的另一种划分维度，即商业咨询（Business Consulting）和风险管理咨询（Risk Consulting）。商业咨询通常是指上述各职能领域的管理咨询，旨在帮助客户提升运营绩效。风险管理咨询业务通常与公司治理（Governance）、内部控制（Control）以及外部合规性（Compliance）有关，这些可以说是四大系咨询公司的特色业务，非四大系的管理咨询或IT 咨询公司通常不做。目前四大系的风险咨询中，德勤在企业风险咨询（Dtt Ers）的业务做得比较全面，从可持续业务规划、合同风险与履约到与IT 相关的企业信息治理、电子商务安全和 ERP 控制，都有提供风险管理咨询。而其他三大在这些风险咨询领域大多很弱甚至空白。不过企业内部控制与合规性咨询业务在现在四大的在华事务所中依然算是核心业务线，主要包括内部审计、萨班斯法案（SOX）、内部控制（C - Sox 或 J - Sox）反海外腐败法（FCPA）以及其他资本市场监管机构发布的系列规定等。为金融服务机构提供的风险管理咨询是四大咨询部门的一大业务线，规模甚至一度超过其他管理咨询业务。这种风险咨询业务包括反洗钱活动、巴塞尔资本充足协定、市场风险、信贷风险等以及为金融服务机构和保险业客户提供的精算服务。

　　基于咨询公司声望和综合实力的排名，现在的管理咨询行业可以分成几个层次：

　　麦肯锡、波士顿、贝恩（MBB）三大家牢牢把持第一集团的位置，以战略咨询为其核心业务领域，同时开展其他高端咨询业务，服务最高端客户，收费最高。

　　罗兰贝格、博斯（Booz，现已被普华永道收购，改名为 Strategy&）、摩立特（Monitor，现已被德勤咨询收购）等为代表的 Vault 排名 4～10 名的"一流二线"咨询公司，也以战略咨询作为主业，同时兼顾其他运营业务领域，收费较高，次于 MBB。

　　IBM、埃森哲、凯捷这些之前从四大分拆出来的咨询公司，加上现在四大系的管理咨询形成的统称为"Business Consulting"（商业咨询）的层次，这些公司的一大特色是将咨询产业化，顾问数量众多，对企业管理的方方面面均有成熟的服务及产品与之对应。业务领域以供应链、财务管理、人力资源、市场营销等主要运营业务线为主，有战略咨询业务，但都不温不火。收费较前两个档次低（每个顾问每天均价，不是项目打包总费用）。这类公司之间也存在一定的差别：虽然都有齐全的各大业务线，但是 IBM、埃森哲、凯捷这几家都有着深厚的 IT 咨询及系统实施背景，更别说 IBM 甚至还有配套的硬件解决方案，管理咨询业务线与 IT 咨询、硬件解决及外包等交叉销售，合力打开市场。四大系咨询公司在技术咨询和业务外包上明显处于劣势，但是"四大"垄断的审计业务，可以为其带来大量的客户，财务咨询、风险咨询上具有垄断优势。

最后一类咨询公司则专注特定的细分领域和行业，如人力资源领域的 Mercer、TW 和 Hewitt 等。这些公司中的一些公司可以达到其自身领域的行业前三位，卧虎藏龙。

对比来看，MBB 相当于咨询界中的奢侈品，专注咨询中顶级的战略，是咨询王冠上最耀眼的明珠；罗兰贝格、博斯、摩立特、科尔尼等也专注战略，但是比 MBB 要差一些，做运营建议比较多；而 IBM、埃森哲、四大系咨询，更相当于是大众品，专注于方案和系统实施，产品众多，流程标准，却不够高端，是标准化的成熟产品，但是从规模上看，大众品的规模要显著大于奢侈品，所以从全球收入上看，德勤咨询、埃森哲要高出麦肯锡、波士顿等传统管理咨询公司好几个段位；而诸如美世、翰威特等专注人力资源和精算的咨询公司则相当于精品店，在特定领域非常专业。

咨询公司作为智力密集型的服务业，是按照每人每天收费的，即某个项目需要多少人、多少天，然后乘以每人每天费率（一般初级咨询顾问的费率都在每人每天3000元以上）。费率根据咨询公司名气和级别确定，是按照上述三个层级递减的，战略咨询收费最高，其次是运营和实施（IT 实施），所以做战略咨询的人均收入要普遍高于做实施（IT 实施）咨询的人。

在目前国内市场上，以麦肯锡、波士顿、贝恩为代表的战略咨询公司可以给应届生（可能是本科生，顶级战略咨询公司比较喜欢要北大、清华的本科生）开出 16～25 万元的入门级年薪，以运营和 IT 咨询为主的公司一般只能开出 8～10 万元的入门级年薪，但是两者的薪水涨幅都很快。

3. 咨询公司组织架构和业务流程

咨询公司开展的一切工作都以项目为中心，项目团队就是咨询公司的核心。咨询公司也会像普通企业一样设置不同部门，但并不在意部门之间的隔阂，各部门之间会有大量的合作。在咨询公司，主要分为两群人，一群人是做咨询项目的，另一群人是做项目支持的，后者主要为前者提供支持和保障，如项目可能会涉及翻译、PPT 制作和资料收集等。

咨询公司的工作流程较为特别，主要是团队制，当公司接到一个新项目之后，会发起一个内部启动会，由项目经理召集项目小组成员，组建项目团队，并介绍项目背景以及客户关系。通常情况下，一个项目团队包括四五个成员，这些人未必都有相关的项目经验，因此需要充分利用彼此的优势，取长补短。一般而言，一个完整的项目一般会经历前期数据调研、策略确立和实施计划三个阶段。当然并不是每个项目都需要完整地经历这三个阶段，有时候客户只需要数据或者只需要针对已经获得的数据下结论，这让项目周期变得十分灵活，短则数周，长则一两年。很多人或许会把咨询工作最终归结于一份咨询报告，其实这是一个普遍的理解偏差。报告固然是一个工作结果，但咨询公司的价值更应该体现在项目执行期间与客户的沟通效果上，所以把项目落点定为客户成果更加合适。道理很简单，客户需要的是一个解决方案，而不是一叠 A4 纸。

4. 职业发展

管理咨询业每年都吸引着大量的优秀应届毕业生，主要原因还是其有着其他行业没有的优势。

（1）学习到更多的知识，更快速地成长。行业公司中的工作可能会使你成为特定领域的专家，不过这也意味着你失去了更多尝试其他领域的机会。咨询公司的工作在不断接触项目的过程中，可以使你学到很多新知识和新事物。在咨询公司一年内学习和接触的事情可能是你在企业中三五年都接触不到的。而且，在咨询公司，你会接触到各种各样的行业，学习和了解到各种最新的知识，始终掌握着行业内的"最佳实践"。

（2）丰厚的薪水。一直以来，管理咨询都以"高大上"的金领形象示人，高薪是其必不可少的"基本配置"，表现为：一是入门级的薪水很给力，能超出其他行业入门薪水好几个段位；二是工资增速非常快，咨询顾问每年的薪酬增速都能达到20%以上；三是能提供各种高标准的报销，酒店一般是五星级，飞机能坐头等舱。

除了投资银行以外，能给应届毕业生"令人咋舌"的薪水的或许只有管理咨询行业了，这也是为什么每年大量顶级商学院的毕业生都要"挤破脑袋"进入顶级管理咨询公司。

（3）富有弹性的时间。咨询公司的工作以项目为主，所以当一个项目结束到下一个项目开始，你不需要担心任何的工作交接，可以有充分的休假生活。走南闯北的咨询工作也意味着看起来很体面的五星级酒店和高档餐厅，你接触的人也不同凡响，从社会地位预期来讲对一般人还是不错的。

当然咨询业也会有很大的劣势。

（1）咨询工作其实很枯燥。许多人对咨询行业最大的误区是把这份工作理想化，真正参与进来之后，又觉得有心理落差。初级员工的主要职责是做数据收集和分析，并不要求提供见解和看法，不少新人对一天到晚做数据分析颇有微词，觉得自己的工作和咨询毫无关系。然而，咨询结果的背后是一个很严谨的数据分析，所以从某种程度上说，咨询工作是有些无聊的，不是天天让人感到那么有创意的。

（2）工作强度和压力也比较大。咨询顾问经常需要加班和出差，虽然没有投行那么多，但也不少，一般一周工作70～80小时，没有淡旺季之分。如果客户在外地，就需要出差，一般会在客户那边从周一待到周五。同时，当你做到比较资深的顾问或者经理时，压力会很大，因为你将会面对客户、团队、项目内容把关、整个项目过程的管理等，大多数咨询顾问都做不到项目经理就走掉了。而如果能够渡过这一关，再做到项目经理之后，会发现工作和职业发展都会顺利一点，能有机会一直往上走。

（3）需要不断地学习、学习再学习。咨询公司的性质决定了当"别人"向你寻求建议时，你需要给出"富有水准的答案"和提供"行业内的最佳实践"，因此咨询顾问需要不断地学习和充电，不断地更新各种最新的知识。

从事咨询行业可能面临的三种职业发展选择：第一种是跳槽到别的咨询公司，当然通常也伴随着更高的职位和薪水。第二种是跳槽到客户方，也就是去具体的企业里面做相关工作，相当于从乙方转做甲方。第三种是创业，这是可能性最多，挑战也最大的一种选择。

这三个方向是可逆的，咨询公司也会不断吸纳优秀的人。需要注意的是，如果你在咨询公司里面工作久了，可能会很难适应企业里的思维、工作方式，反过来也一样，如果在咨询以外的企业工作的时间过长，也很难回到咨询这个领域来了。

5. 咨询公司对人才的要求

咨询公司对人员的要求很高，对顶级名校的本科生和 MBA 情有独钟，咨询公司的共同要求如下：

（1）快速学习能力。咨询公司对学科背景和行业出身的要求并不高，什么专业的学生都可以去，但对快速学习能力则提出了很高要求。很多人刚接手一个新项目时未必了解项目相关的行业和客户，所以"做咨询工作最重要的不是你一开始就懂，而是你能很快地让自己弄得很懂"。在咨询公司里，可能两个月就换一个项目，项目经理是新的、团队是新的、工作内容也是全新的，如果没有很强的学习能力恐怕很难顺利开展工作。

（2）承担挑战的能力。不定时接触各个行业的企业，需要敏捷的思维和足够的抗压能力。同时，咨询行业也要求员工工作勤奋，对于勤奋的要求不仅仅是从体力上能否适应加班，还包括能否承担责任以及你是不是愿意去想很多事情。

（3）沟通和团队合作。咨询公司项目小组式的工作方式，使得沟通和团队合作非常重要，在项目小组中，每个人都有分工，而且都是环环相扣，一旦你的环节出了问题，就会严重影响项目进度。所以在咨询公司团队合作变得非常重要，用业内人话说就是"we are a team"。

（4）领导力。咨询公司业务类型和工作方式，使得咨询顾问们需要不断地同"人"接触，因此咨询公司对"领导力"看得很重，除了招收具有领导潜质的员工外，日常工作中也在不断培养员工的领导力，以期望他们能够成长为未来的"领导者"。这也是为什么很多咨询公司的人最后都去企业做了 CEO、CFO 等高管，因为咨询公司在一直培养着你的"领导力"。

（5）英语。咨询公司服务的客户很多是高端的跨国公司，顶级咨询公司自己也是顶级的外资企业，非常的国际化，公司内部也经常会有很多外籍员工，因此英语能力便成为进入顶级咨询公司的门槛。一般来说应聘者必须具备非常强的英语沟通能力，口语要说得地道，英语思维要敏捷。

总的来说，在校园招聘中，跨国咨询公司对英语有很高的要求，也很看重学生在校期间的课外活动表现，如参加社团活动、实习情况等。不唯学历，只唯能力（但还是注重名牌大学的顶尖学生）。大部分公司对专业没有特殊限制，强调的是学习能力和自己积累的专业素质。

具体来看，咨询公司人力资源在筛选简历主要看申请者的教育背景、学习成绩、英语水平等；商业分析员（Analyst，也就是近两年刚进公司的初级员工）主要看一些申请者所参加的课外活动、奖学金以及所获的荣誉。

应聘咨询公司时，简历上的几个部分最引人注目：教育背景、学习成绩、英语能力、课外活动以及所获的荣誉、社团工作和实习经历。

6. 如何准备

（1）设定方向，早做准备。尽早通过搜集职业信息、网站、校友资源为自己作出判断，确定职业发展方向。建议多看前人分享的帖子，可以重点关注各大高校 BBS 咨询板块、应届生论坛等。通过多读多看，你可以比较出什么是你需要努力的方向，也可以了解咨询公司对人才要求的最新动向。

（2）培养自己的能力。从事咨询业需要的是分析问题、解决问题的能力，而且在咨询业中与人沟通的能力很重要，你应该具有出色的沟通技能，也需要不断提高自己的专业能力。

（3）社团和实习。咨询公司在招聘员工时，很看重社团和实习经历，如果你有志进入咨询业，一定要多参加社团活动，锻炼自己的领导力。另外要尽可能多地参加实习，扩大人际交往圈，结识社会经验丰富的前辈，在大公司实习的经历将是以后求职的重要砝码，招聘方很看重学生在实习公司的履历。

（三）典型咨询公司介绍

这一部分将对典型的咨询公司进行介绍，有志进入咨询业的毕业生可以根据自己的实际情况，选择不同类型的咨询公司。

1. 战略和运营为主的咨询公司

麦肯锡：

麦肯锡公司是全球最具声望的管理咨询公司，使命是帮助客户通过应对企业战略、运营、组织、技术和财务等方面的重大问题，发挥长期持续的影响力。

作为管理咨询的翘楚，麦肯锡名气很大，在 top MBA 中有"如果能进麦肯锡，不给工资都愿意"的说法，大致可以说明其口碑。麦肯锡给很多大公司做过项目，也给不少政府做过项目，从第二次世界大战后重建到城市定位规划。其面试注重逻辑和数字，严谨性强，这也正是它们的特点。总结一句话，就是"第一"。

表 1-1 麦肯锡的业务专长

战略	运营	组织	商务技术	公共金融	可持续发展和资源利用
业务单元战略	资金效率	合并管理	数字营销	联盟与合资	生态系统和
企业战略	制造	组织设计	精益服务运营	企业与资本市	土地利用
增长	产品开发	人才与领导力	多渠道	场战略	碳经济学
创新	采购供应管理	转型变革	精益 IT	首发上市	清洁技术
社会政治与监	服务运营		全球运营模式	合并管理	能效
管战略	供应链管理			合并、收购和	可持续转型
战略管理				剥离	水
不确定性下的				价值化管理	
战略规划					

波士顿：

波士顿咨询公司（BCG）是世界顶级的战略咨询机构，客户遍及所有行业和地区。波士顿与客户密切合作，帮助客户辨别最具价值的发展机会，应对至关重要的挑战并协助其进行业务转型。

波士顿成立时间比麦肯锡晚，但发展非常快，除了名气没麦肯锡大，其他差别也不大。特别是在欧美，和麦肯锡、贝恩同在第一梯队，经常竞争项目。波士顿工资相对麦肯锡略高一些，内部氛围更人性化、更友爱。常有人同时拿着麦肯锡和波士顿的 offer，难以取舍。

表 1-2 波士顿的业务专长

战略	运营	组织	营销和销售	企业发展	全球化
战略规划	采购管理	组织模型和	营销改善	企业战略	持续的成本和资
战略愿景	制造管理	问责	销售提升	企业融资	本优势
业务组合管理	供应链与物流	人力优势	品牌树立	兼并后整合	培养人才和能力
业务单元和公	管理	参与和文化	定价	股东总回报	客户转移
司战略	项目组织管理	领导力	走向市场优势	战略	新兴经济体的
	研发和新产品	变革管理			增长
	开发				

贝恩：

贝恩公司是一家全球领先的战略咨询公司，被称为管理顾问这一精英行业中的精英，其基于"咨询顾问为客户提供的是结果，而非报告"的理念，为客户提供战略、运营、技术、组织以及兼并/并购方面的咨询业务。

贝恩公司的办事处遍布全球 48 个主要城市，为全世界各行各业超过4900 家跨国公司、私募基金和其他机构提供专业的咨询。其几乎涵盖了每个行业和专业领域。相比麦肯锡和波士顿，贝恩在金融行业具有较强的比较优势。

表 1-3　贝恩的业务专长

战略	绩效提升	组织架构改良	兼并/并购	客户和市场营销	IT 信息技术
公司战略 业务单元战略 战略工具	营业收入提升 成本管理 供应链及采购 职能外包 业务流程再造	组织结构 团队 企业文化 领导力	目标企业筛选 兼并后整合 兼并准则	客户忠诚提升 客户细分 品牌战略 销售定价 市场渗透	IT 架构设计 复杂度管理

博斯（已被普华永道收购，改名 Strategy&）：

博斯公司是全球领先的管理咨询公司，为世界领先的企业、政府及机构提供协助。博斯公司与客户紧密合作，帮助其创造并获得核心优势；运用独特的远见和知识、精湛的专业技能和有效的方法来为客户增强能力并产生深远的影响。

博斯公司因为其远见和影响而众所周知，并以其在公有和私营领域精湛的行业及专业领域知识以及具有影响力的全球报告、书籍和管理杂志（《战略与经营》）而闻名。博斯在 20 世纪 40 年代提出了人力资本，在 20 世纪 50 年代提出了产品生命周期，在 20 世纪 80 年代提出了供应链管理，在 20

世纪 90 年代提出了智能定制，并在最近提出了企业 DNA 等概念。

表1-4　博斯的业务专长

战略和领导力	组织	市场营销	产品和服务创新	运营和物流	合并及业务重组	企业金融	数字化业务与技术
企业改革与复兴 领导力 战略变革 组织授权	市场模拟决策框架设计 业务单位的设计 供应商联盟 组织激励	品牌经营营销战略 客户管理战略 服务及售后项目	创新及增长产品盈利组合管理 创新组织架构 技术管理及效力 产品及服务开发	制定运营战略 供应链管理 采购	尽职调查 企业合并的规划与整合 企业风险投资 企业重组和业绩扭转 企业合资和联盟 私有化和收购	企业增长策略 股东利益最大化 收购甄选和交易支持 退出策略 基于价值的管理 企业组合战略	数字化与IT战略及效益 流程转型 结构变化 技术创新

罗兰贝格：

罗兰贝格管理咨询是一家源于欧洲，全球领先的战略咨询公司，主要业务在德国、法国和中国，在国内具有较高的知名度，其在全球 36 个国家设有 51 家分支机构，拥有 2700 多名员工，并在国际各大主要市场成功运作。

罗兰贝格为跨国企业、非营利组织和公共机构提供全面的管理解决方案和咨询服务，涵盖战略管理所有领域话题，包括建立战略联盟、引进新的商业模式和流程、构建组织结构和制定信息战略等。罗兰贝格协同客户一起创制个性化的发展战略。罗兰贝格的工作方式立足于每位咨询顾问的企业家精神和行业专长。

表1-5   罗兰贝格的业务专长

公司发展战略	信息管理	市场营销	运营和供应链	组织与结构重组
市场进入战略	战略与IT结合	卓越品牌	采购优化	根据战略制定组织结构
企业发展战略	运用IT资源创造	卓越销售	销售提升	分权管理/集中化管理
业务多元化评估	价值	卓越产品战略	价值链优化	企业流程再造
新渠道和营销方式开发	IT管理结构与经营程序优化	卓越营销	价值链整合	亏损企业结构重组
关键资源的供应		卓越客户关系管理	生产布局规划	

2. 以IT咨询为主的咨询公司

IBM、埃森哲、凯捷这几家公司都是以IT咨询为主，各自有管理咨询部门，但都不大，做的IT战略比较多，其他方面积累较少。

IBM全球企业咨询服务部：

IBM全球企业咨询服务部（IBM GBS）是全球领先的IT咨询机构，为客户提供业务转型和行业专家咨询服务，并通过整合、快速、创新的业务解决方案实现客户价值。IBM全球企业咨询服务部提供领先的跨行业转型咨询服务以及策略变革、应用科技服务、应用管理服务、财务管理服务、人力资产管理服务、客户关系管理服务、营销服务、销售服务、供应链管理及采购服务。

表1-6   IBM GBS的业务专长

战略与转型	应用程序创新	应用程序管理	商业价值研究院	IT系统整合
客户体验和市场战略	电子商务	全球交付	业务分析与优化	Sap实施与整合
商业战略	企业营销管理	程序现代化	财务管理	Oracle实施与整合
兼并服务	门户网站	下一代测试	人力资源管理	
运营与供应链优化	订单管理与履行	应用程序优化	客户关系管理	

续表

战略与转型	应用程序创新	应用程序管理	商业价值研究院	IT 系统整合
组织与劳动力转型	业务流程管理		供应链管理	
人力资源转型	新兴技术和体系架构		社交业务	
金融转型	应用程序开发			
风险管理	商业应用程序现代化			
IT 战略与绩效管理				

埃森哲（Accenture）：

埃森哲是全球领先的管理咨询、信息技术及外包服务机构，凭借其在各个行业领域积累的丰富经验、广泛能力以及对全球最成功企业的深入研究，埃森哲与客户携手合作，帮助其成为卓越绩效的企业和政府。

埃森哲的优势在于 IT 系统实施，其为客户提供的解决方案也都是以 IT 为主，是典型的 IT 实施类咨询公司，主要是通过 IT 系统将客户的战略目标和运营建议落实到实实在在的方案和系统中。其和传统的战略咨询公司的定位不同，属于咨询分类中的第三层次，但是目前也在通过 IT 实施向运营和战略咨询延伸，其技术信息服务和外包发展得非常快，全球收入排行业前三名。

表 1-7　埃森哲的业务专长

管理咨询（偏 IT）	信息技术	外包
数据分析	互动数字营销	应用系统外包
业务流程管理	数据分析	捆绑外包
变革管理	应用软件现代化和优化	业务流程外包
云计算	云计算	特定行业业务流程外包
客户关系管理	数据中心技术与运营	财务和会计业务流程外包
财务和绩效管理	新兴技术架构	全球交付
全球交付	全球交付	人力资源业务流程外包
互动数字营销	信息管理	基础设施外包

管理咨询（偏 IT）	信息技术	外包
国际发展	基础设施咨询	保险业务流程外包
风险管理	基础设施外包	培训业务流程外包
战略	IT 战略与转型	采购业务流程外包
可持续性	Oracle/SAP 集成咨询	供应链业务流程外包
人才和组织绩效	安全解决方案	公共事业业务流程外包
战略性人才管理	可持续性	医疗卫生管理业务流程外包
	系统集成咨询	

3. 四大系咨询

"四大"会计公司因审计市场日渐饱和的压力，大力发展咨询业务，在 2002 年分拆后，咨询业务强势回归，成为重量级的"玩家"。"四大"遍布全球的审计客户资源，使其在开发咨询市场上具有独特的优势。但是，四大系咨询主要集中于运营和方案实施，属于咨询业中的大众品，并不高端，主要是以量取胜，人天费率比做战略咨询的公司低很多。

在财务管理咨询、风险咨询、税务咨询领域，四大系咨询一直都具有比较优势。在财务咨询（Financial Advisory，不是财务管理咨询，类似投行做的财务顾问）中的尽职调查、资产评估、兼并与重组、资产价值评估等咨询也具有较大优势。

德勤咨询是四大系咨询公司中最好的，业务范围涵盖战略、运营、IT 实施三个层次。在北美，德勤咨询的声誉非常好，知名度很高，Vault 排名靠前，全球收入位居第一。当年，因"安然事件"爆发，其他三大早早的把咨询业务分拆出去，重点转移到自己核心的审计业务上。德勤因自身原因未完成分拆，在当时受到很多人的质疑。现在来看，正是德勤未分拆的选择才成就了现在的德勤咨询。2012 年德勤咨询收购老牌战略咨询公司摩立特，更是让其风光无二，收购摩立特，加速了德勤咨询一体化的建设，完善了其在战略咨询领域的布局，大幅提升了其咨询品牌价值。德勤咨询战略和运营条线的待遇很好，可以和罗兰贝格等看齐，明显高于其他"三大"。

其他"三大"2005年后陆续重建咨询部门，但业务线并不完整。不过，四大系咨询中排名第一位的普华永道在2014年4月收购老牌管理咨询公司博斯，也完成了战略、运营和实施的一体化战略。

表1-8 德勤中国的业务专长

德勤华永会计师事务所	德勤管理咨询（上海）有限公司	德勤商务咨询（上海）有限公司		
审计（Audit）	管理咨询（Consulting）	企业风险管理服务（Enterprise Risk Services）	财务咨询服务（Financial Advisory Services）	税务服务（Tax）
	战略与运营咨询 财务管理咨询 人力资本咨询 精算和保险咨询 信息技术咨询 信息系统实施 全球交付服务	全面风险智能服务 合规性准备及协助服务 业务持续性规划 信息治理服务 ERP控制服务 香港上市条例修订对内部控制的合理尽职性审查 内部审计 内部控制服务 合同风险与履约服务 会计与控制服务	企业财务顾问服务 并购交易服务 法证会计服务 企业重整服务 估值咨询服务	全球企业税服务 跨境税务服务 接税服务

表1-9　普华永道中国的业务专长

普华永道中天会计师事务所	普华永道咨询（深圳）有限公司			
审计（Audit）	管理咨询职能（Consulting）	风险管理与内部控制服务部（RCS）	交易与服务（Deals）	税务服务（Tax）
	战略咨询 财务管理咨询 人才和变革管理咨询 运营管理咨询 信息技术咨询 法务会计服务	内部审计 风险管理 公司治理、内部控制和合规管理 金融风险咨询 信息安全与技术风险管理	财务尽职调查 企业重整服务 评估与咨询服务	公司税务服务 国际贸易管理服务 个人税务咨询

表1-10　毕马威中国的业务专长

毕马威华振会计师事务所	毕马威企业咨询（中国）有限公司			
审计（Audit）	管理咨询服务（Management Consulting）	风险管理咨询服务（Risk Consulting）	投资和重组咨询服务（Transaction & Restructuring）	税务服务（Tax）
	营运规划服务 信息技术咨询 共享服务及服务外包管理咨询	内部审计、风险管理和合规服务 金融业风险管理 精算服务 气候变化和可持续发展	融资咨询服务 重组服务 投资咨询服务 估值及商业模型服务	个人税 公司税 转移支付

表 1-11　安永中国的业务专长

安永华明会计师事务所	安永（中国）企业咨询有限公司		
审计（Audit）	咨询（Advisory）	财务交易（Transactions）	税务服务（Tax）
	业绩改善（PI）	财务顾问服务	企业税
	风险（Risk）	运营交易咨询	间接税
	信息科技咨询	重组/整合	国际税务
	金融服务咨询（FSO）	财务交易支持	财务交易税务
		估值与商业模型服务	

4. 精品的人力资源咨询机构

美世、韬睿惠悦、合益、翰威特等以人力资源咨询为主，提供的都是诸如绩效、激励、员工关系、招聘管理等与人力资源相关的服务。

美世：

美世是全球领先的人力资源咨询、外包和投资服务提供机构，为全球超过 25000 家客户提供服务。美世致力于协助客户规划和管理员工的健康、退休和其他福利计划以及优化企业的人力资本。同时，美世也提供客户化的行政、技术及整体福利外包解决方案。

表 1-12　美世的业务专长

员工健康与福利咨询服务	人力资本咨询	并购咨询服务	调研和信息产品咨询服务
员工福利方案设计	整体薪酬调查	并购中的人力资源管理	薪酬、福利调研
员工福利咨询	高管薪酬调查	人力资源尽职调查	人力资源调研与分析
福利管理	客户定制化调查	并购后的人力资源整合	
	人力资源最优实务调研		
	员工调研		
	岗位定价服务		

韬睿惠悦：

韬睿惠悦是一家领先的全球专业咨询服务公司，通过对员工、风险和财务的高效管理，帮助企业提升经营绩效。其在全球拥有 14000 名员工，提供员工福利、人才管理、奖酬方案以及风险和资本管理等各个领域的解决之道。

表 1-13　韬睿惠悦的业务专长

福利咨询（Benefit）精算和非精算	风险和金融咨询（Risk & Financial Services）精算为主	人才和奖酬咨询（Talent & Rewards）非精算为主
退休和养老金服务（Retirement） 国际咨询（International Consultig） 健康与团体福利（Health and Group Benefits）	投资（Investment） 保险行业（Risk Consulting）& 风险咨询与软件——偏向精算、偏向保险公司（Software） Brokerage	高管薪酬（Executive Compensatior） 薪酬、人才和沟通（Reward，Talent & Communication） 数据服务和技术（Data Services & Technology）

合益：

合益集团（Hay Group）是一家全球性的管理咨询公司，其服务宗旨是协助相关组织的领导人将战略转化为现实，工作是培养人才，对人员进行合理组织使之能够高效工作，并激励他们尽最大努力履行职责。

表 1-14　合益的业务专长

领导力与人才	薪酬服务	高效组织	雇员与客户调查
能力测评 领导力转型 人才管理	薪酬战略 高管薪酬 岗位评估 薪酬信息服务 福利	组织方案实施	员工参与 客户研究

三、商业银行

银行历来是毕业生理想的雇主，不仅仅是经管类专业的学生，许多非相关专业的学生也渴望成为一名银行职员。银行工作给人的印象是：稳定、体面、待遇好、福利高，进了银行就像"嫁了高富帅"、"娶了白富美"。然而，很多毕业生在选择银行前并不了解银行的具体工作，只是盲目地基于以上提到的普遍印象，立下去银行的志向，从而使自己的职场道路平添曲折，银行真的适合你吗？

在现今银行业竞争日益加剧的情况下，对银行业的服务质量和业绩水平提出了越来越苛刻的要求，银行工作也在严酷的竞争中褪去了其华丽的外衣，许多进入银行的毕业生在工作一段时间后纷纷感到不适应，一是因工作内容乏味枯燥而难以忍受；二是考核压力越来越大，让人无法承受；三是银行内部竞争激烈，上升前景不明朗。因此，初入职场，如果你想要成为一名银行职员，一定要充分做好多方面的考虑，确信自己真的适合并能适应这样的工作状态，再做决定。这样才能在职场中少走弯路，为今后的职业发展打下坚实基础。下文就对银行业的现状做一个较为详细的介绍。

（一）概述

银行是吸收公众存款、发放贷款、办理结算等业务的企业法人，经营对象为金融资产和金融负债等特殊商品，银行通过存款、贷款、汇兑等业务，承担信用中介的功能。在金融四大支柱行业（银行、证券、保险、信托）中，银行是体量最大，也是最为重要的金融机构。

银行业务一般分为借贷业务和资金（金融市场）业务。

借贷业务按照服务对象的不同分为公司金融和个人金融业务。公司金融业务主要为公司、企业、政府等机构客户提供金融服务，也称"对公"业务，如对公存款、对公贷款等，其是商业银行最为重要的业务，也是最主要的利润来源，约占银行总利润的50%。个人金融业务是为个人提供的金融服务，也称"对私"业务，如个人储蓄存款、个人贷款（房贷、车贷）、银行卡业务（借记卡、信用卡）等，个人金融业务约占银行总利润的20%。

资金业务主要指在境内外五大市场（资本市场、货币市场、外汇市场、商品市场、票据市场）中运用六类金融工具（利率、汇率、信用、商品、股票、票据）的两种形式（基础金融工具、衍生金融工具）进行投资、交易、融资的业务，主要有同业拆放、票据买入和卖出、债券买卖、资产（权益）转让和回购、外汇交易、资产管理、金融代理及托管等，商业银行的资金业务兼有投资银行的属性。资金业务约占银行总利润的30%。

借贷业务作为银行传统的业务类型，为其贡献了大量的利润和客户，也占用了银行最大量的人力、物力资源。借贷业务的发展要归因于国内的利率管制，具体表现为央行会确定一个存款利率和贷款利率，各银行都必须按照这个利率吸收存款、发放贷款，银行是在"躺着赚钱"。利率管制的后果就是各家银行为了拉存款而打得头破血流，因为存款利率是固定的，存款人在哪个银行存款都一样。于是，很多银行为了拉存款使出各种招数，有的送东西，有的送钱，还有的为"别人家的孩子"解决就业，这也就是银行就业市场上经常有的"拼关系"、"拼资源"的说法。

但是，2013年以来，金融改革加速，银行业的格局发生重大变动。中国人民银行是我国的中央银行（以下简称央行）在2013年7月取消了金融机构贷款利率0.7倍下限，利率市场化快速推进。一旦利率完全市场化，银行靠利差便可赚得盆满钵满的日子将不复存在。此外，以余额宝为标志的互联网金融也风起云涌，大显神威，传统银行业市场份额面临新兴力量的侵蚀。

利率市场化和互联网金融的发展，一方面缩减了存贷款的利差，直接影响到银行的利润率；另一方面加剧了银行"抢夺"存款的压力，很多资金被分流到货币型基金，让银行经营变得越来越艰难。在目前利率和汇率市场化快速推进、银行竞争加剧的情况下，借贷业务面临着越来越大的挑战，各大银行，尤其是股份制银行，切切实实地感觉到了生存的压力，纷纷倡导转型：一是面对大企业金融脱媒的大势，纷纷由大企业转向中小企业，疯狂抢夺中小企业市场；二是面对利率市场化的大势，努力拓展中间业务收入。商业银行的黄金时代已过去。

然而，虽然利率市场化在快速推进，但还需要一个过程，在利率市场化尚未完成的情况下，商业银行还算是一个"不差"的去处，因为利差的存在，银行盈利还算有保障。此外，市场化过程中，借贷业务虽然会受到很大影响，但对资金业务来说却是一个难得的机遇。

银行业经营环境的变化将深刻地影响到银行从业人员的工作状况，有志于进入银行的毕业生一定要做好充足的准备。

（二）组织框架、部门及其职能介绍

我国的商业银行大体分为三个层次：一是五大国有商业银行，包括中国工商银行、中国农业银行、中国银行、中国建设银行、中国交通银行（工、农、中、建、交）五大行；二是股份制银行，包括招商银行、中信银行、浦发银行、民生银行、深圳发展银行、兴业银行等；三是城商行、农商行、农信社等。

五大国有银行压力会小一点，股份制压力稍大；但从晋升机制上看，股份制银行晋升会比较快一点，工作压力和强度也更大，赚的钱也更多。

商业银行一般是按照总、分、支三级机构设置，即在全国设立一个总行，在总行下面设立若干分行和支行。一般而言，五大国有银行（工、农、中、建、交）会在每个省设立一家省分行，统管每一个省的业务，然后在每一个市设立一家市分行，负责本市的业务。小的股份制商业银行则没有省级分行，而是直接在重点省会城市设立市分行。

总行和分行负责支行的营运和核算，主要是行政类和管理类的职位，如信贷审批、授信、财务核算等，一般也被称作"机关"，如总行机关、分行机关。金融市场业务则主要由总行或省分行直属管理，业务人员接受总行或省分行的考核。

分行之下是支行，也就是大家平时看到的一个个的银行网点，是银行经营最前沿的阵地，直接服务客户大众。支行的功能比较简单，定位于营销和客户服务。

银行一般也是按照"前中后"台的模式设置部门，前台指的是业务部门，能够为公司创造利润；中台指的是信贷审查、风险管理等部门，主要是风险控制；后台是支持服务部门。总行和省分行的部门设置相同，而支行要简单得多。

1. 前台部门

公司业务部：银行的核心部门，最主要的利润中心，负责全行公司金融业务市场营销、客户管理和服务管理，组织开展公司客户银团贷款、委托一代理、委托贷款等业务，负责协调行内相关资源，为公司客户提供一站式服务和一揽子解决方案。典型业务——上市公司贷款。

机构业务部：和公司业务部干的活一样，只是服务的对象不同，主要负责全行机构业务的组织、协调与管理，包括财政、税务、工商、海关、社保以及公检法在内的各类政府机构；军队武警系统客户；银行同业、证券公司、保险公司以及包括基金、财务、租赁、信托公司在内的各类金融机构；各类中介机构以及其他非企业法人性质的机构等。典型业务——同业存款、同业贷款等。

个人业务部（零售业务部）：银行的重要部门，服务对象为个人，负责根据全行总体发展战略研究制订个人金融业务发展目标和计划；分析客户需求，根据市场竞争情况设计开发相应个人金融产品（包括本外币储蓄业务、消费信贷业务、个人中间业务、个人理财业务等方面）并在全行推广；指导全行开展客户服务和客户关系管理。下设消费信贷业务部（二级部），承担全行消费信贷业务的产品设计与开发、制度办法的制定与实施、营销推广、客户关系管理等职责。典型业务——个人房贷、车贷等。

私人银行部（财富管理中心）：主要用于高端客户的开发和管理，专门为财富金字塔顶端的高端客户服务的部门，主要用于渠道建设，基本上可认为是向富人卖理财产品的销售渠道。随着国内富人越来越多，对理财的需求也越来越大，私人银行部也会越做越大，其和个人金融部的简单对比可认为，一个服务于富人，一个服务于穷人。

国际业务部：银行的对外业务部门，负责全行国际业务系统管理，负责国际结算和对外融资业务管理，建立和发展国外代理行关系，建立和管理全行境外机构及合资机构，负责外汇资金业务的经营与管理，管理全行的外事工作。典型业务——信用证等。

金融市场部：资金业务的核心部门，银行的第二大利润中心，在银行具有非常高的地位。本部门是最容易提升员工市场价值的部门，部门人均利润、奖金非常诱人，也是金融、经济类毕业生最想去的部门，跳槽很容易。本部门一般分为资金、债券、外汇、贵金属、衍生品交易等处室，主要负责全行本外币金融市场相关的交易、投资、风险管理和研究等各项职能，承担着资产管理、资金营运以及为客户提供多元化金融服务的重要职责。典型业务——债券交易、外汇交易等。

投资银行部：金融产品（如银行理财产品）的创设和债券承销部门（有的银行专设金融产品部来进行金融产品的开发，也有的设置资产管理部或理财业务部进行银行理财产品的管理）。负责全行投资银行业务的规划协调和经营管理，承办或牵头承办财务顾问、企业并购与重组、银团贷款、结构化融资和资产证券化等各类投资银行业务，策划和实施我行股份制改造与资本运作方案，负责中间业务的牵头管理工作。承销的债券主要是银行间债券市场上的中期票据、短融、企业债等，干的活本质上和证券公司的投行部一样，只是不能做股票的承销，但一般要比证券公司的投行部轻松。本部门人均利润很高，待遇很好，市场价值提升也很快，跳槽容易。典型业务——债券承销等。

资产托管部：主管全行资产托管（包括证券投资基金托管、委托类资产托管和合格的境外机构投资者资产托管）业务工作，负责制定资产托管业务的规章制度和办法，进行资产托管业务品种的开发研究和市场开拓，安全保管受托资产，负责基金托管工作的内部稽核和风险控制。典型业务——基金托管等。

企业年金部：中国版"401K"的受益部门，前景较好，负责制定并组织实施全行企业年金业务的发展目标和规划，为客户提供企业年金受托管理服务、账户管理服务，组织、指导和推动分支行开展企业年金业务。

2. 中台部门

信贷管理部：有信贷审批权，属于"实权"部门，负责全行信贷政策管理、制度管理和业务监控，包括组织信贷政策研究，制定行业信贷指导意见，负责全行信贷审批、监测分析和授信管理，并承担总行信贷政策委员会秘书处工作。

信贷评估部：信贷审批的支持部门，负责全行项目贷款评估、企业和事业机构法人信用等级评定、标准定额制定、抵（质）押物（权）价值评估、行业信息支持以及新巴塞尔资本协议内部评级法的跟踪、研发、协调和组织实施。

风险管理部：负责全行信贷资产、投资及其他资产的风险控制和管理，制定全行资产风险控制和管理政策，对资产质量进行分类监测，组织不良资产的清收、转化，负责全行债权管理和呆坏账核销。

法律事务部：部门工作比较复杂，负责管理、考核和指导全行法律事务工作，为日常业务经营管理活动提供法律咨询意见；牵头制订业务格式合同，参与重要业务事项的方案制定、谈判、法律文件起草和签约等有关工作；对全行各类诉讼（仲裁）案件进行监督管理，指导处理相关法律事务；组织全行授权管理工作；牵头组织、协调和推动全行反洗钱工作。

3. 后台支持部门

办公室：本部门负责各部门协调、文件处理及对外发文的部门，属于银行的"大管家"，离领导比较近，和领导接触比较多，"权力"很大。主要协助行领导组织日常办公，负责综合协调分行会议和其他重要文件的起草、公文处理、新闻宣传、企业形象策划、督办查办、保密档案管理、来信来访处理以及相关的行政、财务、物业管理等。

人力资源部：管人的"实权"部门，负责人力资源发展规划和机构管理，制定人事组织管理规划及规章制度，负责干部任免、考核、调配、领导班子建设、工资福利、保险统筹、人员总量控制、机构发展规划、技术职称评定以及党的组织建设、党员管理和发展规划。

计划财务部：管钱的"实权"部门，有预算权、考核权和核算权，分行每年能得到多少授信额度、每年利润要增长多少等都是这个部门说了算，所有的财务数据也是在这个部门集中处理，具体主要负责编制全行综合经营计划，负责全行财务管理、资产负债管理、利率管理、固定资产管理、非信贷资产管理和集中采购管理，负责分行、部门和产品绩效考评，负责全行财务报告的编制和披露。

资金营运部：资金头寸的管理部门，主要是通过测算资金需求量，提高资金运行效率并控制流动性风险。其主要是负责管理全行人民币资金头寸，平衡、调度、融通资金；包括承担全行人民币资金管理工作，按照安全性、流动性、效益性的原则，科学编制资金营运计划，通过内部资金往来价格、存款准备金、系统内借款、内部资金交易等手段，统一配置全行资金，实现全行资产负债管理目标；通过参与我国同业拆借市场、票据市场、债券市场运作，集约化经营资金，提高资金使用效率，促进全行经营效益的提高。

会计结算部：负责会计制度管理、会计体制改革、会计信息监测及披露，组织结算业务的产品研发和市场推广，推进会计电算化进程，组织综合业务系统的参数管理工作；负责资金清算业务，包括人民币资金清算、外汇资金清算、账务管理以及对资金交易进行监督检查；负责基金销售登记与注册。

内控合规部：负责全行内控合规管理工作；制定内控体系建设规划，组织推动内部控制体系建设，开展内部控制评价，持续改进内控管理；建立健全内部控制与合规管理的制度体系；组织开展对业务经营管理活动的合规管理；牵头操作风险的识别、计量、分析与报告等相关工作。

稽查审计部：银行内部稽查审计部门，负责制定稽查、内审工作制度，编制工作计划，对全行公司治理、风险管理、内部控制进行独立的监督、检查和评价，组织管理各内审分局的审计工作，组织对总行本部有关部门及境内、外分支机构、附属机构和总行控股公司进行全面稽核、专项稽核及稽核调查，负责对总行管理的干部进行离任稽核及组织开展非现场稽核及稽核系统干部培训工作，协调外部监管事务等。

监察部：具有中国特色的监管领导的部门，负责对全行贯彻执行党的路线、方针、政策和党中央、国务院、中央纪委的有关规定情况进行监督检查，协助党委具体组织实施反腐倡廉各项工作，对领导干部廉洁自律情况进行监督检查，查处各类违法违纪案件，受理信访举报等。

信息科技部：可以认为是银行的信息系统中心，负责全行电子化建设的组织和管理，制定全行信息科技发展规划和制度办法，组织全行科技项目管理、信息工程建设和安全运行，包括计算机系统和网络建设、应用产品设计开发、计算机设备配置和技术培训。

电子银行部：负责全行网上银行、电话银行、手机银行等电子银行业务的发展规划、产品开发应用推广、管理协调、宣传营销和电子银行中心的业务运作与客户服务。

教育部：银行的培训中心，负责全行员工培训及教育宣传工作；制定员工培训及教育宣传的战略规划，编制制度计划并组织实施，负责各层级、各岗位的员工培训、智力引进、院校建设、网络远程教育、师资队伍建设、培训教材建设、党校培训以及精神文明建设、思想政治工作和企业文化建设工作等。

很多名校的应届生都想去前台业务部门，因为前台部门有业绩提成，奖金高，赚钱多。在前台部门中，金融市场部、投资银行部、托管部、公司业务部都是很赚钱的，特别是金融市场部和投资银行部的员工市场价值提升很快，比较容易跳槽，跳槽后收入基本会翻一番，假若入职的时候一年能获得20万元，两年后换了工作就可能获得40万元了。也有一部分人想工作轻松点，选择压力不大的部门，如信贷审核部，有的人也想去有"权力"的部门，如办公室、人力资源部等。银行各个部门的好坏其实要看整个经济的格局，是在动态变化中。投资驱动的经济自然是跟投融资沾边的部门最好，包括涉及信贷、发债、理财、授信、公司金融等的部门；以后消费驱动了，自然是涉及金融市场业务、理财等的部门；资本项目开放了，可能涉及外汇等的部门也会发展起来。但目前来说，应届生最想去的几个部门排序如下：金融市场部、投资银行部、公司业务部、计划财务部、信贷管理部、办公室。

银行支行定位营销和客户服务，岗位比较单调，主要有柜员、大堂经理、客户经理等。

柜员：就是坐在银行窗口为客户办理业务的工作人员，属于银行的会计岗，分为对公柜员和对私柜员。对私柜台就是所谓的储蓄柜台，主要办理开销户、存取款、签协议等具体的银行业务。对公柜台就是银行里我们能见到的那些比较大的敞开式窗口，专门做公司业务的，主要工作内容是开具和接收支票、本票、贷记凭证等，还有公司保证金入账、转账等工作，不接触现金，一般操作的数字金额比较大。

绝大部分分到支行的毕业生都要先从柜员做起，逐步熟悉和掌握银行的业务。柜员岗要求服务态度亲切有礼，同时要细心遵规，有风险意识。经常出现有柜员因为粗心把客户的钱存错或者收到假币，这些都是要柜员自己掏钱赔偿的，且柜员的工作强度很大。

大堂经理：主要负责管理大厅设施，引导和分流客户，指导客户填写单据，发现有价值客户，向客户推介新产品，处理紧急事件等。大堂经理就是"跑堂的"，既要熟悉柜台业务，也要有较强的沟通和营销能力，要不断地跟客户打招呼，询问客户要办理的业务，每天上班大部分的时间都是站着，很累。

客户经理：分对公客户经理、个贷客户经理和私人客户经理（理财客户经理）三种，具体为：

（1）对公客户经理，主要服务对公客户，即企业、政府机关、事业单位等，主要职责是吸引对公存款、发放对公贷款。这一岗位要求社交能力强、懂人情世故，经常会有应酬，会经常同客户喝酒吃饭，如果家里有政府官员、国企高管、企业领导资源的，做起来会比较轻松。

（2）个贷客户经理，主要负责营销和办理个人住房贷款和汽车贷款等个人贷款业务，主要和个人打交道，工作内容比较单一。

（3）私人客户经理（理财客户经理），主要工作职责是拉存款、销售理财产品等。私人客户经理一般需要具备存款、国债、基金、股票、保险、黄金、外汇、期货等多种金融理财知识，为客户提供理财咨询和建议。私人客户经理面对的是个人客户，数量庞大，并不一定需要有良好的社会资源，工作中也不需要诸如喝酒吃饭等应酬，主要靠热情、周到、专业的服务来赢得客户的信赖，实现业绩增长。

目前银行招聘，如果是以总行名义招，一般就留在总行，但是可能会放到分行锻炼一段时间（一般1年左右）。现在想进总行越来越难，特别是四大国有商业银行，基本都被北京大学、清华大学、中国人民大学、中央财经大学、财政科学研究所研究生部等北京名校占了，非北京的高校学生想进总部很困难，但是股份制银行或城市商业银行的总行还是有很大的人才缺口，每年也会招收大量的优秀毕业生。

如果是分行名义招，大部分是在给各家支行招人。省分行统一招聘后，聘入的员工会在省行集中培训，培训后90%以上都下放支行和网点，硕士能去省会城市支行，本科可能分到区县或者非省会城市支行网点。新人绝大部分是从银行柜员做起，然后转客户经理。进入支行的人理论上可以在工作几年后，通过岗位竞聘进入分行，但是现在难度已经很大，如果碰不到好机会，几乎就要在支行待一辈子了（想想就觉着可怕），原因就是省分行或总行没有"坑"，因为省分行或总行的待遇很好，工作又轻松，很多人想往里进，里面的人又不愿意出来，岗位已经饱和，能塞进去的很多都是"有关系"、"有资源"的。各家支行的收入不一样，待遇也会有所差别，主要由每家支行的收入状况决定。

（三）薪酬体系

不管在什么地方，银行薪酬都能排到当地的中上等水平，在小地方，银行的优势会更加明显。在小城市，很少会有比银行更好的企业选择，所以很多人"挤破脑袋"都想去银行。根据 2013 年五大行公布的年报初步测算，银行人员平均年薪为 20 万元，股份制银行的人均收入更高。当然，这只是个平均数，很多人会被平均。实际上，银行不同层级之间的工资差别非常大，中高层的员工收入很高，但很多支行的基层员工薪水并不高而干的活却很多、很累。

对支行的员工来说，收入的高低主要看所在网点的业绩和存款量，手里有资源（存款、客户量）的人会"活"得很好。银行的待遇一般由四部分组成：基础工资＋福利＋补贴＋绩效奖金。

以下为普通支行员工的收入状况，分行机关或总行的要比这个高得多。

（1）基础工资：基础工资主要是根据不同的员工职级来发放的，分为不同的档次，每个职级对应不同的基础工资。基础工资每年会有5%左右的涨幅。基础工资比较低，一般每月 2000～3000 元。

（2）福利：五险一金（医疗保险、失业保险、工伤保险、养老保险、生育保险和住房公积金）＋过节费＋各种购物卡，一年在 2 万～3 万元。

（3）补贴：一般都会有交通补贴、通信补贴、房补、住宿补贴（提供住宿）、取暖费和书报费等。每年有 2 万~3 万元。

（4）绩效奖金：季度奖 + 年终奖 + 业绩提成。业绩提成就是平时销售各种银行产品的奖励，因人而异，差异较大。在支行，有些比较优秀的客户经理一年单销售奖励就可以拿到 5 万多元，做柜台的比较少。绩效奖金跟每个网点的经营业绩紧密相关。支行员工收入差距主要在业绩提成上。

对于总行、分行的员工来说，工资、福利、补贴要比支行高很多，奖金也会有很大的差别，像总行的前台业务部门（金融市场部、投资银行部、托管部），如果业绩突出，拿十几万元或几十万元的奖金很正常。2012 年债券市场大牛的情况下，在金融市场部做债券交易的交易员的奖金高达几十万元，而个人金融部的员工就没有多少奖金。

一些股份制或外资银行，应届生入行做债券或外汇交易员的年薪能达到 40 万元（加上奖金），但是如果部门业绩不好，也只能拿到平均工资。当然，债券交易员的工作压力和强度很大，招聘门槛也很多，高薪是通过汗水换来的。总的来说，四大国有商业银行总部待遇不错，福利很好，入门级别是 15 万元左右（税后，当然涨幅也很可观），硕士 3 年后税后 22 万元左右，都在北京，有户口。缺点是一个萝卜一个坑，上面领导没挪屁股，你就难升上去，七八年科级小兵都不算久。

银行的省分行机关也是非常不错的选择，各部门之间情况同总行类似，平均薪酬要比总行低一些，但是经济富裕省的省分行由于业绩突出，员工拿到的薪酬会比总行还高。现在很多省分行都很难进，很多清华、北大硕士也进不去，"原则上"要在支行或网点干两年才有可能提拔到省分机关，只有关系户和少数幸运儿可以校招直接留省分行，非关系户拼的是实力和运气。所以名校硕士去四大行支行做柜台也不要惊讶。特别说明的是，名校硕士去股份制银行留省分行的可能性大很多。

关于选分行还是总行历来是大家选 offer 时候一个很关心的问题。其实选择还是要根据情况具体分析，一般来说，在收入、福利、工作环境、晋升发展机会等方面还是总行更有优势，而且总行一般在北京，有户口，分行基本在各个省的省会城市。但是相比总行，分行要更自由一些，各种约束也比总行少，富省的分行待遇比总行都好，而且所在地的消费一般比北京要低，生活质量可能会更高一些。

另外一个大家选 offer 比较关注的是四大国有商行（工、农、中、建）、股份制银行和城商行的选择问题。

四大国有商业银行的优点是级别高、平台好、工作稳定、轻松。由于其特殊的地位，四大行有很多的资源优势，包括行政、政策、市场等，相比股份制银行能更好地获取存款和客户，体量比股份制银行大得多，几乎所有大型、超大型企业都是四大行的客户，具有很强烈的"中国特色"。四大行行长的级别非常高，经常有行长去部委当领导，如现在中国人民银行行长周小川为原中国建设银行行长，现在的证监会主席肖钢是原中国银行行长。同时，四大行还承担了很多额外的职能，如保持金融市场的稳定性、防范系统性风险、解决学生就业等，并非单单为了盈利，也正是这些原因的存在，使得四大行相比股份制银行竞争意识要差得多，业绩压力也小得多，更倾向于机关、事业单位，吃"大锅饭"现象比较严重，内部讲究公平，激励效果不好，员工待遇一般比同级别的股份制银行的人低，但是工作要轻松很多。四大行中，农行待遇最好；其次是建行、中行；工行最大，但是待遇最差。

股份制银行作为中小银行，没资源、没优势，只能在"四大巨人"的压迫下艰难成长，靠"捡食"四大行剩余的东西吃，比较看重"狼性"文化。股份制银行考核员工很看重业绩，激励措施也比较激进，业绩好就拿高薪，业绩不好就没饭吃，非常市场化。股份制银行的工作比四大行要辛苦一些，但是付出努力后得到的回报也多，不像四大行那样有很多的限制。在员工的薪酬组成中，四大行是 70% 基本薪酬＋30% 绩效，股份制银行是 30% 基本薪酬＋70% 绩效，强调能者多劳。一般来说，股份制银行的待遇要比四大行同级别的待遇好。股份制银行中很多人是从四大行中跳槽过来的，大部分人是奔着薪酬翻倍去的。交通银行比较特殊，情况介于四大国有商业银行和股份制银行之间。

城商行、农信社等属于地方上的"地头蛇"，一般是盯着自己的"一亩三分地"，靠的都是当地的资源，多在中小城市发展。相比四大行和股份制银行，城商行、农信社的管理要混乱得多，内部也不规范，方法、路子都很"野"，但是很多员工获得的薪酬比股份制银行还高，虽然基本工资低得可怜，但经常发很多的"奖金"，最后算下来到手的一点都不少。城商行、农信社的特点也决定了其平台价值有限，内部培训也不系统，纯靠"野路子"发展，不大适合应届生的系统成长，市场价值提升也慢，跳槽不容易，有一种来了就干一辈子的感觉。

（四）工作感受

很多人觉着银行工作轻松、收入高、体面，其实并不完全正确，总行或省分行机关工作很好，但是对于支行员工来说，工作强度和压力都很大。银行的工作强度，比投行、咨询公司要轻松，但比一般的企事业单位要辛苦。

支行员工除了要完成每天日常的工作，还要完成各项营销任务，每天早起晚归，奔波应酬，牺牲了时间和健康换来了并不是很高的收入。银行虽然下午5点半关门，但是普通支行员工并不在这个点下班。

对于刚毕业去做柜员的应届生来说，大部分的柜员都要在8点左右到达银行，因为涉及开会，领取尾箱、凭证等，如前所述，从9点开始就要一直坐着办业务，顾客多的时候几乎连喝水和上厕所都顾不上，下午5点半关门后还要扎账、捆钱、整理单据，然后等运钞车来把钱收走后才下班，下午6点半左右能够走已经是很好的了，一般都要到晚上七八点，如果有开会或培训，经常要到晚上10点多。柜员的工作既单一又重复而且要求细致，不能出错。硕士毕业生一般做柜员半年或一年后就会转成客户经理，但现在也有很多硕士毕业生做了2~3年柜员还未转岗。

对于在总行或省分行的人，虽然工作没有那么辛苦，但是"升职"很难，感觉"心"很累，总部和省分机关的人越来越多，留下的"坑"越来越少，升任领导的难度越来越大。对于毕业生来说，级别越调越低，几年前，刚毕业的硕士的级别是 A，现在进去的同学级别已经是 A-2 了，主要是人太多了，晋升空间越来越窄。

银行有点像围城，外面的人拼命往里挤，里面的人却不停地抱怨。银行工作有不错的一面，也有辛苦的一面。但总的来说去银行是一个不算差的选择。

转一篇非常火的文章（作者：×××）

近几年出现了一个非常奇怪的现象，我所在的某国有银行每年的入职大学生生源，在我工作的这 7 年里，经历了从二流大学本科生到一流大学本科生再到一流大学研究生甚至"海龟"的跨越式递进，真正让我这个过来人瞠目结舌。

这篇文章是想给希望进入银行业工作的学生一个参考的，看看国有银行的职业发展究竟是否适合你。当然，我讲述的是上海分行一个层面的，大致不会有太大的差距，北京总行的生活离我太遥远，我也不敢妄言。

暂且不谈面试、录取和入职培训之类的，和未来的工作而言这几乎是两个世界的东西。培训完之后是分配，去向大致有三个层次：分行本部管理部门；大客户部；各级区县支行。

（1）分行本部管理部门：对 90% 以上的入行新员工来说，这不在你的考虑范围，核心管理部门如风险管理、授信审批是不招新人的。早 10 年如果是名校研究生毕业有机会去公司业务部或国际业务部这些重要部门，我们现在的区支行行长当年走的就是这条路，但现在这种机会也没有了。家里特别有背景的，有去党办的，有去人力资源的，甚至去搞企业文化的，这里面有不少给领导当秘书，30 岁就混到正科甚至副处的；家里特别有钱的，就是那种开车上班的"富二代"，有直接去私人银行部的；还有些特殊专业的，如基建办过几年会招个同济的；信息中心倒是一直招学计算机的，不过我建议你有机会先进 IBM 或某咨询公司，再派驻到我们银行来上班，同样的工作，收入可能差两三倍到五六倍不等。

（2）如果你不是"官二代"、"富二代"、有特殊背景的，大客户部自然也不用想，这些部门如果找新入行大学生，必然是看中你背后代表的资源的。这不能说是做人现实，毕竟踏上了社会一切都是不公平的。

（3）剩下的超过90%，也就是绝大多数的新进行大学生，你们必然的归途就是某个区级支行，培训结束的那天，会有那个支行的人力资源经理来接你们，告诉你们哪天到哪里报到。很快，最真实的银行生活就要开始了。

大多数人的生活都是从轮岗开始的，所谓轮岗，就是把所有的大学生打散后安排到各个网点实习，时间长短不一，3个月到半年不等。实习期做得比较多的就是大堂经理、柜台柜员和外汇会计。一开始会不太喜欢，也是身体最累的一段时间，但你会发现这将是未来几年你过得最开心的一段时间。因为没有指标的压力，带你的师傅们也基本非常和善，而事实上工作量也不会太大。在轮岗时，学历和出身对任何人而言都是平等的，并不会因为你是交大、复旦或者"海龟"硕士有什么区别。最重要的就是放好心态，投入到工作中去。

大约半年后就面临定岗，在区支行层面，新入行大学生的出路大致有三条：对私客户经理；对公客户经理；对公会计。

对公会计其实就是柜台工作，从职业发展角度而言，除了部分准备相夫教子没有太多想法的女生，不建议大学生选这条路径。工作内容基本上是机械操作，如果走这条路，工作8~10年有机会应聘会计主管，以后可能可以做营运条线的副行长，但这基本就是职业发展的尽头了，而且在烦琐的工作中很容易丧失对未来发展的观点和想法。

目前所有的银行都面临非常重的零售业绩压力，所以对私客户经理是最稀缺的资源之一，绝大多数的大学生最终会踏上这一岗位。其实对大多数人而言这是不错的发展渠道，而与之相对的，你将在某个银行网点工作上三五年的时间，你可能要面对非正常的休息时间（周末银行往往要开门），每天下班后的培训和例会，每天12小时甚至14小时的工作时间，每天和客户不停地对话交谈，销售基金、保险、理财产品。销售其实是一份非常好的起步职业，也非常锻炼人，如果你吃得起苦，而且能够有出色的业绩，几年后你会有很好的晋升机会。

你所需要面对的代价，大概是没时间谈恋爱、睡眠不足、偶尔需要昧着良心让老阿姨们买点亏本的保险、有足够的心理承受能力面对投诉、因为争抢业绩和柜台柜员发生一些小矛盾等。总而言之，你需要一颗强大的心。

再来谈谈对公客户经理，也就是以前说的信贷员。相比对私客户经理，对公客户经理有比较稳定的工作和休息时间，每天甚至有稳定的午休时间，接触的客户层次相对而言比较高，一开始就不必待在网点工作，往往在支行集中办公，可以有机会接触贷款之类的大业务。对公条线的产出和收入水平对大多数人而言也是可以接受的。总而言之，与对私客户经理相比，这更像一份"体面"的工作。

当然，对公客户经理的业绩压力也是很大的，现在银行都已经实行了排名和末位淘汰制。不像对私客户经理可以依托网点的资源，一个大学生从头开始的第一件事情就是要学着去"扫楼"和打电话，结识陌生人，把一个一个户头拉进来，发放人生的第一笔贷款。

其实对公客户经理是银行里相对而言最适合大学毕业生的工作，特别是如果你能找到一个良师肯教你，而你自己又上进、能严格要求自己。但老实说，对公业务的压力比对私业务要大得多。这里你会看到更多的不公平和无奈，你会遇到更多的挫折和受到更多的委屈。

就在上周，一个入行不到两个月的女孩子辞职了。德国硕士海归，直接进了我们银行，在对公业务部门做了不到一个月，走之前她说，银行对公客户经理要排名和末位淘汰，与其等着到时候被排名淘汰，还不如选择现在自己离开。希望这个小故事可以给一些人引以为戒，银行没有你们想象的那么好，尽管你从一些人的口中听到了很多光鲜美妙的故事，但我写出这些经验是希望你们能看到更多的是现实。

（五）招聘

银行每年都会招收大量的应届毕业生，地位也比较强势，对总行和支行招聘有不同的要求：

银行总行或省分行机关：现在银行总行和省分机关特别难进，主要还是因为"没坑了"，能进总行或省分行机关的一般都是各大顶级名校的"超级大牛"或者是"关系户"，名校硕士已经是最低的门槛了，此外还要有各种"牛×"证书和实习经历。总之，是要学校里面最为"精英"的一批人，且总行或省分行机关对专业的要求也很高，一般是金融或财经类专业的毕业生。

支行：对支行员工的要求则低很多，普通硕士生想去的话还是比较容易的，主要的要求如下：

（1）学历，一般是硕士起步，名校最好。

（2）成绩，在校成绩一般即可，英语水平突出、成绩优秀者优先。

（3）实习、社团、证书都能加分很多。

（4）五官端正，形象好或气质佳，帅哥、美女优先，但相貌一般不会被歧视。

（5）要是能有一定的资源就更好了。

此外，支行对专业要求并不是很高，财经专业的当然好一点，但非财经专业也没关系，招进去的学生什么专业的都有。

银行的招聘流程一般是网申、笔试、面试、体检、正式录用。

网申的几个技巧（适合分行层面的招聘，一般录取后会被分到支行）：

（1）家庭背景一栏要好好填，大部分银行愿意要有资源或有关系的人，父母属于政府、事业单位或富商的可以加分。

（2）要有实习经历（最好是金融行业的）、资格证书以及获奖荣誉，这些都能加分。

（3）银行除了需要证件照以外还需要生活照，有个良好的外貌能提高简历通过率，所以生活照一定要好好选。

（4）另一个关键环节是选择工作地点，简历最容易通过的就是户口、家庭住址地的省市分行，因为银行会认为你的社会资源主要集中在这里。投户口所在地的分行是获得笔试机会最大的。

笔试：笔试分两部分，主要是行测和专业测试，行测的复习可以使用公务员的书籍，很多题也都是国家公务员考试的真题。专业测试比较杂，范围很广，什么东西都有，涉及宏微观经济、法律、会计、财务、常识、计算机和统计等，很注重积累，复习时候可以参考银行从业考试的书籍。此外，最好在考前了解一下银行近半年的事项、荣誉和财务情况，心里有个大致的印象，考试时可能会有与此银行相关的题目，这类题目，如果看到过，还是很容易得分的。

面试：商业银行的面试一般是两轮，第一轮多对多群面，第二轮多对一单面。第一轮面试以无领导小组讨论的形式为主，每一小组人数少则六七人，多则超过十人，由于人数较多，面试者需珍惜发言机会，话太少很难出彩。此轮面试与专业水平相关度不高，主要考察综合实力，包括逻辑思维、语言表达等。面试官通常包括人力及各个用人业务部门的领导，人数较多，气场强大，笔者认为，此轮面试需注意的是不能被面试官的强大气场影响，做到从容自然，阐述的观点不一定需要非常专业，但要做到逻辑清晰、有理有据，同时表达流畅自然。第二轮的面试通常是多对一，面试官一般以用人部门为主，可能针对简历提问，可能随便聊聊家庭情况、个人爱好之类的，也会问一些专业问题，还有可能考察英语口语。

以上提到的两轮面试仅仅是较常见的形式，不同应聘单位可能会五花八门，笔者曾参与过一家总行的面试，仅一轮面试，10个人一组，面试官也有将近10人，首先是自我介绍（无顺序，自己主动），然后是面试官提问（专业问题），面试者抢答，最后是面试官按顺序对所有人一一提问。因此，求职者应在面试前详细了解自己应聘单位的面试情况，做到有的放矢。

（六）政策性银行简介

在国内的银行体系中，还有 3 个银行比较特殊，它们就是三大政策性银行——中国国家开发银行（目前已经改制成商业银行，以下简称国开行）、中国进出口银行（以下简称进出口行）和中国农业发展银行（以下简称农发行）。国外的政策性银行从成立之初就是做政策性业务，没有历史包袱，但中国的政策性银行准确来说，是工、农、中、建转型时的产物。1994 ~ 2002 年，国开行、进出口行、农发行都是出了名的"亏本专业户"，历史坏账多，待遇差，办事效率低，2002 年以后好转了很多。

1. 国家开发银行

国开行发展很快，在国内被戏称为银行的"二妈"（中国人民银行是"央妈"），现在已经完成了改制，成为了切切实实的商业银行。国开行是名副其实的金融"大佬"，看看注册资本便知，其注册资本是 3000 亿元人民币，工、农、中、建发展了几十年到今天，每家的注册资本也不过 1000 多亿元人民币，交行才几百亿元，其他股份制银行就更不用说。但是从资产规模来看，国开行要排在四大国有商业银行后面，现在是中国第五大商行。

国开行目前基本无储蓄业务（有少量的企业存款，基本是全国有信贷业务往来的企业和政府融资平台在国开行的存款）。国开行主要靠在银行间债券市场发债筹集资金来解决信贷资金来源，是典型的债券性银行（和进出口行的资金来源一样，只不过国开行比进出口行每年发行的债券额大得多）。

国开行员工数量较少，全国约 9000 名正式员工。总行大概 4000 多人。大的省行 200 多人，小的省行 150 多人。根据国开行最新执行的职级竞升规定，从最低层职位向上分为二级业务员、一级业务员、三级客户经理助理、二级客户经理助理、一级客户经理助理、客户经理（以前的处级干部）。本科刚毕业进行为二级业务员，硕士刚毕业进行为一级业务员。三级客户经理及以下的职级调整最短时间为 1 年，参加竞岗人员的 10% 不晋升，维持原职级不动。三级客户经理助理到二级客户经理助理最短时间 2 年，参加竞岗人员的 40% 不晋升，维持原职级不动。二级客户经理助理到一级客户经理助理最短时间 2 年，参加竞岗人员的 40% 不晋升，维持原职级不动。一级客户经理助理到客户经理最短时间 2 年，参加竞岗人员的 40% 不晋升，维持原职级不动。

目前国开行待遇全国不一，一般员工和中层干部的差距不大，各地区之间总体差距也不大。具体来说，深圳分行、上海分行、总行和北京分行待遇稍微好些。一般员工转正后年薪税后 10 ~ 16 万元（按照二级业务员、一级业务员、三级客户经理助理、二级客户经理助理、一级客户经理助理等分类有差别，但每级之间差别很小）。住房公积金每月平均都有 2200 ~ 3000 元。副处级和正处级干部工资加奖金税后 23 ~ 32 万元。其他东部、中部和西部分行待遇差距不大。一般员工年薪税后 9 ~ 15 万元。

此外，应届毕业生进国开行第一年都是实习（硕士在本科毕业后有 1 年以上工作经验的，可以只实习半年），每月拿 2800 ~ 3000 元的薪水，有点奖金什么的但不是很高，第一年总收入 5 ~ 6 万元。

总体来说，国开行的工作更像公务员，事无巨细写公文报告，上级指示没有协商的余地，执行力相当强。工作比公务员累和忙，常加班，公务陪同和公务交际喝酒也是常事，中层的有些中年干部和上层干部比较讲级别，按照官僚体系运作（中国人民银行和外汇管理局那样的研究学术氛围和工作环境，大家不要想了，国开行不搞学术，搞学术的尽量不要选择国开行）。

从长短期来看，国开行都没有经营趋势变坏、破产和倒闭的风险。国开行人员少，资产众多，无论是吃老本还是扔掉以前的政策性业务和商业银行搞市场竞争，都不用担心什么。待遇会极为缓慢的逐渐上升，虽然无惊喜，但也是好事。

求职建议：

（1）如果你能够进入国开行分行评审处，那你尽管和国开行签约吧，这个部门是国开行分行里最有含金量的部门，可以充分实现你的金融愿景。如果你进的是经营管理处、业务发展处、财会处和办公室这些内勤部门，那你除了从第二年开始每个月稳定的、尚可的收入以外，恐无多少核心竞争力的培养和积累，作为有抱负的年轻人，国开行不一定是最好的选择。所以你可以问问人事处，你进来会被分到什么部门；你进来后即定岗，分行内部轮岗机会不是很多！

（2）如果你追求稳定的收入，那国开行可以满足你，起码这几年可以，待遇不一定有你预期中的那么高，但不会低；如果你想最开始几年有一个充分的锻炼，各个业务领域的锤炼，工资不要求很高，然后在两三年后再追求收入的高增长或者职务上的突破，那样国开行可能不是最好选择。

（3）是不是在家附近工作，看你家乡和省城的比较，如果千里迢迢，省城又不太好，可能留在家乡也不错，毕竟你有人缘和亲情的便利优势；如果两个地方不远，省城你又喜欢，离家又何妨？

此外，国开行主要通过校园招聘补充人员，基本没有社会招聘。国开行很难进，工、农、中、建会时不时面向国内招聘处级干部，但国开行很少发布社会招聘信息，向来都是每年去北大、清华、复旦、上交等高校招聘毕业生自己培养。可以这么说，一个年轻人毕业时如果没去成工、农、中、建，工作几年之后还会有机会跳槽进入，或者有所建树时考入工、农、中、建担任中层干部，但国开行则不同，如果毕业时没去成，可能就再也没机会进入国开行了。

如果应届生能拿到国开行和四大国有银行同级别的 offer，如国开总行和四大行总行或国开省分行和四大行省分行，一般都会去国开行的。综合比较来看，同级别的国开行是要好于同级别的四大行的。但是如果国开省分行和四大行总行，很多人会选四大行总行。

2. 中国进出口银行

进出口银行成立于 1994 年，是直属于国务院领导的国家副部级机构。其国际信用评级和中国的国家主权评级保持一致，进出口行的一切行为，都会被当作国家行为看待，属于仅有的两家国家银行之一（另一家是中国人民银行）。人行和进出口行的网址都以 .GOV.CN 而非 .COM.CN 结尾，是国内仅有的两家。进出口行由国家拥有，资金来源于国家的财政拨款或票据融资，不带任何商业色彩，专门负责发放贷款支持进出口贸易、专营本国对外贸易信用的国家金融机构。

进出口行不以盈利为目的，是以行使国家金融政策为目的的国家机构。但进出口行也不是政府机关，其不具备行政权力。进出口行不是国务院的组成部门（中国人民银行是），其员工队伍不属于公务员范畴，但属于国家工作人员编制，具备国家干部身份。进出口行可以说是亦官亦商、似商实官的国家银行。进出口行早年一直做机电设备进出口融资，和国内各大船厂和航空公司关系非常密切，其早年的分支机构也主要设在沿海地区，比如，东北最早的分行没有设在沈阳而设在了大连，山东的分行设在了青岛而没有设在济南，就是因为大连和青岛有造船业，造船业生产周期长，需要政策性信贷扶持才能发展。2007 年后，进出口行的情况发生了很大变化，开始向国内进军了，到处开设分行，与商业银行争抢生意的情况不断发生。

进出口行不通过国家公务员考试招人，一般都是在每年冬季和春季组织到各大城市的知名重点高校招聘毕业生进行培养。招聘分笔试、面试、体检、政审四大环节，笔试主要考察金融知识，外加少许行政测验及申论。面试一般是行领导加上部门领导一起组成面试组，主要考察表达、思维、分析能力。体检只要没有大问题都可以通过。政审会派人到学校查看档案。体检和政审通过后，发放录用通知书。社会招聘一般比较少。

3. 中国农业发展银行

中国农业发展银行是直属国务院领导的我国唯一的一家农业政策性银行，1994 年 11 月挂牌成立。其主要职责是按照国家的法律、法规和方针、政策，以国家信用为基础，筹集资金，承担国家规定的农业政策性金融业务，代理财政支农资金的拨付，为农业和农村经济发展服务，现注册资本 200 亿元。

农发行从事的业务都和农业有关，主要是服务于国家宏观调控，落实国家各项强农惠农政策，如粮棉油收购贷款等。农发行是农村金融的骨干和支柱，以国家粮棉购销储业务为主体，以支持农业产业化经营、农业农村基础设施建设和生态农业建设为重点。

农发行的历史包袱一直都很重，中国的农业发展情况已经注定了它不可能没有坏账。它在本质上类似一个蓄水池，起的是政策性扶持和调节的作用。这几年农发行搞了一些商业化，稍微好了一些。目前的农发行已经不单单做粮油收购信贷业务了，正在积极开展商业性、政府融资平台项目类的贷款。

农发行是政策银行，所有收入都要上缴财政，工资参照当地事业编标准发放，比较稳定。薪酬待遇方面要比四大行和股份制银行差很多，但是工作强度和竞争压力都小很多，也没有很严格的业绩考核指标，总的来说就是工作轻松，待遇凑合，适合养老。

（七）外资商业银行简介

随着外资商业银行在国内大规模扩张业务，对人才的需求也越来越大，这个行业也逐渐成为众多毕业生开始职业生涯的地方，如汇丰银行、花旗银行、渣打银行、恒生银行、荷兰银行、星展银行、德意志银行等。相比内资银行，外资银行有很多特点，最明显的地方就是管理更专业、更规范、更正规，同其他行业的外企一样，外资银行都是经历了国外几十年，甚至百年的发展，具有丰富的经验，对所从事的业务非常熟悉，目标明确，很少盲目地发展和扩张。由于外资行都是非常具有战斗力的"狼"，国内对其业务进行了限制，以保护内资行的发展，其在国内所从事的业务也比较单一。

外资行资产盈利能力很强（资产收益率很高），但是规模较小。外资行管理完善，讲求按岗位定薪，干多少活就给多少钱，因此对于很多外资行普通员工来说，薪酬都较内资行省分行机关或总行的人差很多，而且工作强度要更大。

外资银行从事的业务主要是信贷类业务，按照服务客户性质看，分为三块：

（1）公司银行服务。主要为企业客户提供存款、现金管理、贸易融资、出口信用担保、银团贷款等业务，公司银行部称作"Wholesale Banking"，内部可能会进一步划分为 Corporate 和 Institutional Banking，为世界 500 强企业服务；Commercial Banking 为其他企业客户服务等。

（2）个人银行服务。主要为中高端个人客户提供存款、贷款、信用卡、财富管理、按贷款等服务。个人金融一般称为 Consumer Banking，也有称为 Personal Financial Services 或 Private Business & Clients 的。

（3）Operation。外资行的运营支持部门，类似中资行中、后台的概念（肯定没有中资行设置的那么复杂）。外资行所有的业务都要经过这个部门，例如，某家企业向银行申请贷款，企业银行部门对企业进行调查和撰写可行性报告后，如果获得批准，将由 Operation 部门把款项打入该企业在银行的账户。由于国内商业银行在企业银行业务方面根基深厚，而且这一块业务极需要长期客户关系和政府背景，所以外资行在中国的优势主要在于个人金融业务，因为它们有成熟的个人理财产品、完善的服务和遍布全球的分行网络。不过外资行企业银行服务的利润率要远远高于个人银行业务，外资行进入中国之初主要做企业银行业务，抢占了高端客户，尤其是在贸易融资和银团贷款方面。随着政府对个人银行业务市场的放开，越来越多的外资行也大举进军个人理财、住房按揭贷款等个人银行业务领域。

待遇：除了部分人外，外资行的待遇要比中资行差，每年薪资涨幅也不大，主要是外资行奖金较少，中资行奖金较多，如果想赚钱，还是去中资行的业务部门比较好。但是外资行相对来说人际关系较为简单。外资行的工作都很标准化、流程化、程序化，在中资行里就经常要费脑筋去处理人际关系，在中资行里很多精力也浪费在处理无用的流程上。外资行每年基本工资加上奖金 10 万～12 万元人民币（税前），年假 15～20 天，医疗保险、按揭贷款补贴都有，在外企中处于中等偏上的水平。外资行加班不是很多，如果加班也就到晚上七八点。还有一点是，进入外资行工作，往后出国念书相对比较方便，外资行都是国际上的大品牌。外资行对专业背景并不看重，但口语一定要流利，因为银行里所有的文件都是英文，面试也绝大部分是英文。要成为一位出色的银行家，团队合作精神、领导能力、与人沟通能力和干练的气质也是必不可少的。

外资行的招聘流程如下：

第一轮：笔试，包括 Numerical Test 和 Verbal Test 两部分，时间比较紧，很多人在这一关挂掉。建议多练习 SHL 的题目，网上有很多。

第二轮：HR 面试，主要是行为问题。例如，举例说明自己的领导能力、团队合作精神，最喜欢和什么样的人工作，为什么申请这个部门，对这个部门有什么了解；等等。

第三轮：群面，Assessment Center。一般是设定一个情景，小组内讨论，最后选人总结发言，主要考察面试人的领导能力、组织能力和协调能力等。

第四轮：由银行业务高层管理人员来面试，主要看申请的是什么岗位，低级岗位可能没有高管面试。

外资行面试的几个技巧：

（1）英语要流利，能流利地表达自己的意思。

（2）有针对性地练习 SHL 试题，大部分商业银行都会用到，而且因为 SHL 题库有限，所以经常会碰到重复的题目。

（3）因为面试问题重复性较大，准备每家银行面试前，找到过去的面试题目，先总结自己的回答，在面试前加以练习。

（4）小组讨论中，最好能找到相互配合的搭档，尽量多说自己的观点或者正面评价并且补充别人的观点，少花时间批评别人的观点，指出其明显的错误即可。

（5）了解该银行的基本资料，例如，成立时间、分行数量和城市、突出优势等。

四、信托公司

二级市场上有个板块轮动的规律，就业市场上也是一样的，有的领域总是被热忱地追捧，如投资银行、商业银行；有的领域则被无情地冷落，如曾经的四大。而时过境迁，今年的宠儿说不定明年就会被抛弃，今天不被看好的领域在明天或许会成为黑马。本章为大家介绍的信托行业，正是蓦地从一个默默无闻的金融"边角料"摇身变成行业新晋"高富帅"。而财经新闻三天两头爆出信托行业人均收入超过××万元，更是把信托行业推向风口浪尖。然而真实的信托究竟是怎样的，本章将尽可能地展开较为全面的介绍。

在正式展开信托行业介绍之前，作为老生常谈聊一下关于应届生求职必要的心理建设。正如找对象一样，首先你要彻底抛开那些善男信女的情愫，不要痴心妄想地认为某家行业或某个公司可以托付终身，就像恋爱中的山盟海誓并不能阻拦劈腿事件的发生一样。对于应届毕业生而言，比起赚多少钱，第一份工作更重要的意义在于养成一个怎样的工作习惯，认识了多少人，积累了多少知识。如果你觉得男朋友/女朋友不再能给你能量和帮助的时候，那么晚痛不如早痛，离开他/她，不要犹豫和回头。在工作中，如果你所在的部门或者公司不能给予你新知和能量时，随时准备着挥手告别。当然，这样都是双向的，当你的男朋友/女朋友觉得你不能继续给予他/她正能量时，他们也会选择跟你再见的，就像你不能为公司创造价值的时候，被辞退可能就是你的结局。无论是感情的市场还是就业的市场，双方当事人都是不断互动、摩擦、合作的，这个世界是动态的。

（一）信托行业概述

相信六七年前的就业市场里没有几个人听说过信托公司，更没有几个人会敢把自己的"处女工"交付给他们不了解的信托公司，而现在的信托公司几乎是家喻户晓。当下的信托行业已成为与银行业、保险业、证券业相并列的四大金融子行业，截至 2013 年末信托规模已经超过 10 万亿元，成为仅次于银行业的第二大金融支柱。

信托制度源于罗马，发展于英国，成熟于美国。国外的信托制度更多地体现在公益信托方面，1822 年美国成立的纽约农业火险放款公司即世界上第一家信托投资公司的前身，美国的信托公司多为投资类公司。秉承中国特色的一贯传统，我们的信托业与欧美国家的信托业存在本质的区别，我们的信托公司主要是依据"一法两规"（《中华人民共和国信托法》、《信托公司管理办法》和《信托公司集合资金信托计划管理办法》）设立的接受银监会监管的从事信托业务的金融机构。而所谓信托业务则指以信任委托为基础，以货币资金和实物财产经营管理为形式，融资和融物相结合的信用行为，其核心即"受人之托、代人理财"，具体而言即委托人把财产转移到受托人，受托人为了受益人的利益而管理财产。但是就目前而言绝大多数信托公司都没有做到"受人之托，代人理财"，更多的是"受人之托，代人融资"，此类业务让信托公司在过去几年赚得盆满钵满，但也从另一个角度说明了信托公司在财富管理方面还是很薄弱的，或者说信托公司在代人理财方面还有很大的发展空间。

与股权与债权相区别，信托是一种法律关系。信托关系下，信托财产会进行单独隔离,其既不属于受托人,又独立于委托人的其他财产。把财产隔离的最大好处是保证了其安全性,不管是受托人破产还是委托人破产,信托财产都不会被当作破产财产进行清算,从而充分保证了资产的安全性,而如股权、债权就无这样财产破产隔离的优势。举一个简单的例子,假设你有1亿元,如果你投资于一家公司的股票,获得股权,公司破产了,你有可能分文没有了;如果你借给一家公司,形成债权,如果公司破产,虽然破产资产优先偿还债权(相比股权来说),但是如果破产资产不够1亿元,你就会造成损失,实践中,如果公司破产,债权遭受损失的可能性非常大;但是如果你把1亿元当作信托资产委托信托公司管理,即使信托公司破产,这1亿元信托资产会单独区别于信托公司资产,因此也就不会造成损失。

信托行业能够在短时间内晋升为金融新贵除了特殊的机遇外,也在很大程度上得益于其特有的制度红利,主要包括:

(1)信托财产的独立性。如前文所述,信托财产独立于受托人的自有资产和其他信托财产,不受受托人的自有财产和其他信托财产管理运作情况的影响,信托财产不作为受托人的破产清偿财产。信托财产的独立性决定了信托成为一种安全的财产管理的制度安排。

(2)信托财产所有权和受益权分离。信托财产的名义所有人是作为受托人的信托投资公司,而实际获得信托财产利益的是信托财产的受益人。财产权利的两重性决定了信托名义下的权利转让更为灵活和便捷,也决定了信托作为管理层持股、职工持股的最佳方式和资产证券化的变通渠道。

(3)信托资金投向的灵活性。信托投资公司是目前唯一准许同时在资本市场、货币市场和实业领域投资的金融机构。作为联系货币市场、资本市场和产权市场的重要纽带,信托公司资金运用范围极为广泛。信托资金既可以用于银行存款、发放贷款、融资租赁,也可以用于有价证券投资、基础设施项目投资和实业投资。而证券公司、基金公司、保险公司、银行在投资标的上则有更多的限制,这些限制也为信托公司提供了大量的通道业务的空间,即其他的金融机构利用信托资金投向灵活的特点"借"信托之"道",

从而解决投资标的受限的问题。

信托公司天生的制度优势，使得信托业务范围极为广泛，其可以同时涉及货币、资本和实业三个市场，具有巨大的"全牌照"价值。特别是其横跨金融界与实业界，使得金融资本和产业资本能够更好地融合，产业和金融的融合对于大型产业集团和金融集团来说具有巨大的价值。对产业资本而言，信托融资功能有利于降低金融交易成本，提高整个集团的效益；对金融资本而言则有了更加广泛的投资途径，有利于进行投资品种配置，提高投资管理水平。信托的"全牌照"价值也是信托公司的核心竞争力。

（二）信托公司内部分工

信托公司内部也同证券公司、银行等一样按照前、中、后台分类，前台指纯业务部门，能够给公司带来收入；中台包括风控、合规、法律部门；后台包括信息技术、财务部、办公室、人力资源、内部审计等支持部门。

1. 业务前台

3~7人的业务团队是信托公司业务最基础的组成单位，等级上由信托助理、信托经理、高级信托经理、部门总经理（团队长）构成。业务分工上信托助理、信托经理由于资源有限，一般更多地从事操作层面的工作，如尽职调查报告的撰写、贷后管理等；高级信托经理、部门总经理则更多关注展业、项目拓展、与其他机构或者客户的开拓及维护。目前受理的信托业务从类型上看主要包括房地产信托、证券类信托、股权质押、能源矿产信托、资产受益权转让、工商企业流贷和政府平台项目等；从委托人数量上可划分为单一资金信托和集合资金信托；从合作机构类型方面可划分为银信合作、证信合作和银证信合作等。这是主流的信托业务，也是为信托公司赚钱的主要业务模式。当然投行业务与自营业务也都在逐步发展的阶段，特别是大型信托公司可能对这两方面业务更为重视。

作为一个底层的信托公司前台小兵,有必要描述一下底层信托人的生存常态:

单一业务,单子拿到之后按照公司要求走内部送审流程;联系银行开户;与融资方、银行"勾兑"合同条款,三方法务不一致的时候是最考验前台业务人员的关键节点,一方面不能得罪银行,另一方面要既委婉又有力地说服公司方面让步,合同的问题不纠缠个几十通电话是万万搞不定的(当然市场有很多"大度"的受托人,从接单到放款也只用几通到十几通电话即可搞定);签订合同后最紧张的环节就是提款了,按照公司要求提交各种材料,打各种请示报签,一个环节都不能出错,否则耽误时间那利息是小兵负责不起的,只要款子打到企业账户上,才能算是结束任务。单一业务历时较短,效率至上,一般在一周左右,甚至部分高效的信托公司针对单一业务可以直接走绿色通道,1~2天搞定,一句话总结通道业务,关系和效率至上,至上上!

集合业务,相对单一业务则历时较长,在双方洽谈好要操作的时候,业务人员首先需要完成尽职调查报告,这个过程中一般会和风控"打几架",然后上报公司内部业务决策会决策,要么通过,要么不通过再走复审流程或者直接枪毙。如果有幸通过后就需要报送银监会审批,这个过程可长可短,看监管层"心情"而定。在等待银监会批复的同时和企业约定合同的问题,这个过程也比较痛苦,但集合类业务信托公司的主动权比较大,相对好谈一些。银监会批复下来,合同签订后,就是关键的资金募集环节了,这个时长依据各个公司的发行能力而定,可长可短。如果能找到银行包销或者代销信托项目的话,发行环节则会节省很多时间。

对于菜鸟级别的信托人来说,平时的积累和学习很重要,这样才能保证项目来时以最快的速度顶上,不至于把项目在自己手里拖黄。相对单一业务,集合业务对公司前台的要求更高,当然也是最能赚钱的业务类型,集合信托规模是体现信托公司主动管理的重要指标。信托公司对前台的业绩要求往往有两个,即规模和收入,单一冲规模,赚钱靠集合就是最好的总结。

2. 中台——风险防火墙

信托公司的中台无非是风控部门和法务部门，由于目标不一致的关系，中台部门是让业务部门最头痛的部门，原因是业务部门以项目做成为目的，风控、法务部门以项目无风险或者尽可能地降低风险为原则，而在现实中业务团队拉来的项目必须得经过中台的审核才能继续推进。这种微妙的关系让前台和中台成为打交道最多、分歧最多，甚至吵架最多的欢喜冤家。也许是置身于前台的原因，对中台说爱实在是不容易。不过不能以偏概全，优秀的中台其实是能起到促进前台成长的作用的，一方面提升了对项目的鉴别能力，另一方面协助找到"包装、美化"项目的方法。

由于外部环境的恶化（房地产行业的拖累），现在市场上信托公司普遍对项目越来越谨慎了，大部分信托公司的中台，尤其是风控部门前置，上报之前就需要去现场考察，比业务人员的介入时间晚不了多少。而一个风控部门人员有限，一般一个风控团队需要同时负责数十个业务团队的项目考察，"空中飞人"是这些前置的风控人员的生存常态。

一般应届生很难直接进入中台，特别是风控部门，即使能够进入也不做实质的风险考察工作，更多的可能是偏行政的受理、归档及研发等工作。法务部门也是一样的，应届生进去只能从基础琐碎的工作做起。信托公司风控部门最喜欢从银行信贷人员中选择，可以直接上岗，投入角色；其次经过四大3～5年历练的跳槽者也是比较优质的人选；个别风控人员也有从业务团队或者其他部门转型的，但不具有普遍参考意义。如果对应届生对信托公司前、中、后台胜任能力进行排序的话，我想应当是后台胜任力大于前台也大于中台，可见刚从学校出来的小伙姑娘们直接进入风控、法务部门做风险或者法务审查还是存在较大难度的。

法务部门的重要性与风控部门不相上下，区别是法务部门对项目的介入时间相较风控更晚一些，从业人员除了须具备全面的法律知识储备之外，对业务条款的敏感性也是十分重要的。因为法务人员最重要的工作是审核与各个交易参与者签订的法律文件，必须保证合同条款首先没有违背监管法规的规定，又维护了公司利益，是参与各方对商业交易的真实意思表达。

3. 后台——细心细心再细心

与其他金融机构一样，信托公司的后台部门的职责没有什么差异，除了行政、财务、人事、审计等职能性后台部门外，项目管理部、托管部是跟业务部门联系相对密切的。相较于前台和中台，后台在工作上技术含量可能略低，但需要经验的积累和十分的细心，相对较容易胜任。

（三）信托业务简介

1. 通道业务"行将就市"

通道业务为银行提供出表通道，这些年信托规模的急剧膨胀在很大程度上得益于银行通道业务。我国银行业的理财业务萌芽于2004年前后，2005年，银监会颁布《商业银行个人理财业务管理暂行办法》，银行理财业务在我国从无到有、快速发展。但是，银行理财计划一直缺乏明确的法律地位，加之分业经营，使客户无法得到银行真正意义的资产管理服务。与信托公司合作，是银行发展理财业务的现实选择，其实质是"双层信托模式"：银行首先以理财产品为载体，与投资者建立委托代理关系，在获得投资者委托的基础上，以委托人的角色与信托公司签订资金信托合同，在信托合同中以单一委托人的身份设立信托计划，并最终将投资者的资金投资于各类资产，主要是投向银行指定的客户。

在银信合作业务中，信托公司仅仅提供"受托人"服务，信托资金按委托人（银行）的要求就行运用，并不体现主动管理。信托公司收取的手续费非常低，通常只有千分之几乃至万分之几。但是，银行理财资金量庞大，且信托公司不承担实质性的风险，因而银信合作业务受到信托公司的欢迎，大量通道业务的堆砌还是为信托公司创造了非常可观的收入。因此，单一业务不仅能够冲规模，只要量足够大也是能赚不少钱的。

2006 年底信托业管理的资产规模只有 3600 多亿元，经过一年的时间增长到 9621 亿元，主要原因正是银信合作"打新股"产品的盛行。当时，A 股在多年的"熊市"行情后，启动了一年大"牛市"，打新股几乎成为稳赚不赔的生意。银行理财计划苦于不能"开户"申购新股，于是绕道信托计划"打新股"，这一波银信的亲密接触让参与各方喜获丰收，也第一次成就了信托行业资产管理规模的快速增长。如中信信托在此期间信托管理规模从 2006 年底的 385.51 亿元一路飙升至一年后的 1961.93 亿元。

但此后随着股市的下行，银信"打新股"风光不再。东方不亮西方亮，上帝关上一扇门的同时也会打开另一扇窗。融资类银信合作开始盛行，其实 2006 年前后融资类银信合作的交易结构即被开发出来，即银行将理财资金委托给信托公司，然后信托公司按银行的要求购买信贷资产，或者对指定的客户发放信托贷款。而这些贷款主要都流向了被严格监控的房地产行业和政府融资平台等敏感地带。截至 2010 年 7 月，银信合作规模达到 2.08 万亿元（其中融资类业务为 1.40 万亿元，占比 67.3%）。此后，随着银监会一系列监管政策的实施，银信合作业务规模开始回落，至 2012 年 6 月末，银信合作余额 1.77 万亿元，占信托业受托管理资产规模的 31.95%。可以说，没有银信理财合作，就没有今日信托业 10 万亿元的受托管理资产规模，也没有银行理财业务今日的繁荣。

然而，2013 年以来，一方面监管层数次发文遏制银行"资产表外化"，阻挠信托在"影子银行"之路"策马奔腾"；另一方面又在给银行颁发资产管理牌照，允许银行直接介入资产管理业务，再加上基金子公司、券商资管等对通道业务的蚕食，银信合作可谓腹背受敌。127 号文的发布更是重创"影子银行"，甚至有业内人士预言通道业务将在五年内消亡，在多重打击下，信托通道业务正在一步步被掏空。

2. 主动管理业务——竞争激烈和监管趋严

所谓主动管理业务是与通道业务相对应的，即项目是信托公司主动拓展的，资金也是在市场上自主募集的。事实上，所谓信托公司主动管理业务基本上是银行吃剩的"残羹冷炙"，即银行由于各种原因无法为融资方提供资金的项目，这种项目在信托公司里往往成了香饽饽。但不排除少数优质项目，信托和银行也存在竞争关系，当然这也主要限于信托行业中的"高富帅"公司才有这种霸气，别的"屌丝"信托公司能有银行一年半载抛来的项目就谢天谢地了。在当下的泛资产管理时代，券商资管、基金子公司甚至银行理财都在运用信托的法律关系进行项目操作，竞争尤为激烈。

主动管理的信托业务中主流的是房地产信托、股权质押信托、阳光私募信托和能源矿产类等。

房地产信托：是指通过信托贷款、股权投资、权益投资、夹层融资等方式为房地产企业融资。实践中，由于监管层的要求，房地产企业一般需"432"的基本条件，满足条件的可以通过银行贷款类方式操作，而不能满足上述条件的项目则由"智慧"的信托前辈发明了"股权投资"的方式（实质上一般是假股实债，但也不排除某些信托公司是以真实投资的方式在运作的）。房地产信托目前在信托公司（特别是较为激进的信托公司）的集合业务中占有绝大部分的比重。

证券类信托（阳光私募）：由信托公司作为受托人和投资管理人，发行集合信托计划募集资金，运用信托公司持有的股东账户卡，聘请私募基金管理公司作为投资顾问，对股票、债券等二级市场金融工具进行投资。其具体又分为结构化证券信托、管理型证券信托、伞形信托、TOT信托，也可参与新股发行、定向增发。

股权收益权（股权质押融资）信托：融资人以持有的股票（流通股、限售股）作为质押物，向信托公司进行融资，采用收益权附加回购的模式进行。另外，非上市的金融机构股权作为质押物也是信托公司比较偏爱的一个品种。

能源矿产类信托：信托资金投向煤矿、金属矿等矿产企业，以采矿权等抵押作为增信，不同于房地产，能源矿产类项目回流时间较长，风险很大，一般只有相关专业背景的兄弟单位的信托公司才会涉足，因此此类产品的集中度偏高。

特定资产收益权：所谓特定资产一般是金融类公司转让的资产，主要是银行，针对特定资产的收益权进行投资进而达到融资目的。

另类投资信托：以酒类、贵金属艺术品作为投资标的的信托，此类信托也同样涉及能源矿产类项目的问题，对专业性要求较高，由于另类资产的估值波动较大，潜在风险相对较大。

如此，对于渴望融资的房地产企业和矿产类企业、持有股票的融资人、渴望转让金融资产的机构、渴望参与二级市场投资与另类投资的投资顾问公司，信托公司为它们敞开了大门，同时，信托公司也为希望获取固定类型收益的投资者提供了高于银行收益的理财渠道。信托公司在这个体系中，扮演着桥梁和纽带的作用，也实现了一级市场、二级市场、实业的跨越投资。

主动管理的信托业务的资金一般是向合格的个人（个人至少要 100 万元才能购买信托产品，门槛秒杀银行理财的 5 万元，更秒杀现在余额宝类的货币型基金的 1 分钱）、机构投资者发行集合信托计划募集，从而实现受人之托、代人理财的功能。信托公司的集合信托业务（主动管理类）一般不得少于 1 年，通常也不超过 3 年，单一信托业务（通道类）一般没有严格的时间限制。同时，信托公司对信托业务规模也有要求，一般信托规模都在几千万元之上（因为不管规模大小，业务人员都需要做相同的工作，一个环节都少不了，哪个傻子放着大单不做偏去做小单呢？当然如果你有能力将小项目打包在一起做也是可以的，但实施难度很大）。

主动管理类信托目前也是处于如履薄冰的艰难的状态，一是前期积累的项目到了兑付高峰，特别是房地产信托、矿产信托，只要一单兑付失败就会引来巨大的舆论旋涡，信托公司的声誉也岌岌可危；二是竞争激烈，如前文所提，信托公司的制度红利不断减弱，基金子公司、券商资管都可以操作类信托业务，但缺乏顶层制度设计，竞争中信托公司并不占优势；三是整体经济环境羸弱，缺乏经济增长支撑动力，股市、房市双跌，自下而上造成监管进一步趋严，新业务的拓展难度极大。

（四）信托业后续发展的"畅想"

哲学上说，事物总是在曲折中前进，呈现出螺旋式上升的态势，信托行业的发展也是如此。信托行业存在了几十年，但在最近几年才爆发并被大家所认知，这种爆发是时间的磨砺，天时、地利、人和的结果。如今信托行业经过"骤富"之后进入"瓶颈"也是正常的，它既不会就此消亡，也不会迅速再次崛起，按兵不动、观望、风险防控应该是当下环境里大部分信托公司所采取的策略。直到新的制度优势被发掘、新的交易结构被创造，那又将是一场如火如荼的展业。

谈谈具体的几项创新业务，首先是土地流转，2014年信托业内"老大哥"开出了第一单农村土地流转信托计划，虽然呼声很高，但复制成本太高、难度太大（需要去做几百上千户农民的工作），而且还不怎么赚钱，可谓"此花不宜凡夫采"，所以这盘蛋糕并不适合一般的信托公司操作。

目前中产阶级阵营正在逐步扩大，对资产管理或者财务管理的需求会更为广阔，如家族信托等空白尚未填补，从这个角度看只要保持创新的活力，信托行业还是有广阔的发展空间的。目前在财富管理领域最具优势的依旧是银行的私人银行部门，究其原因即拥有巨大的客户群体，渠道优势鲜明，但产品同质性高，收益相对较低。信托公司在制度上具备较高的灵活性，其"全牌照"的优势几乎可以为投资者提供全部类型的理财产品，在产品设计方面独具优势，特别体现在结构创新、持续高收益的获得方面。受限于直销能力偏弱、渠道有限，信托公司操作私人财富直接管理任重道远。事实上很长一段时间内，信托公司的发行工作都是借助与私人银行部门的合作完成的，而当监管层对银行代销信托产品进行限制后，这种合作空间也被压缩了很多。家族财富管理虽然有着巨大的发展空间，但还是要依托基本的法律支撑才有希望实现，我国法律制度对私有财产的定位和保护与国外的制度有着天壤之别，这也是限制家族财富信托基金发展的最大的因素。值得研究的是中信信托和信诚人寿最近推出的保险金信托，颇有点家族财富管理和传承的意味，这或许是家族信托万里长征的第一步吧。除此之外，平安信托拟推出的信托计划质押在解决信托产品流动性问题上着实是一大创举；平安信托联合平安集团旗下的陆金所合作的信托产品交易平台也将进一步改善信托产品的流动性问题。

伴随着经济结构的转型和调整，大型企业之间将进行会聚和整合，在不久的将来并购势必是行业趋势，而信托公司作为一个可以直接连接实业与金融的特殊载体，组建专业的兼并队伍，定向设立收购兼并信托计划，促成兼并交易将会为信托公司的后续发展翻开新的篇章。事实上，现在已经有数家信托公司开始筹备专业的兼并收购团队，为兼并信托的设立做人员准备。

（五）你要加入吗

三种风格，你中意哪一款？

正如前文所言，找工作就像找对象一样，如果你是男生会选择哪种女人陪伴你走过美好的青春时光呢？正常来讲，你或者选一个倾国倾城的或者选一个家世好的或者选吃苦耐劳的，在相貌、家世和能力之间权衡。感情的市场是双向互动的，相应的你或者要有英俊的外表或者有优厚的背景或者有相当的能力。想好了自己是什么样的，想要什么样的，有的放矢方能成功或者离成功更近一点。

如果你家庭富足，对金钱的渴望度一般，那么稳定的某些国字头背景的信托公司比较适合你：其一，国有背景的信托公司的一般业务岗在薪资待遇方面肯定符合你对金钱不奢望的目标（不要呵呵了）；其二，传统国有信托的管理层的乌纱帽重于一切，不求有功但求无过是它们做业务的基本和主要原则（求别拍），业务人员的工作强度不会很大（可以有比较充裕的时间留给自己、朋友或者家庭）；其三，比较普通的年轻人一般不太会主动选择进入此类公司，所以此类公司的年龄结构一般偏大，同年龄的竞争者较少，只要你稍微有能力一点、谦虚一点、嘴甜一点、勤快一点，就很有可能晋升。

如果你就是个实打实的"屌丝"，你上进努力，那些激励机制较好的信托公司会对你有着较强的吸引力。此类信托公司的共通点是控股股东是小有名气的民营巨头，存续时间较短，业务风格较为激进，成长潜力大，但稳定性较差，市场化考核，如果没有跟对老师的话还是比较难混的。另外甄别此类公司还有一个很重要的指标就是净资本（产）收益率，一般高于行业平均水平，即单位净资本（产）的盈利能力很强，当然也从另一个角度说明了股东背景实力与国企、央企相比较差。

比较后，人们总是会选择中庸的那一类或者叫相对平衡的那一类，就像找对象，成熟一点的男男女女对配偶的选择会在相貌、家世、性格、智慧等各个方面综合考虑进行选择，工作也是一样的，上述第一类信托公司可能过于平淡或者过于稳定，第二类信托公司则过于市场化或流动性过大，而本段要讲的第三类信托公司则一般是大家最为偏好的公司，一般情况下竞争也比较激烈。这类公司往往有着不差或者相当不错的股东背景、市场化、专业度和风险掌控均比较好，当然薪资报酬比起上述第二类公司而言较低，但相对第一类公司而言报酬水平还是相当不错的。坦白地讲这类公司是最适合个人资质不错、喜欢学习、业务经验不是很丰富的新人去的地方，原因之一是此类公司在业内地位显著，利于迅速积累形成个人的行业交际圈子；原因之二是此类公司一般具有行业旗帜的作用，肯定是业内第一批吃螃蟹的人，有助于及时更新新人的知识储备，且也是非常重要的社交或者装腔的谈资；原因之三是此类公司运作时间比较长，业务专业度和市场化程度均在比较高的水平，因此各方面规章制度、业务流程也相对比较规范和科学，这对新人工作习惯的培养有着很重要的作用。

如果你对信托行业有兴趣，作者已经帮你整理了目前正在运作的 68 家信托公司的基本信息，包括名称、注册地、注册资本、股东情况等信息（如想获得 68 家信托公司的最新情况，烦请实名关注微信 i_ caitou，将为你提供电子版本）。为什么要强调注册地的问题，因为信托公司履行属地监管原则，目前 68 家信托公司中除个别几家直接由银监会监管外，其余都受注册机构当地的银监局监管，所以各地银监局对信托业务的尺度的把握基本就代表了下辖信托公司信托业务的下限。为什么要强调注册资本的问题，根据银监会的要求，信托公司的每一项业务都需要进行风险资本计提，即注册资本（更准确地讲是净资本）的大小决定了信托公司能在多大空间内操作信托业务，很显然，净资本越多的公司在业务拓展和选择方面越具有主动性，而小公司的业务开展就比较受限。为什么要强调股东的问题，因为这是关于"爹"的问题，此问题不予详解。

（六）过来人的闲言碎语

为了显得本文不是纯粹的忽悠，特此安排一章让那些曾在信托行业一线工作的过来人谈谈自己的心里话。为了不给自己找事，为了不让东家恼火，请允许不能告知以下访谈者的具体信息，但确定的是他们无一例外都是来自信托业务部门的一线"战士"。

1. 访谈一

接受访谈的朋友来自某实力较强的央企背景的信托公司，于 2011 年以硕士应届毕业生的身份加入，性别男，已婚未育，尚未跳槽，访谈以问答形式呈现。

Q：当时找工作的时候为什么选择信托？

A：我是 2011 年 7 月毕业的，实际找工作从 2010 年 10 月就陆陆续续开始了。一开始找工作的时候跟大家一样，是什么单位都投，什么宣讲会都参加，没有特别的针对性。

最初找工作，我主要的就业目标是券商和基金，具体部门就是券商的投行部、研究部、资产管理部，基金的投资研究岗等，投了不少简历，最后也没有合适的。当时找工作的时候还没有怎么听说过信托，我现在所在的信托公司来学校招人，看到它的股东背景比较雄厚，我就随便投了一个简历，后来经过笔试和面试，稀里糊涂的我就进这家公司了。我记得当时笔试的内容主要是信托行业"一法两规"的内容，现在看来非常基础，但当时基本不会做。

公司给我 offer 大概是 2011 年春节的时候，我是从 2012 年 2 月底开始在 A 信托实习的，当时也还是在投一些其他公司的简历，没有最终选定这家公司。最后为什么选择这家信托公司呢？主要是受两个朋友的影响。两个我非常欣赏和尊敬的朋友都加入了这个行业，当时这个行业也发展得非常迅速，我所在的部门领导及给我分配的工作也都非常不错，于是最终我就选定它了。

从大的方面来讲，找工作真是靠缘分，也许你开始不断地纠结、焦虑，但某一天突然你就有 offer 了，而且很大可能是你没有想到的。（笔者言：机会总是留给有准备的人，与其等待天上掉馅饼，不如及早做准备努力，认真研读本书，就是一种非常好的准备工作，呵呵吧！）

Q：工作后对信托认识的改变如何？

A：说实话，在参加工作之前，你对一个工作的认识都是比较肤浅的，都是听说而已，只有进入这个行业而且从事这个行业最核心的工作你才能体会到这个行业存在的价值，才能对这个行业有深入体会。刚进入公司，大家一般都是做一些杂活，给一些老员工打下手，帮助他们写报告，做项目后期管理工作。等你多跑几个项目，多出几次差，然后开始有自己的项目的时候你才能真正迅速成长。任何一个信托项目背后都有一个故事，当你开始自主独立寻找项目的时候，你就会进行项目方案设计、价格谈判、公司内部沟通、尽调报告撰写、项目上会、放款等流程。经过几次这种完整的流程，你基本上就可以成为一个相对成熟的信托经理了。

进入公司后，我对信托的认识从无到有，也刚好赶上了这个行业飞速发展的时候。信托行业在金融行业里面属于非主流，很多人都没有听说过这个行业，信托行业经过多次整顿形成目前这种局面，其最大的优势是制度优势。信托什么都可以做，贷款、股权投资、货币市场基金、夹层融资，信托没有自己的专属领域，在每个细分行业都有非常专业的竞争对手，但它就是凭借它的灵活性取得了飞速发展。除了制度上的优势以外，信托还有一个优势就是没有地域限制，可以在全国开展业务，也没有额度限制，决策流程和时间相对于银行也比较短，因此受到众多企业的青睐。

Q：对信托行业今后的发展有什么期待？

A：随着金融自由化的不断推进，信托行业的制度优势逐渐丧失，信托行业高速发展的时间已经过去。各家信托公司现在也面临较大的转型压力。传统的几大主要业务——房地产信托、地方政府融资平台信托、股权质押融资信托目前都面临了政策的限制和其他金融机构的竞争。我认为信托公司的优势在于资源整合，因为信托行业没有行业和地域限制。信托公司未来的发展必须凭借其现有的制度优势、品牌优势以及已经积累的资源优势，对各种资源进行整合，解决政府、社会、企业乃至个人面临的各种问题。这就要求信托公司加强人才培养，加大研发力度。在这方面，我认为中信信托提出的无边界经营理念是非常好的，大家可以研究一下。

Q：如果你现在有招人权限，你希望新人具备什么素质？

A：客观地讲，信托行业对个人素质要求比较高，既需要优秀的人际交往和沟通能力，也需要优秀的谈判能力以及对项目各环节和流程的把控能力，对项目风险的认识和控制能力，对某个行业以及对某个地域的理解深度、对国家重要政策（如产业政策、区域规划、人口分布等）的把握等。说到底，就是能够把资源进行整合并能够让项目顺利结束，即使项目出风险了也能够对风险进行处置。

无论是哪个行业，到最后做业务都是看做人。最终看的还是个人的品质、诚信、上进心、责任感。优秀的人能够凑在一起把不可能的事情变成可能，这是信托公司的优势所在，也是其魅力所在。

2. 访谈二

接受访谈的朋友来自某央企背景、相对市场化的信托公司，2012 年以硕士应届毕业生的身份加盟该信托公司，性别男，未婚，尚未跳槽，以下访谈以问答形式呈现。

Q：当时找工作为什么选择了信托？

A：求职时一心向往券商、基金等金融机构，无奈北京地区的 offer 只有国企或者银行北分（要先当柜员的那种），外地有券商的 offer，但是因为个人问题必须留在北京，所以就选择了听起来很神秘、很赚钱的信托。

Q：工作后对信托认识的改变有哪些？

A：虽然求职那年媒体都在报道信托，但是对这个行业还是一无所知，只知道信托是一个特别灵活的行业，什么都可以做。工作后对信托有两个方面的认识：第一方面，虽然信托很灵活，但工作后发现信托还是以债权为主的类银行金融机构。无论怎么绕，绝大部分项目的本质还是债权融资（当然还有小部分涉及二级市场的证券投资类，但只占小部分）。信托公司就是一个撮合工作，一头对接需要收益的资金，另一头对接需要融资的项目，从中赚取手续费。当然做项目的时候要考虑风险收益比的问题。第二方面，之前听说信托是一个依靠资源的行业，没有资源就只能分点辛苦钱。工作后发现，基本上任何一个行业都存在"二八"法则，有资源的吃肉，干苦力的喝汤，这是必须接受的事实。如果你不是"二代"，也不用灰心。信托需要有资源，也需要具体执行。如果踏踏实实地做上几年，给工作中接触的融资方、资金方留下踏实可靠的印象，资源自然而然就积累起来了。

Q：对信托工作今后的发展有什么期待或想法？

A：希望监管机构可以制定政策，解决信托产品的流动性问题。

Q：希望新人具备什么样的品质？

A：以下排名不分先后：执行力强，善于沟通，乐观，承压能力强，能吃苦，善于学习总结。

3. 访谈三

接受访谈的朋友来自某国企背景信托公司，2012 年以硕士应届毕业生的身份加盟该信托公司，性别男，未婚，尚未跳槽，以下访谈以问答形式呈现。

Q：怎样的机缘巧合进入信托行业？

A：毕业之后选择从事信托行业的原因很简单，主要是当时对于证券的 IPO 行业不太看好，对于基金业和银行业没有太深入的了解，所以就选择了信托行业（笔者言：被访谈者在毕业前在该单位进行了为期几个月的实习）。

Q：工作后对信托业的认识有哪些？

A：工作之后对于信托业有了全新的认识，信托公司是最为灵活的金融机构，投资范围横跨货币市场、资本市场和实业投资市场的非银行金融机构，能够整合各类资源，实现受益人收益最大化（笔者言：回答很官方）。

Q：对信托业未来发展的期待有哪些？

A：2012 年以来，国家相继出台了一系列的政策，直接或间接地影响了信托公司的信托业务。但是对于未来信托业的发展还是比较有信心，尤其是资产管理和私人财富管理这两个领域，个人认为还是有很大发展潜力的。

Q：信托新人需要具备什么样的条件？

A：信托公司从事的信托业务涉及许多方面的复杂事务，需要信托从业人员具备综合的个人能力：不仅需要具备财务知识、法律知识，还需要具备快速的学习能力、应变能力和营销能力等。更重要的是，从事信托行业，需要抱着一颗热忱的心，积极努力地不断提升自己，适应信托业经营环境的不断变化。

4. 访谈四

接受访谈的朋友来自某民企背景信托公司，2013 年以硕士应届毕业生的身份加盟该信托公司，性别女，未婚，尚未跳槽，以下访谈以问答形式呈现。

Q：为什么选择进入信托？

A：坦白讲毕业生择业的过程中有很多偶然，这些偶然的因素或是无奈或是惊喜，但最可喜的是我们在就业最严峻的环境下有主动选择的机会，而不是被选择，这应该归功于自己平时的积累、师长前辈的指点、学校的培育等等。选择进入信托行业也是机缘巧合所致。通过长期实习留任某大型公募机构未果后，被推荐去某大型信托公司实习数月，对信托业务的工作有了大致了解和接触后，一方面感觉信托业务是非常接地气的一份工作，可以接触到很多从事实业的企业及企业家；另一方面也是一份相对"高大上"的工作，需要设计方案和交易结构，撬动资金方，与银行、券商、保险等其他金融形态都有合作的空间。抱着这样"简单"的想法，我来到了现供职的民营信托公司。

Q：从事信托业务后有何心理感受？

A：工作后对信托业务岗位的工作的认识更深切了吧，相较于从业前的憧憬肯定是有很大差别的，这种感觉不管从事何种行业应该都是存在的。从业后时常感叹"too young too naive"，身处的环境肯定比在学校要复杂很多，会越来越发现那些工作做得很好的往往不是学校里成绩最好的，而是情商高、有责任感、领导信得过、知识结构完善成体系的人。我讲的这些可能比较空泛，但我相信放在不同的行业里也是适用的。工作方面，几个感受分享一下，这是一个充分竞争的市场，不管你竞争的是公司品牌、效率或者关系，经济原则主导一切；第二，人心即江湖，有人的地方就有斗争，不可能做到完全独善其身，但绝不能深涉其中；第三，谦逊礼貌、耐心勤奋、持续学习、保持热情永远是胜任一份工作必备的技能。（笔者言：深以为然）

Q：从业信托业后市的看法如何？

A：截至 2013 年底信托行业规模已经突破 11 万亿，由于部分竞争者发行的所谓的"类信托"产品及个别信托项目发生兑付危机，唱衰信托的声音一直不断，质疑声也越来越大。但我觉得这只是信托行业的暂时的困境，但信托粗放式的发展阶段肯定已经过去了，精耕细作的时代来了，谁具备了真正的财富管理的功能，真正地实现"替人理财"的目的，谁就有可能占领新的制高点。我个人还是对整个行业充满信心的。

Q：对想从事信托行业的毕业生有何建议？

A：坦白讲可能不能给应届毕业生任何有效的建议吧，只能说一定要保持善良的初心、真诚的态度、谦逊的人格、耐心的交流习惯、持续学习，多和同业、同事、同学、朋友及家人沟通，养成良好的工作习惯，勤勉尽责，靠谱是比能力更重要的品质。

想要知道更多信托小兵的闲言碎语吗？请实名关注公共微信平台 i_ caitou，定期与您分享！

（七）番外——私募与创投

本来不想在本书处女版中谈及私募或者风投这种应届生的非主流就业单位的，考虑到现在私募产品的宽泛化，我们还是决定在向大家介绍完信托后单独成立一段落谈谈眼中的私募和风投，理解浅显，仅供参考。

所谓私募是对应公募而言的。公募，顾名思义，是可以公开发行募集资金的，而私募则是非公开募集资金，但私募涉及的产业是相当广泛的，有专注股票一、二级市场，有专注能源、矿产、房地产等实业的。私募基金的翻译叫做 Private Fund，分为三种类型：私募证券基金（阳光私募）、私募股权基金（Private Equity，PE）和创业投资基金（Venture Capital，VC，也称作风投基金），各有侧重。

私募证券基金，在国外就是对冲基金（Hedge Fund），在国内也被称作阳光私募，主要是通过非公开方式募集资金，投资于股票、债券、权证、股指等证券的投资基金，主要通过信托的通道发行产品，由私募证券基金的管理人（投资顾问）管理，和国内公募基金公司发行的产品本质上没有区别，只是比公募基金更加灵活，受到的限制更少。私募证券基金的盈利模式主要是证券的利息和买卖价差。私募证券基金的核心竞争力主要体现在基金管理人身上，很多非常优秀的公募基金管理人（基金经理）都去做私募证券投资了，如"股基王"王亚伟。

私募股权基金（Private Equity），即大名鼎鼎的 PE，也是最被我们认知的那个"高大上"的私募，主要是通过非公开方式募集资金，投资于企业股权，主要是实业投资，一般和证券不相关，盈利主要通过企业上市 IPO 或兼并等退出通道获得增值。PE 之所以在相当长的时间里都看上去极为神秘或者"高大上"，主要是在我国资本市场发轫之际，PE 作为金融行业造富运动的领头羊，赚到盆满钵满。寻找优质的投资标的进行股权投资，获得原始股份，待企业 IPO 上市后股价数倍溢价卖出，让 PE "赚钱赚到手软，缴税缴到飙泪"。但事实上做 pre IPO 的 PE 机构如果想做成事情是需要极强的信息、资源优势的，一般人玩不了，PE 很讲究出身，草根 PE 机构很难生存下来。PE 讲究募投管退（募资、投资、管理、退出），其实之前还存在很长的孵化期，主要用于寻找合适的投资标的。

创业投资基金（Venture Capital，VC），主要投资处于创业初期的企业，和 PE 做的事情相类似，只是投资期间比 PE 更早，也称作风险投资。创投基金主要关注企业的成长潜力，如果企业成功了，VC 能获得巨大的收益，增值不是几倍的问题，而是几十倍甚至上百倍，但是如果企业失败了，投进去的钱就打水漂了。实际上创业企业的成功率是很低的，这也决定了创投基金具有巨大的风险。

对于初出茅庐的应届毕业生而言，该不该一毕业就去私募证券、PE／VC 这样的机构呢？我们的观点如下，仅供参考：

对于没钱、没权、没人的草根同学而言，处女工作的最大衡量标杆应该是一个平台，无论是 PE 还是 VC 都需要很强的资源背景才容易做成事情，如果你没有这样的资源和能力，就不要去。国内的 PE 和 VC 很多都是"小作坊"，非常的不正规、不专业，培训和资源积累都没啥优势，不如先进入证券公司、基金公司、信托公司这些"正规军"进行系统的训练（不是绝对说法，如果领导极具人格魅力和资源背景，而你属于风险偏好型的性格，也可以去尝试，多积累点经验也是好的，哪怕是负面的）。具体原因如下：

（1）规范程度不如大公司或者成熟运营的正规金融企业，不利于你建立一个业内公认的"标准"。

（2）往往人员有限，身兼数职有可能让你对于本职工作的专注度下降，影响专业能力的塑造（当然处理得好的话会迅速锻炼自己处理事务的能力）。

（3）一般项目导向制，觅募投管退，项目周期长，成功率低，如果长时间处于项目不成功（没有奖金，自然收入不会令人满意，甚至威胁到温饱）的状态会消磨自己的意志，甚至对自己产生怀疑，消极对抗工作和生活的话将会带来更大的问题。

也许你会觉得上述言论有点危言耸听，但是身边切实有这样的例子发生，但无论第一份工作带给你的是什么，保持阳光向上和积极的心态面对工作和生活总归会让自己得到进步，让工作和生活得到改善，信心很重要！

五、基金公司

"手握重金，头顶光环，指点江山，叱咤风云"这是广大投资者对基金经理的印象。连金融小说中的基金经理也大多是武林高手或帮派盟主，坐拥百亿元，在资本市场上拼杀。按照最新行情，一般的基金经理年薪都在百万元以上，优秀一点的可能在 200～300 万元，个别非常优秀的基金经理能达 1000 万元以上。在整个金融行业中，基金经理一直都是典型的"高富帅"、"白富美"金领形象，基金公司也一直是广大经管毕业生梦寐以求的地方。国内排名靠前的基金公司招人门槛高得吓人，招收的都是各大顶级名校"精英中的精英"，名校＋至少硕士学历是进入大型基金公司的入门级"配置"，如果你想进入这个行业，一定要早早做准备。

（一）公司概述

基金公司是指通过公开或者非公开方式，将众多投资者的资金集中起来，形成独立财产，由基金托管人托管、基金管理人管理，以投资组合的方法进行证券投资或其他项目投资的一种利益共享、风险共担的集合投资专业机构。

从狭义上说，基金公司仅指经证监会批准的、可以从事证券投资基金管理业务的基金管理公司（公募基金）；从广义上说，基金公司分公募基金公司和私募基金公司。我们平常所说的基金公司的概念都是狭义的概念，仅指公募基金，在这里也主要讨论公募基金，私募基金可以参见下文"信托公司部分的（八）番外——私募与创投"的介绍。

简单来说，公募基金公司就是通过公开方式募集资金，形成资金集合，投资于资本市场或货币市场，以帮助投资人获取收益。通俗来说，基金公司就是专门替"别人"进行证券投资的专业机构。

基金公司的收入来自管理费，一般是按照管理的资产规模的一定比率提取（股票型 1.5%、债券型 0.6%、像余额宝的货币基金 0.33%），所以基金公司的收入就看其管理的资产规模，和大盘涨跌没关系，只要你买了基金，公司就赚钱，非常简单。

大的基金公司上千亿元的管理规模，每年管理费收入就很多，利润高自然待遇就不错，这也是基金经理高薪的原因。假如基金公司规模是 2000 亿元，一年管理费就有 10 亿元，公司 100 多人，可以算算人均利润了！

截至 2014 年 3 月 31 日，按照管理的资产规模排名，前十位的基金公司分别是天弘基金（主要靠余额宝拼出来的规模）、华夏基金、南方基金、嘉实基金、工银瑞信、汇添富、华宝兴业、易方达基金、广发基金和博时基金。除了天弘基金靠余额宝"上位"以外，其他基金公司都是老牌公司，是想进入基金行业的毕业生的首选。

（二）组织框架体系

基金公司规模都不大，组织架构也比较简单，一般也是按照"前中后"台的形式设置部门，前台主要是投资研究部、交易部等业务部门，中台主要是风控部、稽核部等风险管理部门，后台主要是财务部、人力部、信息技术部等支持部门。基金公司的主要业务是证券投资，投研部门毫无疑问是基金公司最核心的部门，如果研究生毕业能够直接进入大的基金公司做研究员或研究助理，就是非常理想的起步了。

1. 投研部门

（1）投资部。投资部是基金公司最核心的部门，也是基金经理所在的部门，各种基金产品都是由投资部的基金经理管理的。基金经理主要根据投资决策委员会的投资战略，在研究部门的支持下，结合对证券市场、上市公司、投资时机的分析，拟定所管理基金的具体投资计划，包括资产配置、行业配置、重仓个股投资方案；根据基金契约规定向研究部提出研究需求；走访上市公司，进行进一步的调研，对股票基本面进行深入分析；构建投资组合，并在授权范围内自主决策，不能自主决策的，上报投资负责人和投资决策委员会批准，并向中央交易室交易员下达交易指令。

基金经理待遇优厚，一般年薪都在百万元以上，但是却承受着巨大的工作压力，一是面临着各种业绩考核和排名，表现差的就要降薪或走人；二是面临着严格的监控，基金经理每天一早到公司，第一件事情就是把手机上交专人保管，然后等到下午 3 点，交易时间过了才可以拿回，而且每个基金经理的背后都有摄像头，邮件、MSN、QQ 等即时通信工具也被全天候监控，并且记录留存 5 年以上。

基金经理的典型一天是这样的：上午 8 点半到公司边看报边开晨会讨论，9 点做当天投资准备，9 点半到下午 3 点是交易时间，中午和研究员或其他同行边吃饭边讨论市场，下午 3 点后参加各种投资策略会议，或者看研究报告，晚饭可能和某上市公司高管或券商研究员一起吃，晚饭后可能继续看研究报告。每月出差至少三次做上市公司调研。基金经理十分忙碌，周一至周五每天都有看不完的报告和开不完的会，有时候还要负责接待机构客户和媒体，好不容易到了双休日，不是开会，就是在外地调研。所以经常可以看到某基金经理病床上还在看报告的新闻。不付出苦功是不行的。基金经理跳槽率非常高，会经常在各家基金公司间跳来跳去。

（2）研究部。研究部是基金投资运作的支撑部门，也是基金公司的核心部门，主要从事宏观经济、行业发展状况和上市公司投资价值分析。研究部的人叫研究员，基金经理都是从研究员做起的，无论在哪家基金公司，哪种基金的基金经理，研究员做 3 年，至少 2 年，都是必须的。

基金公司的研究员属于买方，是卖方研究员（券商分析师）的"爷"，比较有话语权。工作相对卖方没有那么辛苦，不过精神压力比较大，因为研究员要给基金经理推荐股票。买方研究是对内服务，其工作业绩考核既要看股票的绝对收益，也要看基金经理的打分，如果研究员推荐的股票跌了，就只能被基金经理"呵呵"了。研究员的出差很多，几乎每周都要出差调研。基金研究员干 2 年之后，就有机会升助理基金经理，出色的可以做一些比较简单的如一对多、专户理财之类的投资经理，也是基金经理性质的岗位。研究员发展方向比较明确，就等着升任基金经理，基本就在基金公司之间跳来跳去。研究员的年薪在 20～100 万元。

（3）交易部。交易部是基金投资运作的具体执行部门，负责组织、制订和执行交易计划，一般投资部的基金经理将投资指令下达到集中交易室，由交易员集中交易。

投研各部门分工大致是这样的，研究员主要负责宏观、策略和公司等价值分析及推荐股票等，为基金经理决策提供支持，基金经理决策后下达交易指令到集中交易室，交易员则根据下达的交易指令执行具体证券的买卖。

基金经理是没有资格下单的，在证券公司、基金公司都设有专门的集中交易室。基金经理给交易室下一个大概的指令单，比如，今天在 5 元以下给某个基金产品买入 100 万股 A 股票。交易室主管通过系统分配给交易员，然后交易员根据指令单，再到系统里面，择机下单。也就是说，大面上的判断是由基金经理作出的，但具体细微的操作和当天市场把握是由交易员进行的。很多公司都把对指令单执行情况作为评价交易员的标准。股票交易员是不需要有多高的学历，本科以上足矣，但是需要对市场足够敏感，但股票交易员很难走上研究员、基金经理等投研岗位。在债券投资方面，交易员作用较为突出，因为债券交易多在银行间市场进行，是一对一的报价方式，靠大量的人脉，对研究方面的要求相对弱一点，债券交易员可以转型投研岗位，债券交易员的待遇有可能非常优厚，经常比研究员拿的奖金还多。债券交易员也是一个非常不错的职业起点，建议大家重点关注！

2. 中台部门

（1）监察稽核部。监察稽核部可以理解为基金公司的合规内审部门，主要负责对基金公司治理、内控、合规等进行建设和独立监控，并定期提交报告。监察稽核部门需要对投资、销售、后台运营等各重要业务环节进行核查，包括但不限于基金经理的"老鼠仓"、营销材料有没有夸大宣传、公司运营是否合规等，监察稽核部门需要经常和监管部门如证监会、证监局打交道，干的活很杂，和实际的投资相差较远，主要是集中于核查公司各业务环节是否按照法律法规和公司制度的要求做了。

（2）风险管理部。风险管理部负责对公司运营过程中产生或潜在的风险进行识别和管理，包括但不限于市场风险、流动性风险等。风控部门会对基金经理管理的产品进行实时监控，一旦某个基金产品的持仓情况达到预警状态，风控部人员就会向基金经理进行"预警和提示"。比如，"双10限制"，买一只股票不能超过总资产的10%，不能超过这个股票发行总量的10%；此外不能进行反向、同向交易，有金额限制，还有股票池、禁止池，不在股票池里面的股票不能买卖，在禁止池绝对不能投等，从而控制相关风险。现阶段国内基金公司的风险管理主要放在流动性风险和市场风险的管理上，一般是通过量化模型进行相关风险测算和控制，所以对毕业生的数理要求比较高，喜欢招收有数理背景的理工科或金融工程类学生。

像其他金融行业一样，基金公司的风控和合规一般也都是较为弱势的部门，工作强度和压力比投研部门小得多，生活比较有规律，很少出差，当然待遇也比投研人员差，但是相比其他行业的公司来说，待遇也算可以，入门级别年薪8~15万元。

3. 其他部门

（1）销售部门。基金公司的销售人员一般叫做渠道经理，主要负责开发、维护和管理基金代销渠道、机构客户和相关的市场推广等工作。日常主要以拜访银行网点、维护关系为主，根据基金公司不同，渠道经理负责的地区大小也不同，越强的基金公司渠道经理人均覆盖的网点越少，但有些小公司可能两个人管西南六省什么的。因此出差是有一些的，但不算很频繁，基本跟着基金发售节奏来。行业入门年薪8~12万元，大公司可上浮至15万元。奖金完全要看公司情况，遇到好年份奖金很高，但最近几年，奖金缩水比较严重。目前随着各家基金公司竞争的加剧，销售部门的压力越来越大，主要是因为各家基金的产品都差不多，同质化严重，没有形成各自的竞争优势，基金销售可能更多的是看资源和人脉了。

（2）清算部门。有的公司也称作营运部门，人员一般是基金会计，主要负责基金的估值核算、资金的划拨、基金定期报告的制作、基金交易系统的清算、银行间交易的清算等。职业发展主要是基金会计——高级会计——资深会计——主管会计——部门经理，一般很难转投研业务部门。基金会计很少出差，工作压力较小，入门级别待遇一般在8～15万元，商学院财务管理、会计学专业的学生可以重点关注。

（三）如何进入基金公司

基金经理光鲜的"金领形象"和丰厚的待遇吸引了无数的"大牛"和精英，在"狼多肉少"的情况下，基金公司投研岗位的门槛非常高，非常难进，只有那些"超级大牛"才能拿到大基金公司的投研类 offer。实际上好的基金公司也很少招应届毕业生来做研究，大部分都是直接从卖方（券商分析师）或其他基金公司挖有工作经验的人。应届生如果想进入好的基金公司的话，一般要具备如下条件：

（1）良好的教育背景。基金公司招聘投研人员一般要名校（学校排名至少前10位，北大、清华最好）经管类硕士或博士（硕士已经是最低门槛了），好的基金公司大多数是北大、清华，海归也要是欧美名校，而且几乎都是学校里的"风云人物"。基金要求如此高，主要还是因为国内的人才太多了，而几十万元起薪的工作太少了，竞争激烈程度由此可以想象。

（2）专业背景要求。理工科的本科（如数学、物理、通信、化学等）加上经管类的硕士（金融、经济、财管等）是最好的专业背景，当然对于某些特定领域的行业研究员来说，专业是不受限制的，比如，医药行业的研究员基本上被北京医科大学的研究生所垄断，电气行业的研究员基本被清华电气的研究生所垄断。

（3）相关证书要求。如果是去基金公司做固定收益或是投资研究员的话，CFA 一般是必须的，现在招聘基金研究员一般都要求 CFA 二级或 CPA 考过几门，没有证书的话，很可能在简历关就被刷了，悲催！

（4）实习。现在的公司招聘，都非常看重实习经历，更何况是"高大上"的基金行业，行业的实习经验是非常重要的，学校里学到的东西跟实践会有很大的差异，很多思维方式、分析方法只有在工作中才能学到，所以有志进入基金业的同学一定要多进行相关的实习，提前做好准备。

（5）对宏观经济各层面有独到的见解。基金业在招聘新人时，很看重人员的思维、逻辑和洞察力，如果能对宏观经济、行业或某家公司有自己特别的见解（说白了就是能扯）会非常容易博得基金公司喜欢的，能加分很多。

以下就如何准备谈几点：

（1）好好学习，成绩要优异，专业知识要扎实。

（2）考证书，CFA 二级或 CPA。

（3）多找基金公司或资产管理公司的实习。

（4）平时多关注财经新闻，多看券商的研究报告，宏观、策略、行业的都看一些，多看多学，做到"能说能扯"，让自己"显得很牛×"。

此外，如果不能在毕业时候进入基金公司做买方研究，可以考虑"曲线救国"，即先去券商做卖方研究（分析师），卖方研究的门槛要比买方低很多，而且卖方研究要更加的专业和扎实，也有更完善的培训，更适合新人的成长，等到有相关工作经验后，跳槽到买方就变得容易得多。

对于基金公司中非投研类的岗位来说，门槛则会低很多，一般硕士生和优秀的本科生都可以去，但是待遇也远远不如投研类岗位。对于中后台支持部门，如风险管理、基金会计等，要求也都比较高，主要是学历、学校和证书，像风险管理招的都是具有较强数理能力的硕士，基金会计等一般是财务管理、会计类硕士，最好还能有 CPA、CFA 或 FRM 等的证书。

六、会管单位

（一）概述

在所有适合经济、管理类学生就业的单位中，有一类单位地位特殊，行事低调，常常被大家所忽略，但其却是浪里的"金子"，在薪酬、福利、工作舒适度、工作成就感、政治积累等方面都具有独特的优势，综合来看非常不错，值得拥有。很多领导的子女、亲戚也都喜欢到这类单位工作，"奉献"自己的青春，这就是"一行三会"的"系统单位"。

"一行三会"指的是中国人民银行（央行）、中国银监会、中国证监会和中国保监会，每个系统机关都管理着许多企事业单位，包括事业单位、协会、公司等，内部称为"会管单位"，这些单位有以下优势：一是能比机关拿更多的工资和薪酬（机关费用来自国家预算，受到严格控制，会管单位预算相对松得多），工作也相对简单和轻松；二是能享受到部分机关单位特殊的"福利"，如解决户口、子女上学、看病问题等；三是离监管层比较近，与其"关系密切"，能了解到整个系统内最新动向，都是"消息灵通"人士。

下面就对"会管单位"做一个简单的介绍。

（二）央行系统单位

中国人民银行（央行曾经是金融体系的唯一监管者）地位正统，宏观系统性风险监管者，在国务院领导下制定和执行货币政策，防范和化解金融风险，维护金融稳定。自其他"三会"成立以后，央行原有职能在很大程度上被取代，但是对金融机构仍具有一定的监管责任，目前主要是货币政策制定者。央行系统内的单位主要如下：

1. 中国人民银行机关服务中心　　事业单位　北京

中国人民银行机关服务中心（机关事务管理局）是总行直属事业单位，具有事业单位法人资格。主要职责：坚持为总行机关服务的宗旨，承担总行机关财务、资产、基建、行政、政府采购、服务监督等管理工作；制定总行机关后勤工作规划和管理制度；负责总行机关及总行直属单位的房改政策、计划生育、交通安全、人防与防汛、安全保卫与社会治安统合治理等社会事务工作；负责总行机关和指导人民银行系统节能工作；代表总行机关行使国有资产监督管理权利；为总行机关办公和职工生活提供后勤保障服务。

2. 中国人民银行集中采购中心　　事业单位　北京

中国人民银行集中采购中心成立于 2005 年 6 月 8 日，为中国人民银行总行直属的、全额拨款的、独立事业法人单位（正局级），主要职责是承担中国人民银行系统的政府集中采购工作。作为中国人民银行总行的政府集中采购机构，集中采购中心依据《政府采购法》、《招标投标法》以及财政部颁布的政府采购法规制度开展采购业务活动，同时执行《中国人民银行集中采购管理办法》规定的采购范围、采购方式与实施程序。集中采购中心承担人民银行集中采购目录与限额标准中的总行集中采购项目的采购工作，对总行机关纳入财政部政府采购目录的采购项目则由中央国家机关政府采购中心负责实施，具体工作由机关服务局承担。

3. 中国人民银行金融信息中心　　事业单位　北京

中国人民银行金融信息中心是中国人民银行直属事业单位，是中国人民银行信息处理中枢、业务系统运行中枢、网络安全保障中枢，业务归口科技司指导。主要职责：统一管理、运行和维护中国人民银行业务应用系统（支付系统类、征信系统类除外）；采集、汇总和分析相关信息数据；承担中国人民银行电子政务工作；管理中国人民银行总行机关、上海总部及分支机构网络；负责中国人民银行网络和信息系统的运行安全工作。

4. 中国金融培训中心　　事业单位　北京

中国金融培训中心是中国人民银行总行直属正司局级事业单位，对内又名中国人民银行北京培训学院。根据中国人民银行干部培训总体规划，承担中国人民银行总行机关人员培训；承担分行（营业管理部）处级以上干部、中心支行行长培训；承担总行及分支机构高级专业人才培训；根据总行授权，开展金融培训方面的国际学术交流活动；按照远程教育发展长期规划和实施计划，承担中国人民银行远程教育培训具体实施工作；组织开展金融英语证书考试；为金融系统和社会提供培训和咨询服务。

5. 中国人民银行郑州培训学院　　事业单位　郑州

中国人民银行郑州培训学院是中国人民银行总行的直属事业单位，是全国金融系统首家获准设立国家级专业技术人员继续教育基地的单位。主要承担中国人民银行的干部培训任务，同时根据金融业发展的需要，适度开发和组织中国人民银行系统以外的培训和国际合作培训。

点评：以上几个中心几乎是省部级机关必设的事业单位，机关服务中心、采购中心主要做好机关的服务和后勤保障工作，信息中心主要是负责机关信息系统、网络的集中管理，培训中心主要负责系统内的相关培训，以上几个中心都是事业单位，福利待遇都不错。

6. 中国反洗钱监测分析中心　　事业单位　北京

中国反洗钱监测分析中心成立于 2004 年 4 月 7 日，是中国人民银行总行直属的、不以盈利为目的的独立的事业法人单位，是为中国人民银行履行组织协调国家反洗钱工作职责而设立的收集、分析、监测和提供反洗钱情报的专门机构。

7. 中国人民银行征信中心　　事业单位　上海

中国人民银行征信中心是中国人民银行直属的事业法人单位，主要职责是依据国家的法律法规和中国人民银行的规章，负责全国统一的企业和个人信用信息基础数据库和动产融资登记系统的建设、运行和管理；负责组织推进金融业统一征信平台建设。中国人民银行征信中心业务归口征信管理局指导。

8. 中国外汇交易中心（全国银行间同业拆借中心）　　事业单位　上海

中国外汇交易中心暨全国银行间同业拆借中心（以下简称"交易中心"）成立于1994年4月18日，是中国人民银行总行直属事业单位。作为中国银行间外汇市场、货币市场、债券市场以及汇率和利率衍生品市场的具体组织者和运行者，近年来，交易中心在人民银行、外汇局的直接领导下，紧紧围绕人民币汇率、利率改革和金融市场发展，致力于银行间本外币市场基础设施建设、产品和机制创新。银行间本外币市场交易量屡创新高，交易机制不断创新，原生、衍生产品序列逐渐丰富，具有国际先进水平的交易平台成功上线，人民币基准汇率和利率引人瞩目，市场主体数量和类型不断增加，清算、信息、监管服务功能日益完善。

9. 中国人民银行清算总中心　　事业单位　北京

中国人民银行清算总中心是中国人民银行直属的、实行企业化管理的事业法人单位，是为中央银行、商业银行和全社会提供支付清算及相关服务的全国性金融服务组织。清算总中心负责运行、维护、管理的支付清算系统包括：大额实时支付系统（HVPS）、小额批量支付系统（BEPS）、全国支票影像交换系统（CIS）、境内外币支付系统（CDFCPS）、电子商业汇票系统

（ECDS）和网上支付跨行清算系统（IBPS），是我国重要的金融基础设施，是国家和社会资金流动的大动脉。

点评：以上四个中心都有特定的职能，负责特定领域的相关工作，在相关领域地位很高，非常重要，提供金融市场最为基础的设施，维护市场最基本的职能。由于提供的都是金融市场上的基础服务，依靠人工是不可能完成的，所以这几个中心的信息化程度都很高，都是靠"系统和机器"，相对来说，留给人干的活比较少，工作轻松，待遇很好。

10. 中国金融出版社　　事业单位　北京

中国金融出版社成立于 1956 年 5 月，直属中国人民银行管理，是以出版金融类图书、期刊、音像电子制品为主的专业出版社。出版社坚持正确的出版方向和舆论导向，坚持"扎根金融沃土、突出金融品牌、出版精品书刊"的办社理念，坚持走金融专业特色的强社之路，出版了一大批社会效益和经济效益显著的金融类图书、期刊和音像电子制品，为服务中国金融改革发展、普及全民金融知识、促进国际经济金融交流、弘扬先进金融文化做出了积极贡献。

11. 金融时报社　　事业单位　北京

《金融时报》创刊于 1987 年 5 月 1 日，由中国人民银行、中国工商银行、中国农业银行、中国银行、中国建设银行、中国人民保险公司、交通银行和中信实业银行八大金融机构共同出资联合创办，中国人民银行主管，是中国改革开放后第一个以股份制形式创办的新闻媒体。中国改革开放的总设计师邓小平同志亲笔题写报名。《金融时报》是以金融为特色的综合类财经报纸，是党和国家在金融领域的重要舆论阵地和传播金融政策和信息的主渠道；是中国人民银行和国家外汇管理局授权公布金融统计资料的唯一媒体，银监会、证监会、保监会指定的重要信息披露媒体。

点评：以上两家为央行系统内的媒体机构，负责一些政策宣布和发布等，由于其所处的特殊地位，经常会有一些"独家"新闻或权威性较高、较为专业的媒体信息。

12. 中国印钞造币总公司 公司制 北京

中国印钞造币总公司是中国人民银行直属的法定从事人民币印制业务的大型国有独资企业，主营业务是人民币印制以及人民币专用技术、设备的研发与制造，同时不断拓展银行卡研制与生产、印钞造币专用机械和银行机具制造、高纯度金银精炼、增值税专用发票、有价证券、银行专用票据、高级防伪证书等相关业务领域。

13. 中国金币总公司 公司制 北京

中国金币总公司成立于 1987 年，是中国人民银行直属的我国唯一经营贵金属纪念币的行业性公司，履行贵金属货币的发售职能，是中央银行货币发行职能的重要组成部分和业务延伸，是中央银行货币发行的重要支撑体系之一。公司成立以来，积极开拓、培育贵金属纪念币市场，不断扩大和完善海内外经销网络。公司在我国香港设立了海外经销中心中国香港长城硬币投资有限公司，并与亚洲、美洲、欧洲的主要钱币经销商和银行建立了广泛的合作关系；在北京、深圳、上海分别设立了北京开元中国金币经销中心、中国金币深圳经销中心、上海金币投资有限公司三家直属的国内经销中心，并在全国各大中城市建立了 100 家特许零售商队伍；公司创建了专门从事贵金属纪念币生产的现代化造币企业——深圳国宝造币有限公司，以及从事金币文化传播与知识普及的专业机构——北京新文时代金币文化传播有限公司。

点评：前者负责印人民币、有价证券，绝对的"高大上"；后者负责铸造金币、纪念币的，也是"高富帅"，两者都是绝对垄断（绝对的绝对）。至于正式员工的工作状况和待遇，还用说吗?!! 还要注意到这两个单位都是公司制，财政是很灵活的！

14. 中国金融电子化公司　　公司制　北京

中国金融电子化公司是经国务院批准、于 1988 年正式成立、在国内最早从事金融系统信息化建设的中国人民银行直属企业。其长期以来担负了央行信息化系统开发、安全测评、同城灾难备份、金融行业认证、金融标准及信息化研究等诸多职能，全面参与了央行信息化建设任务，并作为中国人民银行软件开发中心先后成功地开发了包括会计核算、企业和个人征信、人民币跨境贸易结算、国库业务、横向联网、货币金银管理、账户管理、金融监管等全国性大型系统在内的诸多央行和金融业重点信息化建设项目，荣获了多项金融及银行科技发展进步奖。

点评：这家公司主要用于央行系统内单位的信息化改造，提供信息技术支持服务，可认为是央行系统内的软件开发公司，工作比较专业，对 IT 技术人员需求较多。

备注：以上单位的招聘信息一般在中国人民银行官方网站发布，招聘计划都要报中国人民银行批准，都要参加中国人民银行组织的事业单位（公司）考试，经过笔试、面试、体检后正式入职。

下面的这些单位则有很强的自主权，一般单独负责自己的招聘，都是公司制。

15. 中央国债登记结算有限责任公司（中债登）公司制　北京

中央国债登记结算有限责任公司是为全国债券市场提供国债、金融债券、企业债券和其他固定收益证券的登记、托管、交易结算等服务的国有独资金融机构，是财政部唯一授权主持建立、运营全国国债托管系统的机构，是中国人民银行指定的全国银行间债券市场债券登记、托管、结算机构和商业银行柜台记账式国债交易一级托管人。

中债登是多头管理：央行主要管理中债登的业务，财政部是中债登的股东，但中债登的董事长任免权在银监会党委。

16. 银行间市场清算所股份有限公司（上清所）公司制　上海

银行间市场清算所股份有限公司成立于 2009 年 11 月 28 日，是经财政部、中国人民银行批准成立的专业清算机构，由中国外汇交易中心、中央国债登记结算有限责任公司、中国印钞造币总公司、中国金币总公司 4 家单位共同发起设立的股份有限公司。公司注册资本 3 亿元人民币。上海清算所的主要业务是为银行间市场提供以中央对手净额清算为主的直接和间接的本外币清算服务，包括清算、结算、交割、保证金管理、抵押品管理；信息服务、咨询业务；相关管理部门规定的其他业务。

点评：中债登和上清所做的业务本质上相同，都是登记、清算、托管服务，差别在于托管的品种不同。实际上，从技术上说，两家可以完全替代，都能做相关债券的托管，关键在于央行怎么协调和分配蛋糕。目前央行已经把银行间市场上的短期融资券、中期票据给了上清所，国债、金融债等则在中债登。

上清所逐渐崛起，原因有几方面：一是央行希望推行对手方交易清算机制；二是在最近债市监管风暴中，中债登负有一定的监管责任，有点被问责的意思；三是中债登本身存在多头管理的问题（财政部、央行、银监会），使得政策执行效率打折扣。未来中债登将定位于国债、央票和金融债，发挥其在国债收益率曲线和债券估值上的专业优势，为国债发行、央行公开市场操作、财政政策和货币政策的实施提供更专业的服务；而上清所则专注于企业信用类债券业务。世界上也有这样的先例，在美国和日本等国家，国债和企业信用类债券都是分开托管。这两家公司所从事的业务集中，信息化程度高，又是绝对的垄断，员工工作轻松，待遇很好，是央行系统内数一数二的好单位，一个在北京，另一个在上海，同学们可根据各自情况选择。

17. 中国支付清算协会　社团法人　北京

中国支付清算协会是经国务院同意、民政部批准成立的非营利社会团体法人。协会以促进会员单位实现共同利益为宗旨，对支付清算服务行业进行自律管理，维护支付清算服务市场的竞争秩序和会员的合法权益，防范支付清算服务风险，促进支付清算服务行业健康发展。主管单位为中国人民银行。

18. 中国银行间交易商协会　社团法人　北京

中国银行间市场交易商协会是由市场参与者自愿组成的，包括银行间债券市场、同业拆借市场、外汇市场、票据市场和黄金市场在内的银行间市场的自律组织，会址设在北京。协会经国务院同意、民政部批准于2007年9月3日成立，为全国性的非营利性社会团体法人，其业务主管部门为中国人民银行。

协会会员包括单位会员和个人会员，银行间债券市场、拆借市场、外汇市场、票据市场和黄金市场的参与者、中介机构及相关领域的从业人员和专家学者均可自愿申请成为协会会员。协会单位会员涵盖政策性银行、商业银行、信用社、保险公司、证券公司、信托公司、投资基金、财务公司、信用评级公司、大中型工商企业等各类金融机构和非金融机构。

点评：以上两个协会是央行主管，协会的性质都是社团法人制。国内协会的角色比较特殊，除了是行业组织以外，还或多或少承担着自律监管的职能，作为行政监管的补充，协会与行政部门之间的关系也比较密切，协会会长的任命也要经过主管单位的同意，有的是行政主管部门直接"委派"。需要说明的是，银行间交易商协会英文名称为 National Association of Financial Market Institutional Investors，缩写为 NAFMII，从英文名可以看出来是"金融市场机构投资者协会"，是国内最高端的机构投资者联盟！目前中国90%以上的债券都在银行间交易商协会（剩下的在交易所，还有一些是企业债，发改委批准）。一般来说协会的工作都是一些行政法规的细则、规则、指引等的制定，会影响到整个行业，和行业会员的关系也比较密切，工作轻松，待遇也还凑合，比较适合女生，虽然和市场中的机构差别较大，但是接触的层级比较高，范围比较广，平台很不错，对初期积累资源有很大帮助。

19. 中债信用增进投资股份有限公司　公司制　北京

中债信用增进投资股份有限公司是我国首家专业债券信用增进机构。2009 年 9 月 21 日，在中国人民银行的指导下，中国银行间市场交易商协会联合中国石油天然气集团公司、英大国际控股集团有限公司、中国中化股份有限公司、北京国有资本经营管理中心、首钢总公司、中银投资资产管理有限公司共同发起，公司在北京正式成立，注册资本 60 亿元人民币，信用评级为 AAA 级。主要经营范围包括：企业信用增进服务、信用产品的创设和交易、资产管理、投资咨询等。

公司的设立满足了我国发展直接债务融资工具、解决低信用级别发行体特别是中小企业融资困境的市场需求，顺应了建立银行间债券市场风险分担机制、进行专业风险管理的发展趋势，提供了扩展市场发展空间、进行产品和制度创新的重要契机。

20. 中债资信评估有限责任公司　公司制　北京

中债资信评估有限责任公司（China Credit Rating Co.，Ltd.）成立于 2010 年 8 月，由中国银行间市场交易商协会代表全体会员出资设立，注册资本 5000 万元，是国内首家采用投资人付费业务模式的新型信用评级公司。公司采用"为投资人服务、由投资人付费"的营运模式，并按照独立、客观、公正的原则为投资人提供债券再评级、双评级等服务。

公司经营范围包括：信用评级和评估；信用数据征集；信用评估咨询；企业信用评价；企业信用征集、评定；信用风险管理咨询；投资咨询；经济信息咨询；企业管理咨询。

公司定位为债券市场基础设施，为投资人提供公共的债券评级服务，业务运营不以追求商业利益为目的，而以服务市场发展，建立独立、客观、公正的评级体系为目标。

点评：以上两家机构都是银行间交易商协会的附属公司，前者是做信用增进的，后者是信用评级的。信用增进是为了增加某些债券的信用等级，通过提供担保或做劣后提高债券等级，从而降低债券发行成本。信用增进投资公司作为国内唯一两家 AAA 级的信用增强公司（另一家是中国投资者保护公司），非常有实力，注册资本 60 亿元，光吃利息就不少，更何况所从事的业务也很赚钱，公司工作不错，待遇很好。中债资信公司主要做信用评级，采用的是投资人付费的模式，主要靠的还是垄断利润，因为银行间交易所协会要求在交易商协会发的债券必须是双评级，而且一个必须是投资者付费的，也就是必须让中债资信评估，有点"既是裁判员，又是运动员"的感觉，待遇还不错。

（三）外汇管理局系统单位（外管局接受央行的领导）

1. 中央外汇业务中心   事业单位   北京

中央外汇业务中心是国家外汇管理局下属事业单位，负责我国外汇储备的经营管理。中心以"规范化、专业化、国际化"为目标，逐步建立一整套以投资基准为核心的经营管理模式，包括经营管理授权体系、投资决策程序、研究分析体系、风险管理和内控体系、清算托管和会计核算体系以及技术支持体系等，确保了国家外汇储备资产的安全、流动和保值增值。

点评：外管局的中央外汇业务中心主要负责我国外汇储备的经营和投资，我国的外汇就是由这个单位负责投资的，高端霸气！但是由于事业单位的体制所限，中心员工的待遇，特别是投资经理的待遇比市场上的基金经理要差很多，初级职位人员待遇和市场上差不多，甚至还好，工作较为轻松。另外，中心的平台非常好，毕竟地位在那摆着，很锻炼人，里面做投资的人跳槽去市场非常容易，是外管局系统内不错的单位，里面有很多北大、清华的"牛人"。

2. 外汇业务数据监测中心　事业单位　北京

外汇业务数据监测中心是国家外汇管理局直属事业单位，主要负责外汇局电子化建设，设计、开发、运行和维护外汇管理应用系统。

3. 外管局机关服务中心　事业单位　北京

外管局机关服务中心是局直属事业单位，主要承担局机关财务、资产、基建、行政、政府采购、服务监督等管理工作；制定局机关后勤工作规划和管理制度；负责局机关及直属单位的房改政策、计划生育、交通安全、人防与防汛、安全保卫与社会治安综合治理等社会事务工作；为局机关办公和职工生活提供后勤保障服务。

4.《中国外汇管理》杂志社　事业单位　北京

《中国外汇管理》杂志社是国家外汇管理局下设的事业单位，负责《中国外汇管理》杂志的编辑、发行以及承办、举办外汇政策方面的培训活动（对外汇局分支机构、银行、企业、个人）。

点评：以上单位没什么可说的，和央行相关单位类似。

（四）银监会系统单位

中国银行业监督管理委员会（以下简称"银监会"）是银行和某些非银行金融机构的监管者，前者包括商业银行、政策性银行、城市信用社、农村信用社等，后者包括金融资产管理公司、信托投资公司、财务公司、金融租赁公司、消费金融公司等。银监会管理的机构规模是最大的，而且银行在我国金融体系中地位突出，银监会在"一行三会"中的地位很高，银监系统内企事业单位主要有：

1. 事业单位（北京，有户口）银监会的事业单位有信息中心、培训中心和服务中心

2. 中国银行业协会　　社团法人　北京

中国银行业协会（China Banking Association，CBA）成立于 2000 年 5 月，是经中国人民银行和民政部批准成立，并在民政部登记注册的全国性非营利社会团体，是中国银行业自律组织。2003 年银监会成立后，中国银行业协会主管单位由中国人民银行变更为银监会。凡经银监会批准设立的、具有独立法人资格的银行业金融机构（含在华外资银行业金融机构）以及经相关监管机构批准、具有独立法人资格、在民政部门登记注册的各省（自治区、直辖市、计划单列市）银行业协会均可申请加入中国银行业协会成为会员单位。经相关监管机构批准设立的、非法人外资银行分行和在华代表处等，承认《中国银行业协会章程》，均可申请加入中国银行业协会成为观察员单位。

国银行业协会以促进会员单位实现共同利益为宗旨，履行自律、维权、协调、服务职能，维护银行业合法权益，维护银行业市场秩序，提高银行业从业人员素质，提高为会员服务的水平，促进银行业的健康发展。

3. 中国信托业协会　社团法人　北京

中国信托业协会（China Trustee Association）成立于 2005 年 5 月，是全国性信托业自律组织，是经银监会同意并在中华人民共和国民政部（以下简称"民政部"）登记注册的非营利性社会团体法人。接受业务主管单位中国银监会和社团登记管理机关民政部的指导、监督和管理。

中国信托业协会的宗旨：协会以促进会员单位实现共同利益为宗旨，遵守宪法、法律、法规和国家政策，依据《中华人民共和国信托法》、《中华人民共和国银行业监督管理法》等法律法规，认真履行自律、维权、协调、服务职能，发挥相关管理部门与信托业间的桥梁和纽带作用，维护信托业合法权益，维护信托业市场秩序，提高信托业从业人员素质，提高为会员服务的水平，促进信托业的健康发展。

4. 中国财务公司协会　社团法人　北京

中国财务公司协会（以下简称"中国财协"）于 1994 年经中国人民银行批准成立，是企业集团财务公司的行业自律性组织，是全国性、非营利性的社会团体法人。在中国境内批准设立的企业集团财务公司均可自愿申请成为中国财协会员。中国财协的业务主管机关是银监会，社团登记机关是中华人民共和国民政部。

协会宗旨：遵守国家宪法、法律法规和国家政策，遵守社会道德风尚，认真履行"自律、维权、协调、服务"的职责，促进会员单位实现共同利益，推动财务公司行业规范、稳健发展。

点评：由于银行系统比较庞大和强势，功能较为单一，银监会系统的单位较少，有三个事业单位和三个协会。三个事业单位——信息中心、培训中心、服务中心，和央行系统内的相关单位功能一样，不再重复。三个协会和央行系统协会功能类似，但是由于银监会比较强势，三个协会比较弱，也没啥实权，一般就是组织年会、办个研讨会等，不如证监会系统内的证券业协会地位高，也没央行系统内的银行间交易商协会吸金能力强，但是工作轻松，待遇凑合，适合女生。

（五）证监会系统单位

中国证券监督管理委员会（以下简称"证监会"）是资本市场监管者，管理机构包括证券公司、基金公司、期货公司、信用评级公司等，证监会虽然是"三会"中成立最早的，但由于我国资本市场的复杂性，证监会一直是一个付出很多、回报较少的机关单位，证监会的总体地位不如银监会高，系统内单位如下：

1. 上海证券交易所　　事业单位　　上海

上海证券交易所（简称上交所）成立于 1990 年 11 月 26 日，由证监会监督管理。上交所秉承"法制、监管、自律、规范"的八字方针，致力于创造透明、开放、安全、高效的市场环境，切实保护投资者权益。

上交所的主要职能包括：提供证券交易的场所和设施；制定证券交易所的业务规则；接受上市申请，安排证券上市；组织、监督证券交易；对会员、上市公司进行监管；管理和公布市场信息。

2. 深圳证券交易所（会员制）事业单位深圳

深圳证券交易所（简称深交所）成立于 1990 年 12 月 1 日，由证监会监督管理。深交所以建设中国多层次资本市场体系为使命，全力支持中国中小企业发展，推进自主创新国家战略实施。2004 年 5 月，中小企业板正式推出；2009 年 10 月，创业板正式启动。

深交所的主要职能包括：提供证券交易的场所和设施；制定业务规则；接受上市申请、安排证券上市；组织、监督证券交易；对会员进行监管；对上市公司进行监管；管理和公布市场信息；中国证监会许可的其他职能。

3. 中国金融期货交易所　　事业单位　　上海

中国金融期货交易所（简称中金所）成立于 2006 年 9 月 8 日，是中国境内唯一一家从事金融期货、期权交易的公司制交易所，由上海期货交易所、郑州商品交易所、大连商品交易所、上海证券交易所和深圳证券交易所共同发起设立。

2010 年 4 月 16 日，中金所第一个产品——沪深 300 股票指数期货上市交易。沪深 300 股指期货上市以来，市场运行总体平稳、理性、规范、成熟，市场监管严格，交易秩序良好，市场功能初步发挥，顺利实现了平稳起步和安全运行的预期目标。

4. 上海期货交易所　事业单位　上海

上海期货交易所（简称上期所）成立于 1999 年 12 月，其前身为上海金融交易所、上海粮油商品交易所、上海商品交易所。上期所目前上市交易的有黄金、白银、铜、铝、锌、铅、螺纹钢、线材、燃料油、天然橡胶 10 种期货合约。

5. 大连商品交易所　事业单位　大连

大连商品交易所（简称大商所）成立于 1993 年 2 月 28 日，同年 11 月 18 日开业。大商所目前上市交易的有黄大豆 1 号、黄大豆 2 号、玉米、豆粕、豆油、棕榈油、线形低密度聚乙烯、聚氯乙烯和焦炭 9 种期货合约。据美国期货业协会统计，大商所在 2012 年度全球 81 家衍生品交易所成交量排名中居第 11 位。

6. 郑州商品交易所　　事业单位　郑州

郑州商品交易所（简称郑商所）成立于 1990 年 10 月 12 日，是经国务院批准的首家期货市场试点单位，目前全国 4 家期货交易所之一。郑商所现上市交易的有小麦（包括优质强筋小麦和普通小麦）、棉花、白糖、精对苯二甲酸、菜籽油、早籼稻、甲醇、玻璃、油菜籽和菜籽粕 11 个期货品种。据美国期货业协会统计，郑商所在 2012 年度全球 81 家衍生品交易所成交量排名中居第 14 位。

点评：证监会系统内的六大交易所，也称资本市场最主要的组织者，六个交易所各有分工，都是垄断。交易所是证监会系统内待遇最好的单位，老员工待遇非常好，新员工最近几年的待遇有所降低，但也很不错，平台很好，经常要和上市公司、证券公司、期货公司等打交道，交易所内的工作轻松，加上待遇很好，是很多人"理想的单位"。交易所级别很高，总经理等都是由证监会直接任命，还要报国务院同意，和"会里"关系密切，是系统内的"高富帅"，系统内如果要成立新的"会管单位"了，一般都是由交易所出钱，非常霸气！

7. 中国证券登记结算有限责任公司（中证登）　　公司制　总部在北京，有上海、深圳、北京分公司

中国证券登记结算有限责任公司（简称中国结算）成立于 2001 年 3 月 30 日，是不以盈利为目的的法人，证监会为其主管部门。中国结算维护的证券登记结算系统是证券市场的主要基础设施，是支撑和保障证券市场稳定运行的后台中枢。按照《证券法》和《证券登记结算管理办法》的相关规定，中国结算依法履行证券账户的设立和管理、证券集中登记、存管等职能，并以结算参与人为单位，提供多边净额和逐笔全额等多种结算服务。

点评：证监会系统内的登记、托管单位，功能和上面介绍的中债登类似，只是中债登托管的是债券，中证登托管的是股票。交易所中所有的股票都是由中证登托管，非常赚钱，里面待遇很好，工作轻松，最近两年待遇已经超过了沪深交易所，颤抖吧！

8. 中国证券投资者保护基金有限责任公司（投保基金）　　公司制北京

中国证券投资者保护基金有限责任公司（简称保护基金公司）成立于 2005 年 8 月 30 日，是由国务院批准设立并出资，在国家工商总局注册的国有独资公司，财政部一次性拨付注册资金 63 亿元。保护基金公司归口证监会管理。

保护基金公司的主要职责包括：筹集、管理和运作证券投资者保护基

金；监测证券公司风险，参与证券公司风险处置工作；证券公司被撤销、关闭和破产或被证监会采取行政接管、托管经营等强制性监管措施时，按照国家有关政策规定对债权人予以偿付；组织、参与被撤销、关闭或破产证券公司的清算工作；管理和处分受偿资产，维护基金权益；发现证券公司经营管理中出现可能危及投资者利益和证券市场安全的重大风险时，向证监会提出监管、处置建议；对证券公司运营中存在的风险隐患会同有关部门建立纠正机制。

9. 中国证券金融股份有限公司　　公司制　北京

中国证券金融股份有限公司（简称中证金公司）成立于 2011 年 10 月 28 日，是经国务院同意，证监会批准设立的证券类金融机构。作为证券公司融资融券业务的配套安排，中证金公司致力于为证券公司提供转融通服务，将自有及依法筹集的资金和证券出借给证券公司，供其向客户办理融资融券业务，同时承担全市场融资融券统计监测职责，运用市场化手段防控融资融券和转融通业务风险。

公司股东为上海证券交易所、深圳证券交易所、中国证券登记结算有限责任公司、上海期货交易所、中国金融期货交易所、郑州商品交易所和大连商品交易所7家机构。

10. 中国期货保证金监控中心有限责任公司　　公司制　北京

中国期货保证金监控中心有限责任公司（简称中国期货保证金监控中心）成立于 2006 年 3 月 16 日，是经国务院同意、证监会决定设立，在国家工商总局注册登记的非营利性公司制法人，其股东单位有上海期货交易所、郑州商品交易所、大连商品交易所及中国金融期货交易所。中国期货保证金监控中心主管部门是证监会，其业务接受证监会领导、监督和管理。

中国期货保证金监控中心的主要职能包括：建立和完善期货保证金监

控、预警机制，及时发现并向监管部门报告影响期货保证金安全的问题；为期货投资者提供有关期货交易结算信息查询及其他服务；代管期货投资者保障基金，参与期货公司风险处置；负责期货市场运行监测监控系统建设，并承担期货市场运行的监测、监控及研究分析等工作；承担期货市场统一开户工作；为监管机构、交易所等提供信息服务；证监会规定的其他职能。

11. 中证资本市场运行统计监测中心有限责任公司　公司制　北京

中证资本市场运行统计监测中心有限责任公司（简称监测中心）成立于 2012 年 9 月 12 日，是由证监会批准设立的证券类金融机构，其股东单位有中国证券登记结算有限责任公司、中国期货保证金监控中心有限责任公司、上海证券交易所信息网络有限公司和深圳证券信息有限公司。监测中心接受证监会的统一监督管理，监测中心业务接受证监会相关部门指导。

监测中心主要职能包括：收集和整理证券期货市场、其他金融市场及宏观经济运行的相关数据信息；监测证券期货市场风险；开展资本市场运行相关分析；评估市场运行质量和效率；开展基于统计的市场专题研究，检验相关政策效应；负责建立、维护和管理资本市场运行统计监测系统；为市场参与人提供统计调查分析服务；证监会规定或委托履行的其他职能。

点评：以上公司都是承担特定职能的，在证监会系统内都有很明确的职能分工，投保基金出资人是财政部，证金公司是做融资融券的，最近两年融资融券很火，证金公司赚了很多钱，待遇都不错。后面两个中心都是用来监测、监控的，没什么主营业务，待遇凑合，工作较为轻松。

12. 全国中小企业股份转让系统有限责任公司（新三板）公司制　北京

全国中小企业股份转让系统有限责任公司（简称全国股份转让系统公

司）成立于 2012 年 9 月 20 日，是经国务院批准设立的全国证券交易场所，是中国境内唯一的全国性场外市场，其挂牌公司纳入证监会非上市公众公司统一监管。其股东单位有上海证券交易所、深圳证券交易所、中国证券登记结算有限责任公司、上海期货交易所、中国金融期货交易所、郑州商品交易所和大连商品交易所。

公司的经营宗旨：坚持公开、公平、公正的原则，完善市场功能，加强市场服务，维护市场秩序，推动市场创新，保护投资者及其他市场参与主体的合法权益，推动全国场外交易市场健康发展，促进民间投资和中小企业发展，有效服务实体经济。

公司的经营范围包括：组织安排非上市股份公司股份的公开转让；为非上市股份公司融资、并购等相关业务提供服务；为市场参与人提供信息、技术和培训服务。

点评：大名鼎鼎的"新三板"，目前国务院已经授权，放开了"新三板"挂牌企业的限制，全国所有的企业都可以来"新三板"挂牌（上市）。2014 年以后，"新三板"肯定会非常火暴，挂牌企业将会非常多（主要是中国的企业太多了），绝对是一个具有很大前景的公司，预计公司收入会有很大的增长。"新三板"有很大的成长空间，值得同学们关注。

13. 中国证券业协会 社团法人 北京

中国证券业协会（简称中证协）成立于 1991 年 8 月 28 日，是依据《证券法》和《社会团体登记管理条例》的有关规定设立的证券业自律性组织，属于非营利性社会团体法人，接受证监会和国家民政部的业务指导和监督管理。

中证协认真贯彻执行"法制、监管、自律、规范"的八字方针和《中国证券业协会章程》，团结和依靠全体会员，切实履行"自律、服务、传导"三大职能，发挥了行业自律组织的应有作用。中证协的主要职责包括：在国家对证券业实行集中统一监督管理的前提下，进行证券业自律管理；发挥政府与证券行业间的桥梁和纽带作用；为会员服务，维护会员的合法权益；维持证券业的正当竞争秩序，促进证券市场的公开、公平、公正，保护投资者合法权益，推动证券市场健康稳定发展。

14. 中国期货业协会　社团法人　北京

中国期货业协会（简称中期协）成立于 2000 年 12 月 29 日，是根据《社会团体登记管理条例》和《期货交易管理条例》成立的全国期货业自律性组织，是非营利性社会团体法人，接受证监会和国家民政部的业务指导和监督管理。

中期协以"自律、服务、传导"为基本宗旨。在国家对期货业实行集中统一监督管理的前提下，进行期货业自律管理；发挥政府与期货业间的桥梁和纽带作用，为会员服务，维护会员的合法权益；坚持期货市场的公开、公平、公正，维护期货业的正当竞争秩序，保护投资者利益，推动期货市场的规范发展。

15. 中国上市公司协会　社团法人　北京

中国上市公司协会（简称中上协）成立于 2012 年 2 月 15 日，是依据《证券法》和《社会团体登记管理条例》等相关规定成立的，由上市公司及相关机构等，以资本市场统一规范为纽带，维护会员合法权益而结成的全国性自律组织，是非营利性的社会团体法人。证监会为其业务主管部门。

中上协以"服务、自律、规范、提高"为基本职责，致力于促进提高上市公司质量，促进完善上市公司治理，推动建立良好的公司文化，竭诚打造上市公司高端服务平台，进而提高整个资本市场的质量。

16. 中国证券投资基金业协会　　社团法人　北京

中国证券投资基金业协会（简称基金业协会）成立于 2012 年 6 月，是全国性的证券投资基金业自律性组织，属于非营利性社会团体法人，接受证监会和国家民政部的业务指导和监督管理。

基金业协会的职责包括：教育和组织会员遵守有关证券投资的法律、行政法规，维护投资人合法权益；依法维护会员的合法权益，反映会员的建议和要求；制定和实施行业自律规则，监督、检查会员及其从业人员的执业行为，对违反自律规则和协会章程的，按照规定给予纪律处分；制定行业执业标准和业务规范，组织基金从业人员的从业考试、资质管理和业务培训；提供会员服务，组织行业交流，推动行业创新，开展行业宣传和投资人教育活动；对会员之间、会员与客户之间发生的基金业务纠纷进行调解；依法办理非公开募集基金的登记、备案；协会章程规定的其他职责。

点评：证监会系统内的行业协会，和央行系统内的协会功能类似，工作轻松，待遇凑合，平台不错。特别说明的是，证监会把"保荐人"的注册放到了证券业协会，由其管理。证券业协会在证监会系统内地位很高，证券投资基金业协会和"新三板"都是从证券业协会分出去的，协会和会里关系密切，经常出台很多配套规则。

17. 中国资本市场学院　事业单位　深圳

中国资本市场学院（简称资本市场学院）成立于 2012 年 8 月 13 日，是由中国证监会直接管理的非营利性事业单位，由深圳证券交易所、上海证券交易所、上海期货交易所、中国金融期货交易所、大连商品交易所、郑州商品交易所以及中国证券登记结算有限责任公司共同出资 20 亿元建设。

资本市场学院致力于为中国资本市场的创新发展提供智力支持，培养高端人才。学院定位为高层次、市场化、国际化的研究平台、特色教育平台、高端培训平台，以及在此基础上衍生的咨询顾问平台、设计开发平台、信息智库平台，集研究、教育、培训于一体。资本市场学院注重自身特色和品牌打造，强调高起点、高标准、高质量、严要求，在整合资源能力、课程研发设计、中国资本市场案例中心建设、研究课题的过程管理及深化应用、培训项目的精细化流程化管理、国际双向交流、业务模式创新、信息技术的应用等方面逐步形成特色和优势。

18. 北京证券期货研究院　民办非企业单位法人　　北京

北京证券期货研究院（简称研究院）成立于 2012 年 6 月 1 日，性质为民办非企业单位法人，研究院注册资金 1 亿元人民币，截至 2011 年底，共有全职研究人员 25 名。研究院是由证监会领导的高端智库和人才库，目标是支持中国证券期货市场和经济金融领域改革发展，主要职责包括有关资本市场改革发展创新的战略性和前瞻性问题的研究；有关政策措施的课题支持研究；为资本市场健康发展创造良好外部环境的相关措施的研究；人才的储备、培训、输送及"旋转门机制"的建立。

点评：以上两个市证监会系统内的培训和研究机构，功能主要是培养系统内人才、进行课题研究等。

（六）保监会系统单位

中国保险监督管理委员会（以下简称"保监会"）是保险机构和保险业务监管者，管理机构比较单一，主要是保险公司。在国外，保险公司是巨大的买方，但国内就弱得多，国内保险公司还处在发展的初期，具有巨大的成长空间，由于保险公司规模和地位的原因，保监会在"一行三会"中排名最末。

1. 三个事业单位

保监会下属的三个事业单位为培训中心、机关服务中心和中国保险年鉴社。

2. 中国精算师协会　　社团法人　北京

中国精算师协会成立于 2007 年 11 月 30 日，英文名称为 China Association of Actuaries，缩写为 CAA，现为国际精算协会（IAA）正式会员。主要职能：拟订精算师执业准则，拟订并执行行业自律制度；组织中国精算师资格考试，组织实施精算从业人员的培训及后续教育工作；开展会员的职业道德及执业纪律的教育、监督和检查；组织业务交流，开展理论研究；协调行业内、外部关系，维护会员合法权益；开展国际交流活动等。

3. 中国保险行业协会　　社团法人　北京

中国保险行业协会成立于 2001 年 2 月 23 日，是经保监会审查同意并在国家民政部登记注册的中国保险业的全国性自律组织，是自愿结成的非营利性社会团体法人。2007 年 12 月 17 日，根据中国保监会《关于加强保险业社团组织建设的指导意见》（保监发［2007］118 号）精神，中国保险行业协会召开第三届会员代表大会并成功实现了换届，顺利开展了体制机制改革，建立了专职会长负责制，稳步推进人员队伍规范化、专业化、职业化建设。

中国保险行业协会的宗旨：遵守国家宪法、法律、法规和经济金融方针政策，遵守社会道德风尚，深入贯彻科学发展观，依据《中华人民共和国保险法》，在国家对保险业实行集中统一监督管理的前提下，配合保险监管部门督促会员自律，维护行业利益，促进行业发展，为会员提供服务，促进市场公开、公平、公正，全面提高保险业服务社会主义和谐社会的能力。

点评：和银监会系统内的行业协会类似，地位不高，没啥实权，工作轻松，待遇凑合，适合女生。

七、央企、国企

Finance 一词的中文翻译有"金融"和"财务"两个含义，事实上，公司财务管理也可以看作最微观的金融活动。企业财务管理水平提升促使公司外沿不断扩展，财务工作的内容不断丰富，大型集团的出现尤其推进了这种趋势。在我国，国有企业常常"庞然大物"般存在，其规模大，结构复杂，财务管理内容多、要求高。本章介绍泛金融行业中一类重要工作——国企财务。

提到国有企业（以下简称国企），相信很多毕业生兴趣浓厚，国企一直是毕业生就业的重要方向之一。国企市场化改革的深入促使国企活力增强、竞争力提升，员工发展空间也得到拓展。近几年，不少国企进行了薪酬改革，普通员工待遇水平有明显提升，国企职位的市场竞争力进一步提高。与过去相比，国企形象上的行政化色彩已经淡薄很多，各类信息也更加公开，但部分公众对国企了解仍然有限，本章试图揭开国企的"面纱"。

（一）简介

1. 国企有哪些

我国的国有企业是指全部资产归国家所有，并按《中华人民共和国企业法人登记管理条例》规定登记注册的非公司制的经济组织，不包括有限责任公司中的国有独资公司。由于现在大部分国有企业都已进行了公司制改制，因此本章所讨论的国有企业是"广义"的范畴，指由政府投资或参与控制的企业，不仅包括中央政府投资或参与控制的企业，也涵盖地方政府投资参与控制的企业。

我国国企的分类和管理的历史沿革较复杂，这里不作讨论，仅简单分为中央企业和地方政府投资或参与控制的企业。中央企业简称央企，是指由国务院或国务院所授权的国务院国有资产监督管理委员会（简称国资委）、财政部等代表国务院履行出资人职责的中华人民共和国国有企业。需要说明的是，由财政部最终控制的金融机构（如中央汇金公司控股的国有银行、保险、证券公司等）一般不划入央企范畴，其业务形态及管理要求与本章讨论的央企有本质差异，就业、工作情况也与央企明显不同。各级地方政府投资控制的国企受地方国资委监管，这些企业的平均单体规模一般小于央企。部分地方政府会在地方国资委下成立国资经营管理公司，作为地方国企的管理平台。例如，北京市于2009年成立北京国有资本经营管理中心，作为北京国资的投融资平台进行资本运营和股权管理。

中央企业是国有企业最主要的部分，目前绝大部分央企已纳入国资委管理，即国务院国资委直管央企，我们日常提到最多的央企就是指这一部分央企。国资委直管央企是国企的典型代表，其企业管理架构复杂多样，经营业务几乎涉及所有国民经济的重点行业，财务类工作涵盖范围广、内容丰富。对国资委直管央企财务类工作深入认识能帮助我们基本了解所有国企的财务类工作的内容。下文集中介绍国资委直管央企（以下称央企）的情况及财务类工作的内容。

2. 央企的业务、管理架构等

截至2013年底，国资委直管央企共113家，其主业涉及国民经济的众多行业。表1-15是目前的央企名录。

表1-15   国资委直管央企名录（2013年底）

序号	企业（集团）名称	序号	企业（集团）名称
1	中国核工业集团公司	29	中国第一重型机械集团公司
2	中国核工业建设集团公司	30	中国机械工业集团有限公司
3	中国航天科技集团公司	31	哈尔滨电气集团公司
4	中国航天科工集团公司	32	中国东方电气集团有限公司
5	中国航空工业集团公司	33	鞍钢集团公司
6	中国船舶工业集团公司	34	宝钢集团有限公司
7	中国船舶重工集团公司	35	武汉钢铁（集团）公司
8	中国兵器工业集团公司	36	中国铝业公司
9	中国兵器装备集团公司	37	中国远洋运输（集团）总公司
10	中国电子科技集团公司	38	中国海运（集团）总公司
11	中国石油天然气集团公司	39	中国航空集团公司
12	中国石油化工集团公司	40	中国东方航空集团公司
13	中国海洋石油总公司	41	中国南方航空集团公司
14	国家电网公司	42	中国中化集团公司
15	中国南方电网有限责任公司	43	中粮集团有限公司
16	中国华能集团公司	44	中国五矿集团公司
17	中国大唐集团公司	45	中国通用技术（集团）控股有限责任公司
18	中国华电集团公司	46	中国建筑工程总公司
19	中国国电集团公司	47	中国储备粮管理总公司
20	中国电力投资集团公司	48	国家开发投资公司
21	中国长江三峡集团公司	49	招商局集团有限公司
22	神华集团有限责任公司	50	华润（集团）有限公司
23	中国电信集团公司	51	中国港中旅集团公司［香港中旅（集团）有限公司］
24	中国联合网络通信集团有限公司	52	国家核电技术有限公司
25	中国移动通信集团公司	53	中国商用飞机有限责任公司
26	中国电子信息产业集团有限公司	54	中国节能环保集团公司
27	中国第一汽车集团公司	55	中国国际工程咨询公司
28	东风汽车公司	56	中国华孚贸易发展集团公司

续表

序号	企业（集团）名称	序号	企业（集团）名称
57	中国诚通控股集团有限公司	86	中国中纺集团公司
58	中国中煤能源集团公司	87	中国外运长航集团有限公司
59	中国煤炭科工集团有限公司	88	中国中丝集团公司
60	机械科学研究总院	89	中国林业集团公司
61	中国中钢集团公司	90	中国医药集团总公司
62	中国冶金科工集团有限公司	91	中国国旅集团有限公司
63	中国钢研科技集团公司	92	中国保利集团公司
64	中国化工集团公司	93	珠海振戎公司
65	中国化学工程集团公司	94	中国建筑设计研究院
66	中国轻工集团公司	95	中国冶金地质总局
67	中国工艺（集团）公司	96	中国煤炭地质总局
68	中国盐业总公司	97	新兴际华集团有限公司
69	中国恒天集团有限公司	98	中国民航信息集团公司
70	中国中材集团有限公司	99	中国航空油料集团公司
71	中国建筑材料集团有限公司	100	中国航空器材集团公司
72	中国有色矿业集团有限公司	101	中国电力建设集团有限公司
73	北京有色金属研究总院	102	中国能源建设集团有限公司
74	北京矿冶研究总院	103	中国黄金集团公司
75	中国国际技术智力合作公司	104	中国储备棉管理总公司
76	中国建筑科学研究院	105	中国广核集团有限公司
77	中国北方机车车辆工业集团公司	106	中国华录集团有限公司
78	中国南车集团公司	107	上海贝尔股份有限公司
79	中国铁路通信信号集团公司	108	武汉邮电科学研究院
80	中国铁路工程总公司	109	华侨城集团公司
81	中国铁道建筑总公司	110	南光（集团）有限公司
82	中国交通建设集团有限公司	111	中国西电集团公司
83	中国普天信息产业集团公司	112	中国铁路物资总公司
84	电信科学技术研究院	113	中国国新控股有限责任公司
85	中国农业发展集团总公司		

资料来源：国资委网站。

国资委直管的这 113 家央企的地位和影响并不完全一致，其中有 53 家央企（表中前 53 家）属于"第一梯队"，即财经新闻中经常提到的 53 家副部级央企。这部分央企的行政级别为副部级，其集团"一把手"（企业内职务名称可能是董事长、党委书记等）由中央组织部任命和管理，除"一把手"之外的领导成员由国资委管理。平均而言，53 家副部级央企比其他央企实力更雄厚。此外，在 113 家央企内部，不同企业的差距较大，有年收入超过万亿元、利润总额超过千亿元的"航空母舰"，也有年收入额不到百亿元的规模相对较小的央企。因此，同样是进入央企工作，在不同的央企，员工发展机会和空间差别较大。一般情况下，央企规模越大，其工作职位的社会认可度越高。由于大多数央企并不会定期公布集团层面的经营业绩，这些信息属于非公开资料，因此此处不再深入展开介绍。

央企中比较常见的是专业性较强的产业公司，其业务主要集中在自己的主业。例如，五大电力集团（中国华能集团公司、中国大唐集团公司、中国华电集团公司、中国国电集团公司、中国电力投资集团公司）业务集中在发电领域；还有少数企业涉足行业较多，如国家开发投资公司、招商局集团有限公司、华润（集团）有限公司等，其投资和经营方向较为灵活。

央企的规模较大，很多央企资产都达到了千亿元数量级，少数甚至超过了万亿元。目前大多数央企都以大型集团的形式存在，其下属企业层级多，结构较为复杂。一般而言，一级公司（央企总部、母体）只有管理职能，并不直接开展业务；二级公司（一级公司全资或控股的子公司）大多也偏重管理职能，负责集团某一方面或类型业务的管理，即便二级公司本部有业务活动也较少；三级公司（二级公司控股的子公司）及其下属企业承担具体的业务经营。需要说明的是，这里对二级、三级公司的划分并不完全依据股权结构，很多央企及其下属公司的股权结构与其实际管理结构会有不同，例如，某公司由总部直接控股，但在经营上由另外一个二级公司托管，这种情况并不少见。实际中，央企的股权或管理架构远比上述描述的三级结构复杂，不同企业具体情况差异较大。

中共十八届三中全会对国有企业改革发展提出了一系列新思路、新任务、新举措，未来一段时期，国有企业将会迎来一场新的变革，这些变革不仅会改变国企本身，对宏观经济的发展也会有影响。对于有意进入国企工作的毕业生，多主动关注国有企业的改革情况对自己顺利就业及日后发展均有积极作用。

（二）国企财务类工作介绍

1. 央企总部

央企总部承担全集团的财务管控职能，其财务工作涉及的内容在集团各级企业中最全面，分类也最细致。央企总部财务部门最常见的设置为会计处、资金处、综合处三大处，此外，还有一些央企设置有预算处、计划处、财务分析处等其他财务类部门，这些部门虽然都属于财务部，但是具体工作却有很大差异。央企的财务工作至少包括资金管理、会计核算及预算控制这三项基本内容，除此以外，还可能有绩效考核、内部控制、财务分析、税务管理及与政府有关的国资预算、产权等工作，这些工作与以上三项基本工作是相互结合而不是严格分割的（例如，财务分析是基于会计核算提供的报表的，计划考核工作一般是与预算管理相关的）。

（1）资金管理。资金管理工作是财务工作的重中之重。资金是企业的血液，因此资金工作在任何企业都是重点内容。前文已提到，大多数央企规模庞大，集团内企业层级多、结构复杂，其管理难度比一般企业更大。央企总部财务部门下一般会设有处室专门管理资金工作。资金管理工作通常涉及集团资金平衡、融资管理及资金集中等工作。

第一，资金平衡。简单而言，资金平衡管理就是企业的资金来源和资金使用需实现平衡，其本质是流动性管理，既要避免过多持有货币资金（货币资金收益低，持有的机会成本高），更要避免企业资金链断裂的风险。国际上因为过度投资引起资金链断裂从而导致公司破产的案例已不少见，现代企业对流动性管理越来越重视，央企也不例外。资金平衡工作要求定期编制资金平衡表，用以反映一段时期集团的资金平衡状况。

影响资金平衡的两个重要方面是投资活动占用资金和融资活动筹集资金，一般情况下日常营运活动占用资金变动不大且其变动大多数由增加投资或投资退出引起。投资活动通常不由财务部门牵头、也不由财务部门最终决策。但是，重大投资行为需要财务部会签，财务部门会基于财务状况就投资方案发表意见或建议。由于无法有效控制企业的投资活动，为了便于资金平衡管理，央企财务部门一般会要求下级企业定期报送资金计划。不同央企管理要求和管理精细化程度不同，资金计划的报送要求也不一致，要求高的可能每月上报，要求低的至少也要每年度报送。为保证报送质量，有时候还会有相应的考核措施。

资金平衡的另一个重要方面是融资活动。融资活动一般由财务部门主导和决策，融资管理是资金管理部门的核心工作。因此，虽然融资活动是资金平衡的一个方面，但由于其重要性，往往将其独立为一项资金管理工作。

第二，融资管理。融资管理工作就是解决如何有效筹集资金的问题，其主要目标有两个：一是保证资金筹集及时到位，避免资金断裂；二是尽可能降低融资成本。

融资管理工作主要是与银行等金融机构打交道，工作涉及资金量巨大，几十亿元的资金合同司空见惯。我国大多数企业在与银行打交道时一般处于弱势地位，很多企业难以争取到银行贷款，即便能取得贷款也常常高于基准利率，这与信息不对称有关，银行对申贷企业了解有限，鉴于风险管理的要求，对贷款审查较严。因此，常常听说企业内融资类岗位压力非常大。在央企内，融资工作压力相对要小一些，主要是因为央企偿债信誉较好（大多数央企规模大、实力雄厚，偿债能力普遍较强），稳定性强（不会像私企一样出现还不起钱企业负责人"失联"的情况），银行提供贷款出现坏账的风险小，因此大多数央企寻求贷款难度不大。与其他企业相比，央企在处理银企关系时优势较明显，主动性较高，保证筹集资金及时到位，避免资金断裂的难度较低，鲜有央企集团层面资金链出问题的情况。随着精细化管理的加强，央企对控制资金成本越来越重视。除了传统的银行贷款外，央企通过发行企业债、中期票据等债务工具的方式直接融资也比较活跃，由于信誉较高，这些企业债大多实际利率较低。虽然银行贷款仍占融资额的大部分，但央企债权直接融资的比例正在提高。从银行获取贷款额度以及发行债券是央企融资工作的主要内容。融资管理部门的员工需要经常与各个银行、发债机构打交道，会有一些应酬活动。

央企一般会在各大银行有一定授信额度，对下级企业的特定项目资金需求也会取得专项贷款。为有效降低融资成本，有些情况下央企下级企业并不直接与当地银行沟通获得贷款，而是由央企总部与银行签订银团贷款协议，再由相应银行放款。央企发债的主体主要是一级公司，下级企业为主体发债一般也会受总部的管理或需总部配合、协调。作为甲方，央企会聘请合格的发债机构，与其一起落实具体事宜。

除以上介绍的银行贷款和发债，央企还存在其他的融资方式。例如，绝大多数央企都成立了财务公司，还有部分央企成立了专业的融资租赁公司。另外，响应国家"走出去"的号召，央企国际业务有所加强，部分企业成立了境外融资平台，获取境外低成本资金。财务公司、融资租赁公司及境外融资平台公司等新的融资平台一般会独立开展工作，但会受总部财务部门的管理。

第三，资金集中。资金集中的基本含义是将整个集团的资金集中到集团总部，由总部统一调度、管理和运用。通过资金的集中管理，企业集团可以实现整个集团内的资金资源整合与宏观调配，提高资金使用效率，降低金融风险。财务公司是资金集中管理的平台，总部要求下级企业将资金划入其在财务公司的账户，各下级企业所有预算内资金支出经总部财务部门审核批准后，从下级企业财务公司账户划入其商业银行账户。

实现集团资金完全集中并不现实，下级企业的参股股东是资金集中的主要阻力来源，若下级企业为上市公司，则资金集中甚至可能出现"侵犯小股东权益"的纠纷。资金集中工作有一定难度，往往需要领导层面的协调和推进，不同央企资金集中的程度也不相同。通常情况下，集团总部会按月编制资金集中情况表，统计各级公司的资金集中程度。相应岗位的工作人员会根据各级公司在财务公司存款数额除以其货币资金总额（扣除冻结资金等特殊项目）的比例，来衡量各级企业资金集中程度。实际处理中，需要就细节与下级公司不断沟通、落实。

（2）会计核算。会计核算是财务工作最基本的内容之一，其工作内容较为细致，工作量大。通常大家所说的"会计"是指从事会计核算的财务人员。

第一，本部会计核算。央企母公司本部的核算工作较为简单，由于总部并不具体经营业务，所以总部会计核算的内容主要是日常报销，该项工作技术难度低、内容烦琐。部分央企总部持有一些战略配售的股票，其管理一般会交给集团内专业的金融类公司，但核算仍在总部。

第二，集团合并报表。编制合并报表是总部会计核算的重要工作。按照国资委监管要求，央企需要按月向国资委报送财务快报。对于部分大型央企而言，编制集团层面的合并报表是一项庞杂的工作。央企会在每月上半月完成集团层面的合并报表，但不同企业时间要求差异可能较大，严格的会要求每月前3个工作日完成上月报表，但大多数央企一般是10日前完成上月报表。报送时间要求不一样，财务工作的压力也不一样。例如，若要求每月前3个工作日出报表，那么加班加点难以避免，每个月的头几天会非常辛苦。应该说，大部分央企合并岗位都存在月初加班的情况，整体而言，工作密集程度要远低于会计师事务所年底审计加班。

合并报表的编制是逐级报送的，为保证集团合并报表及时完成，总部会规定一个期限让二级公司报送报表。二级公司由于各种原因，可能出现晚报的可能，在编制合并报表时，向二级公司催数据是合并岗位不可避免的工作。此外，由于下级企业财务人员专业素质不同，报送的报表质量参差不齐，在合并过程中经常需要复核下级报表，就具体问题向其了解情况，要求其修改。因此，编制合并报表需要经常与下级企业沟通、交流。由于央企规模大、架构复杂，特殊情况多，关联交易也较多，央企的合并工作通常比较复杂，对相应岗位工作人员的专业水平要求较高，当然该工作对职员的能力锻炼也较明显。报表合并岗位属于会计核算部门的核心工作岗位。

第三，年度审计与决算。年度外部审计机构由财务部门聘请，年底前开始预审，第二年4月前出具报告。虽然外部审计工作由会计师事务所进行，但是需要财务部门给予配合。央企的年底审计与其他企业差异不大。

年度决算是央企会计核算的重要工作，年度决算的详细情况要通过专门的软件报送国资委，决算报告的内容不仅包括通用的资产负债表、利润表、现金流量表、所有者权益表及其附注（包括各级企业的个别及合并口径），还包括大量的反映企业财务某一特定方面情况的具体报表。年度决算工作量非常大，需要全集团财务部门的通力合作。一般央企总部会统一召集会议，布置年度决算工作，各级企业派人参加，按会议要求有条不紊地进行。决算工作的时间跨度较长，工作也较复杂，与集团合并工作一样对会计专业知识的要求较高。

（3）预算管理。所谓预算管理就是对未来的经营活动和相应财务结果进行预测、筹划，并通过对执行过程的监控，将实际完成情况与预算目标不断对照和分析，从而及时指导经营活动的改善和调整，以最大程度地实现战略目标。目前，央企的预算管理主要集中在财务预算，实现全面预算管理还需要一定时间。预算管理的工作一般由财务部门承担，但也有将其从财务工作独立出来的情况。预算工作在有些公司也称为计划工作，且大多数情况下，预算管理是与企业的经营业绩考核挂钩的。

预算管理要求各级企业将每年度（年度目标还会分解至月或者季度）各项财务指标的预计完成数逐级上报，最后汇总至总部。数据上报后，各级企业按照总部要求对上报的预算数逐级审核，确定合理的预算数据。预算数并不是一个单一的数据，而是大量财务指标或经营指标（不一定是报表项目）的集合，不同央企的指标要求会有所差异。最终预算数据的确定一般会有一个较长的过程。一方面企业经营的外部环境复杂多变，业绩预测的精确度难以保证；另一方面下级企业有动机尽量低报经营业绩的预算数，以免实现起来难度太大，影响年终考核成绩，而总部需要的是尽量准确和客观的预算数，并以其为基准，对预算实际完成情况进行动态监控、分析差异、及时调整和改善，并定期考核，以促进管理提升，因此可能出现各级企业对预算数据"讨价还价"的情况。实际工作中，预算数并不是一步到位的，常常是经过多轮调整才最终确定。

预算数确定以后，在实际执行时，并不是一成不变的，而是根据实际情况有所调整。当然，预算数并不是随意调整，通常是外部环境有重大变化时，才能按照既定的流程进行审批后调整。例如，2012 年下半年煤炭市场行情发生重大变化，主要业务是煤炭或者火力发电的企业基于 2012 年市场情况上报的 2013 年预算数已不符合实情，无法起到指导作用，需要合理调整预算。

年度预算的上报时间是上一年年底，但是预算上报工作在 10 月左右就会启动，一般会持续一两个月。总部需要安排二级公司对三级及以下企业上报的预算数审核，还需审核二级企业汇总上报的预算数。此外，总部其他部门上报的费用预算也需要审核，预算管理通常工作量较大，加班情况较多。预算工作需要总部员工与其他部门及下级企业反复沟通，确保每一个数据准确。

（4）其他工作。以上介绍的是央企总部财务工作中比较容易归纳的三类基本工作，除此以外，央企总部财务还涉及不少其他工作，由于较为琐碎，故没有独立出来介绍，并非其重要性不够。

财务分析：财务分析工作也是总部财务的日常工作之一，有的央企会专门设立财务分析岗位，将财务分析独立成一项工作；有的央企的财务分析则与其他工作结合，如将财务分析与预算、考核等工作结合，或者财务分析由核算部门承担，在编制出报表后再进行分析。据笔者了解，大多数央企财务分析的主要内容集中在报表层面，即对报表主要项目的环比、同比变化及与预算数的差异进行简单描述或因素分析，基本属于事后分析。随着央企管理水平的提升，财务事前分析及问题发掘越来越受到重视，不少央企财务分析工作内容正不断丰富，开展事前预测、事中控制、事后分析，实现财务闭环管理将是财务分析工作的一个发展方向。

信息化管理：信息化对财务工作有着重要支持作用，虽然其不是财务工作的一个特定内容，但是涉及财务工作众多方面。部分央企有统一的 SAP 上线使用，实现了各种数据的集成，没有运用 SAP 的央企也会有若干独立的软件系统用于财务工作。会计核算系统是最基本的系统，用于生成账套、记账等；合并报表系统也是常见系统，由于央企下属企业较多，使用简单邮件报送报表效率较低，所以一般都建有具备合并报表处理功能的系统。此外，常见的财务信息系统还有用于资金管理的资金系统、用于分析的 BI 系统等。这些财务信息系统由专业的软件公司负责日常维护，但央企可能也会设有管理系统员，其他财务人员也都要求能熟练地使用与自身岗位相关性较高的系统。

决策支持：财务部作为总部重要部门之一，其决策支持作用也非常重要。央企的重大投资方案需要经包括财务部门在内的几个重要部门会签并提出意见。所提意见一般是有标准格式的书面意见，由经办人员在详细了解投资方案内容、与投资策划方充分沟通，并仔细分析投资项目的风险收益情况后发表意见或建议。财务部门所提意见的内容不仅局限在项目资金能否顺利筹集，而是全面考虑投资方案是否可行，能否提升企业价值（当然通常会侧重财务视角）。该项工作通常对经办人员专业素质要求较高，对综合能力的锻炼也很大，需熟练运用估值、项目财务评价等财务管理知识。不过，该工作不是由财务部门主导的事务，工作表现优劣也不便衡量，对于员工工作业绩的积累难有立竿见影的效果。

专项工作：总部财务还会有不少专项工作，这些工作并不是定期开展，而是针对某个特定问题进行。例如，对某个重大投资基建项目开展财务调研和检查等。抽调部分财务人员成立专门的工作小组是开展专项财务工作的常见形式。

规章制度：总部财务还涉及很多建章立制的工作。央企一般由总会计师总管集团财务工作，总部财务部门对各下级公司财务部门承担管理和服务的职能。为统筹、规范集团财务工作，总部财务部门会根据管理现状逐步建立、修订或者废止各类财务规章制度，形成集团财务工作的依据和标准。这些规章制度有些具有较强的约束力，需要严格执行，有些是指导意见。央企总部财务人员时常需要起草或者修订规章制度，因此需要一定的文字功底。

财税管理、政府工作：央企总部财务部门与政府机构打交道的情况也较多，部分央企没有成立专门的税务筹划和管理部门，税务相关工作由财务部门处理，税务工作与财务工作并未严格区分。总部财务部门还经常与财政部和国资委接触，例如，向财政部申请一些专项资金，向国资委申请国有资本经营预算资金，发生股权转让行为需要按国资委要求进行产权评估备案等。

以上介绍的仅仅是央企财务部门中比较常见，共性较多的工作，事实上每家企业都可能有自己独特的业务，不可能一一说明。此外，央企总部其他部门也有一些工作需要运用财务知识，也是财务相关专业的毕业生就业方向之一。例如，企业内部审计部门、监察机构、经营管理及投资（战略）部门，这些部门的工作都可能涉及财务领域。

2. 二级、三级企业财务工作

央企二级、三级企业的财务工作不如总部涉及范围广，岗位细分也不如总部具体，如上文所言总部一般会单独设立处室，分管核算、资金等工作，而二级公司的财务部门则可能不再细分科室，只有一个财务处（会计处、财会部等），相应的总部处室弱化为财务处的一个个岗位，如资金岗、核算岗、预算岗等，人员由部门经理直接领导。当然，上述说法并不绝对，不同央企具体情况可能千差万别，同一集团内不同二级公司的情况也可能差异非常大，这跟二级公司的规模、业务复杂程度、集团管理要求及历史沿革等众多因素都有关系。一般而言，二级公司规模越大、业务越复杂多样，集团管理上给予的自主性更多，则其财务工作外沿更广、工作细分更深入。例如，有的二级公司本部不具体开展业务，只控股管理下级生产企业，财务人员较少，财务工作也相对简单；有的二级公司规模大，不仅本部是业务单位，下属企业也众多，其财务机构更完善，独立性更强。三级及以下企业大多都是业务单位，其财务工作更侧重具体业务的会计核算，资金、预算管理等工作相对较单一。

（1）二级企业财务。二级企业的核算工作分本部口径和合并口径。本部不经营业务，只控股下级企业的二级公司其本部核算比较简单；本部经营具体业务的，则本部会计核算相对复杂。无论本部是否经营业务，每月都需要督促下级企业上报报表，汇总后编制本级合并报表并按照总部要求报送。二级公司合并报表报出时间要比总部早，经常有月初加班的情况，对员工而言影响较大的地方就是可能某些法定假日的休息时间会被占用。二级公司一般还需要按月编写财务分析报告，分析各个下级企业的业绩情况（本部有业务的，一般会将本部视同一个与下级企业平等的业务单元），横向、纵向对比，并监控预算完成进度。

二级公司的资金管理工作受总部财务部门的领导，当然其自身也有一定独立性，不同企业独立性强弱差异较大。一些全资二级公司资金基本集中于财务公司，其资金支出计划主要由总部统一安排或者审批，而有些二级公司是上市公司，其资金管理相对独立。整体而言，二级公司资金管理的职能不如总部丰富，相应的岗位设置也较少，不如总部具体。

二级公司预算工作一般受总部统一管理。具体而言，二级公司根据总部安排的时间进度，要求下级企业上报预算数据并审批，然后汇总报总部审批，由总部确定二级公司及下属企业的各项预算额。预算数确定后，二级公司需实时掌握下级企业的预算完成情况，分析实际与预算差异，寻找问题原因。

二级公司的财务部门发挥着承上启下的作用，经常需要上传下达，与上下级沟通。

（2）三级及下属企业财务工作。三级及下属企业是集团具体的业务细胞，而不是如二级公司一样是一层管理节点。需要再次说明的是，这里指的三级企业并不完全等同于股权结构上的央企孙公司。三级及下属企业的财务工作的重要内容是会计核算，由于公司实际业务较多，因此其会计核算内容更多，有些三级企业存在众多子公司，也需要每月编制合并报表，工作量会更大。此外，为尽快向上级报送报表，以免数据报送不及时，三级及下属企业月初会非常忙碌，加班也很常见，而不少法定假日定在月初，因此受影响较大。

三级及下属企业的预算管理主要是根据总部及二级公司的要求执行，年度预算数的完成情况会影响企业年度业绩的考评。同时，三级及下属企业的资金管理工作也相对单一，有些企业和地方政府及当地银行沟通较多，能直接获取融资，但对大多数企业而言，总部的资金支持对企业发展非常关键。

3. 其他国企的财务工作

财务工作从内容上而言具有一定的共性。除央企外，我国还存在很多地方政府控制的国有企业，上述介绍的央企财务工作的内容基本涵盖了这些国企的财务工作。当然不同企业财务工作会有不同侧重点，业务划分也不会完全一致。下属企业较多的国有企业，也存在不同级次企业财务工作各有特征的情况。这里不再赘述央企外其他国企财务工作的内容。

（三）为什么选择国企

国企，尤其是央企，一直是毕业生就业的热门单位之一，那么国企就业有什么特点，有哪些吸引人的地方？下面主要以央企为例，作出介绍。

1. 职业发展空间

央企的职业发展并不像有些外企一样，能明确地知道未来几年的职级变化和收入增长情况，众多央企及下属企业的情况也千差万别，只能概括性地介绍主要情况。

随着央企市场化的推进，央企员工的职业发展空间比过去更加广阔。提起央企，有人可能会觉得内部较死板，工作岗位调整的情况非常少。但据笔者了解，很多央企都聘请了专业咨询公司，对人力资源政策进行过改革，不再是传统的"混年限"，在岗位晋升时引入了便于量化考核的打分机制，实行竞争上岗，部分央企甚至有末尾强行淘汰机制（每年有固定比例的员工不能正常升级甚至降级）。与此同时，员工的职位晋升及职位调整通道也比过去更加丰富，不再局限于以往"挤独木桥"般等待"提拔"，而是有一些其他通道。例如，有的央企根据员工工作年限的长短、业务水平的高低等因素为员工划分职位等级（类似四大会计师事务所的职级划分），到了一定级别的员工虽然未能提拔为领导岗位，但其收入依然较高，且会有下派到下级企业任职的机会等。

不同央企的发展空间不同，同一央企内不同企业的发展空间也不相同。由于央企及其下属企业众多，无法详细说明，而且不同企业谁的职业发展空间更大很多情况下无法客观判断。在其他因素一致的情况下，企业的规模越大（可以用营业收入、总资产等指标衡量）、企业效益越好（可以用净利润、净资产收益率等指标衡量），成立时间越短，发展空间一般越大。这里有两点需要说明：一是企业规模与企业效益不一定是正相关的，一个规模大的央企很可能比另一个规模小的央企效益差，这可能令毕业生择业时难以取舍，就笔者个人认为，在权衡时会赋予规模因素更大的权重，因为规模大小体现了企业所控制的各类经济资源的大小，是实力的体现，而效益则容易受市场行情影响；二是新成立的企业会更有活力，由于没有历史遗留问题发展阻碍也较小，但有些新成立的企业其主营业务可能还在探索中，难以预见未来，不确定性较大。

央企内最主流的职业发展是升职，即提拔到管理岗位（副处长、处长等），这种升职竞争压力大。以总部为例，从普通员工提升为副处的，基本上都在央企工作了3年以上（大多数是5~10年）且年龄通常不会小于30岁。以上提到的还只是必要条件，并不是一直"熬着"就能提拔。央企员工的职位晋升问题还涉及一些工作资历和业务能力以外的其他因素。

在央企集团内，总部决策权最大，总部职员的发展通道也比下级企业更丰富。一方面，虽然现在央企总部内职位竞争非常激烈，但平均而言，总部的管理岗位要多于下级企业，如央企总部财务部门下设若干处室，有若干领导岗位，而二级公司的财务部门通常只有一个财务经理和一个副经理；另一方面，央企上下级企业之间员工交流较普遍，由总部调往下级企业担任管理岗位的情况较多（如总部职员调往二级公司担任财务经理，或者调往三级企业任财务总监），但是，由下级企业调往上级企业担任管理岗位难度很大。除此之外，工作所在企业级次越高，工作经历的社会认可度越高，选择跳槽时会更有竞争力。同样的道理，二级公司的发展空间比三级及下属企业更大。但是，央企总部、二级公司大部分在北京，而很多三级公司则散布在全国各地，因此直接比较现实意义不大，需综合考虑其地理位置。

央企的工作经历，尤其是在央企总部或知名度高的央企的任职经历，其社会认可度是比较高的。因此，对于央企的员工而言，在本企业内工作不太顺利的话，跳槽往其他单位也是有机会的。

2. 薪酬、户口

近年来，大多数央企经历过薪酬改革，待遇比以前更有竞争力。不同央企的待遇水平会有差异，甚至非常明显。企业的薪酬政策虽然一般不对外公开，但是很多毕业生会向同学、朋友或者亲戚打听到一些具体情况。这里给大家介绍一下央企薪酬的大致情况。

某些有垄断特点央企的待遇水平在网络上曾引起众多关注，但是传言中的某些垄断央企的超高待遇未必属实。首先，像石油石化、军工、电网等企业，近些年外部招聘数量很少，尤其是总部及其主要二级公司，毕业生（即便是大学高学历）很难进去。其次，这些企业内部不同员工的待遇也会不同，其薪酬政策比较复杂，甚至同一岗位也可能因为社招与校招而待遇有所不同。总体而言，在所有央企中，这些有垄断性质企业的薪酬待遇处于较高水平。

非垄断性的央企，目前其待遇水平也是具备一定市场竞争力的，央企总部及在京二级公司新入职普通员工转正后第一个完整年度的税后薪酬（包括工资、奖金及福利等，扣除个税及公积金等）多数分布在 8 万～16 万元，但这个数据只是笔者汇集的经验之谈，未经考证，仅作一观。央企的实际待遇水平可能与招聘面试时介绍的有一些差异，部分民营企业或者外企在招聘时介绍的薪酬水平可能略微有夸大的嫌疑，但国企、央企则恰恰相反，央企在面试时介绍薪酬通常（不是绝对）偏保守，实际薪酬可能比介绍的稍多。企业都会有员工福利，部分福利是货币性的，有些公司在介绍薪酬时会加上这一部分，但央企则不一定。因此，当面试官告诉你薪酬水平，你除了要弄清是税前还是税后水平之外，还需要弄清这些薪酬包含的内容。

说到央企福利，可能有些毕业生觉得这才是央企真正优于其他企业的地方，甚至认为有些央企工资收入是次要，员工福利才是主要收入来源。这里要说明的是，福利确实是收入的重要组成部分，但并不是外界想象中的"随便发"。可能过去确实存在过不少发放福利不规范的情况，但现在央企的管理越来越严格，福利发放也越来越规范，这也是未来的发展方向。毕业生在择业时，应该关注福利待遇，但也不能过分夸大。况且，一个管理水平高、能适应现代市场竞争的央企，其薪酬体系必然也是科学、规范的。

与部分外企每年员工工资水平有稳定的提升（且通常幅度较大）不同，除非职位或定岗级别有实质变化，大多数央企员工每年的薪酬水平不会有显著变化。虽然不少央企实行了绩效工资或者绩效奖金，但大多数企业内绩效工资和奖金的差异或者波动不会太大，尤其是财务作为一个后台支持部门，财务人员的绩效收入一般不会有显著的差异或波动。通常情况下，若没有升职，薪酬水平不会有明显提升。

除了薪酬外，有意向在北京就业的同学通常会比较关注北京户口，近年来，北京户口指标越来越紧缺，这使得这个问题越来越受毕业生重视。央企大部分在京单位都能解决应届毕业生户口，尤其是总部和二级公司，基本不会有问题，这也侧面提升了央企职位的竞争力。其他大部分国企一般也能解决应届毕业生户口。总体而言，国有企业在解决毕业生北京市户口方面比其他企业更有优势。

3. 工作氛围、压力等

客观地说，基本上各家央企（尤其是总部）多多少少都会有一些机关作风，其他国企也是一样。有些毕业生可能还会担心央企内的工作氛围死气沉沉，缺乏活力。不同于部分外企或民企中普通员工对上司直呼其名，央企内员工比较注重对领导的尊敬，但这并不是说央企的领导都会端着架子，员工都会压抑谨慎，事实上，大部分央企内的工作氛围都比较轻松。非工作情形下，领导（尤其是中层管理人员）与普通员工随意聊天、开玩笑的情况很多，少有官僚化浓的办公室氛围。

国企的人际关系也是不少毕业生关注的内容，一些招聘论坛上也能看到部分毕业生讨论进入国企后可能会面临复杂的人际关系。客观而言，国企中确实存在人际关系较复杂的情况，但事实上，无论去什么地方工作，有人的地方就会有关系，就可能遇到复杂的人际关系，只不过在人们印象中这种情况在国企相对而言更为普遍。人际关系对职业发展的影响很难简单说是正面或是负面。有的毕业生可能从情绪上比较反感处理人际关系，建议择业时根据自身性格特点认真考虑，同时要正确看待这个问题，社会由人构成、人际关系无处不在，工作生活不是宫廷剧，处理人际关系也不等于勾心斗角。

与过去相比，国有企业的工作压力应该说有所加强。传说中的"喝茶看报"岗已经基本不复存在，况且这种工作岗位也是非常不利于长远的职业发展的。随着市场化水平的提高，国有企业的整体管理水平在不断提升，身在市场化程度更高的一线城市，央企比地方国企更加明显。管理的提升使得国企职员的"悠闲时间"减少，工作强度和压力提高。部分央企还引入了绩效考核制度和末位淘汰制度，加剧员工之间的工作竞争。此外，由于财务工作庞杂、琐碎，部分工作的专业性较强，而且大多数财务人员面临着考证压力（会计职称、注册会计师、注册税务师等），与国企其他部门相比，财务人员的实际负荷会更重。由于财务工作定期结账、编制报表的特点，财务工作周期性强，月初月末工作非常集中，加班加点的情况多。所以，国企的财务工作并不是想象中的那样轻松，尤其是在一线城市，工作压力大、节奏快。当然，客观而言，国企财务人员的工作压力和强度在平均水平上还是要低于其他企业，且工作更加稳定。正常情况下，国有企业鲜有裁减或辞退员工的情况发生。

财务工作比较具体，技术性较强，因此毕业生不用太过担心在国企工作学不到实际本领，至少财务部门基本不会存在这个问题。对于财务专业学生，积累财务实务经验，对职业发展是比较重要的。国有企业（尤其是央企）的财务工作，通常规范性较强，核算比较准确，不少企业还有定期轮岗制度，这都有利于毕业生的经验积累。大多数央企下属企业多，有的央企控股的三级以上企业甚至有一百多家，其合并报表编制工作和整体层面的控制非常复杂，在相应岗位工作对业务能力会有很大锻炼。此外，央企的财务工作内容多、职能齐全，更有利于员工总体理解财务工作。不过，国企、央企的财务岗位一般设置较细，各人各司其职，不如一些财务人员较少的企业，一个人可能要处理方方面面的工作，工作强度大的同时经验的积累也更丰富。

国有企业在工作方式上也有一些特点，至少在央企比较明显。央企的工作比较注意形式上的标准化，各项工作必须按章循制进行，注重流程管理和控制。例如，央企基本上都有电子化的办公系统，对于决策事项，要按规定起草签报让领导审批，同时领导批准的签报也是工作开展的依据。签报的审批有一套特定流程，控制比较严格、规范。这与不少私有企业可能不大相同。在国企内，各个部门起草公文或撰写报告的情况不少，财务工作也不例外，国企撰文的风格与政府部门的公文比较类似，通常对员工文笔有所要求，很多情况下，对文字细节比较强调，这是国有企业的一个特点，但是国企的撰文风格在其他企业则未必适用。

（四）其他注意事项

每年就业季，大型央企发布招聘公告都会引起广大毕业生的关注。有些央企是由集团内各家企业独立发布招聘消息和组织招聘工作的，毕业生只需要具体了解各家企业，应聘自己的目标公司和岗位即可。但是现在很多央企会汇总全集团用人需求，由集团层面统一发布招聘消息，甚至统一组织笔试、面试。对于集团统一招聘的，应聘成功后确定工作岗位、签订劳动合同，有以下几种情况，需提醒大家注意。

第一种情况比较清晰，集团统一发布招聘需求，同时已详细注明拟招聘单位的全称、具体工作岗位，有时还会说明该岗位主要工作及能力要求。这种情况下，毕业生能有比较明确的就业目标，从容应聘自己感兴趣的公司和岗位。大多数统一招聘的央企都属于此种情况。

第二种情况是以央企总部名义招聘，但工作单位和岗位并不确定。若企业在招聘时没有明确说明是否在总部工作，毕业生可以向招聘方询问。对于招聘方没有明确答复的，应聘者可以根据招聘数量大致估测。例如，财务部门招聘了 20 位毕业生，显然正常情况下总部财务不会有这么大缺口，新入职的大部分员工会安排在下属单位。

第三种情况是新员工先下放锻炼一段时间再定岗，某些企业可能下放时间不短，两年、三年都有可能，这种情况毕业生尤其需要核实清楚下派的具体期限和回京后的岗位安排。对于下派锻炼时间不确定或者为一个区间以及回京后岗位"根据需要和个人表现确定"的情况，建议从多种渠道打听清楚再认真权衡。虽然央企招聘比较规范，但是也不能盲目相信招聘方的口头承诺。

除了具体工作单位和岗位外，毕业生还需要了解劳动合同订立方。有些情况下，劳动合同订立方可能与工作单位不一致。例如，有些员工可能人事关系在总部、工作单位在二级公司，反之也可能。

此外，响应中央"走出去"的号召，很多央企都在迅速发展海外业务，出现了很多海外岗位的空缺，部分央企会有一些海外岗位招聘。大多企业的海外工作会有较高的补贴，每年还会有一定时间的假期回国探亲。应聘这类职务需要特别注意外派时间的长短和派驻的具体地点。目前央企海外业务多在发展中国家，外派岗位大多是非洲、拉美地区（北美、欧洲这些地方别抱太多幻想），有些地方的社会稳定状况及医疗条件较差。虽然央企向海外派遣员工的各项保护措施比较规范，出现人身安全或健康问题的情况非常少，但是长期在海外工作不是一件舒服的事情。

财务工作具有一定的共性，国际上一些管理先进的跨国公司已经建立了财务共享服务中心，集中集团财务人统一处理全部财务工作。目前不少央企也在推进集团财务一体化，财务类工作的统一招聘、统一派遣的情况可能比其他类工作更多。

八、"四大"会计师事务所

（一）你知道的"四大"

所谓"四大"（Big 4），即全球规模最大的四家会计师事务所，主要提供审计、税务、商务咨询等服务。历史上不仅只有这四家，至少有"八大"，但由于财务作假丑闻倒闭、合并等历史原因形成现在的"四大"。有趣的是，在做实证类文章的时候，是否经过"四大"审计经常会被定义为一个影响参数，这是因为较国内本土会计师事务所而言，"四大"的审计更规范，或者说"四大"的审计质量更高。"四大"会计师事务所是经管类学生从大一开始就耳熟能详的用人单位，甚至对其内部晋升机制、工作状态、每年能拿多少钱都了如指掌。其实相较于其他金融机构或者监管单位，"四大"更像一座社会大学的预科班，大部分金融机构社会招聘的用人要求都是学历要求、性别要求、有相关经验或者"四大"工作满三年，可见"四大""毕业生"还是很受金融机构认可的。放在六、七年前，一个应届毕业生能进入"四大"，那绝对是"高大上"，但当下"四大"并不是应届毕业生特别是名校应届毕业生的首选就业单位，名校应届毕业生甚至把"四大"当做保底的 offer，可谓风水轮流转，三十年河东三十年河西。

众所周知，"四大"即德勤（Deloitte）、普华永道（Price Waterhouse-Coopers）、安永（Ernst & Young）、毕马威（KPMG）。这里说众所周知可能略为夸张，但是在全国高校里，应该有超过一半的经管类同学都很熟悉"四大"，至少对这个名词很熟悉，1/3 的经管类学生了解"四大"的业务情况，1/5 的学生了解薪资待遇及内部晋升机制。"四大"声名鹊起的另外一个原因就是其高强度的工作量，最直接的体现就是每年白领猝死排行榜里"四大"出现的频率不比华为低。

即便如此，"四大"作为一个领域在应届生就业市场里独占鳌头很多年，当然现在的"四大"不能和当初相提并论了，但其作为一个传统的、主流的、相对高端的行业在就业市场中还是具备相当强的竞争力。

（二）"四大"各家间业务比较

前文已提及"四大"作为社会预科学校，因其专业的财务培训制度和规范的晋升机制，"四大""毕业"的人总能受到金融机构及其他实业单位的认可。在"四大"人眼里，对彼此总是有亲切的昵称，比如，德勤被戏称为 Dtt（带套套）、普华永道则 PWC（破水房）、毕马威则 KPMG（快跑蘑菇）、安永则是 E&Y（意外）。普华的业务量居"四大"之首，全球 500 强中有 32% 是其客户，在国内的业务量也最大，为四成的内地在 H 股上市的企业提供审计服务，覆盖了审计、SPA、税务、咨询全业务类型。德勤全球的业务在四家中仅次于普华永道，为 30% 的全球百强企业提供服务，但在国内的规模相对较小，除了以审计为主业之外，德勤利用自身在北美的咨询优势地位，在国内的咨询业务也做得风生水起，企业风险管理服务（ERS）也是德勤的特色服务之一，目前在国内处于领先水平。安永的国内业务量较其他几家更低，合伙人中以香港经理居多，本地化步伐相对较慢，在银行保险审计领域具有较强的优势。毕马威则相对更加本土化，合伙人中内地面孔较多，在金融行业审计业务中优势明显，业务方面，毕马威也以审计为主，税务和咨询方面的业务也占据了较大比重。"四大"会计师事务所进入中国市场都是以审计出身，但开展多元化业务是各大事务所共同追求的。

以下列示的"四大"的主要客户，可以作为参考，也可以从中看出"四大"业务的侧重：

普华永道：中国银行、中国石油、TOM 网络、诺基亚、爱立信、中国华能、中国铝业、国家电网、中国人寿。

德勤：中国农业银行、微软公司（Microsoft）、宝洁（P&G）、美国通用汽车公司（General Motors）、沃德芬公司（Vodafone）、克莱斯勒公司（Chrysler）等。

安永：高盛银行、瑞士银行（UBS）、雷曼兄弟、中国工商银行、中国人保财险、浦东银行、深证发展银行、中国海油、百度在线、思科、ABB、奔驰、上海电气、马鞍山钢铁集团、百盛集团、孟牛乳液、中国国际航空公司、中铁建、中国南车集团、国美电器等。

　　毕马威：渣打银行、花旗银行、汇丰银行、中国国际金融公司、德意志银行、西门子、宝马、中国电信、中国移动、建设银行等。

（三）薪资待遇与晋升

　　应届生去"四大"的薪资待遇都是透明的，第一层区别在于有没有CPA资格，如果没有基本工资在 6300～6500 元，五险一金后到手 4800～5000 元，有的话，基本工资加 1000～1500 元；第二层差别体现在你出差的多寡和加班（OT，over time）多少，出差一天的差补在 150～180 元/天，OT 以全年加班 300 小时为例，每小时加班工资平均按 50 元（综合 1.5 倍、2 倍、3 倍）计算。但事实上根据项目费用（fee）的多少会给每个项目分配相应的 OT，有些比较鸡肋的项目不能进行 OT 与佣金的换算，只能换来淡季的假期。除此之外，"四大"的薪酬体制是比较透明的，"搭便车"的情况比较少，基本按照多劳多得的原则进行分配，因此同事之间的关系也相对简单。

　　作为职业发展起点，"四大"吸引应届生的另一大原因是晋升路径明确，考核基本客观，而对所谓的关系、后门的重视较低，这样的晋升路径的原因还在于"四大"工作强度高，流动性较大，一般两三年是离职高峰期，留下的则将成长为中层人才。也得益于"四大"国际化、专业化、系统化的培训体系，经过"四大"3～5 年训练的人才是各大机构社会招聘的首选，所以建议，如果你选择了"四大"作为职业生涯的起点，那么抱着努力学习和积极社交的心态，三年后的你将更具吸引力。在"四大"，职位发生变化，薪酬待遇也相应改变，只要你满足了基本考核要求，前三年一般都按照年均 30％ 的增幅递增，做到高级经理年入 50～80 万元（税后）是一个比较正常的水平。而到了合伙人级别，薪水则会大幅度提升，当然这与合伙人的资源背景也是有着很大的关系。

（四）如何进入"四大"

1. 实习生优先录用

"四大"的实习项目已经执行多年，具有丰富的经验，可以让在校学生提前感受到职场的气氛。应征实习生首先要过简历关，有的是通过网申，有的是人力资源直接收简历，经过笔试及面试后就会开始实习生活。"四大"实习一般是寒假，典型的审计忙季，招些便宜的实习生做基础工作，既节约成本又储蓄人才。实习是有工资的（一天100元），出差也有差补，加班也有加班费和饭补。除了工资较少以外，其他待遇和正式员工大体相同。外地生源（学校和家都不在当地）申请实习生困难会大一些，因为实习期间还牵扯住房等问题，麻烦事情较多。有的公司一般不接收非本地实习申请，但海归申请实习似乎不受这个限制。另外，不是所有办事处都接收实习生，如果一些办事处是新开的或者业务量比较小，那可能就不招收实习生了。

2. 校园招聘

除安永之外其他"三大"对专业背景要求并不严格，其中普华永道是完全没有专业限制的，这主要得益于四大系统的培训体系，将在实战中短时间对非专业背景的员工进行培训，并通过实践工作加以夯实。财务、会计、金融、经济类专业的学生有相对较强的优势，这类专业学生录取比例占据一半左右。

招聘季按照"四大"的招聘流程进行网申、笔试、面试（单面、小组面）及合伙人面试后，如果顺利拿到offer，代表"四大"欢迎你的加入。至于网申、笔试、面试等细节性问题就不在此处赘述了，本书的相关章节已经提及需要注意的问题，"四大"求职基本已经攻略化了。值得注意的是，如果想顺利拿到"四大"的 offer，除了硬件外，一定要对笔试真题进行反复练习，同时加强英文表达能力、在面试中体现出强烈的兴趣、沟通和团队合作能力，这些不仅仅对求职"四大"有用处，对其他单位的求职也大有裨益。

（五）在职培训

"四大"虽然入门级的薪酬、福利一般，但给应届生提供的最大福利是完整、系统的财务及审计、咨询、税务实务培训。相比较学校书本里学到的知识，这些培训更具有针对性，对工作技能、管理能力及 CPA 考试都是有所帮助的。应届生入职后有 4~6 周的入职培训，主要涉及公司文化培训和专题性、技能性培训；各个级别升职前还会有升职前培训、注册会计师后续教育。此外有一定资历的员工还将获得每年一次的国外培训机会，前往海外所进行在岗培训（On-Job-Training）。

（六）对话"四大"人力资源（HR）

1. 对毕业生申请"四大"要求

HR：与其他行业要求"专业对口"的招聘条件相比，"四大"会计师事务所，对应聘者的专业、学校一般都没有明确的限制。只要是优秀的人才，都可以去应聘。因此，有些冷门专业或者不喜欢自己专业而无法毕业时成功转行的同学，签"四大"也是一种不错的选择。

例如，在普华永道，有近 90% 的岗位是不看应届毕业生专业的，仅有个别专业性比较强的岗位要求相关专业，比如，精算师要求精算、数学、统计或财务偏向保险方面的专业。

2. "四大"喜欢的学生的类型

首先，说说"硬件"要求：第一，学习成绩要好，如个人的 GPA 成绩，是否获得奖学金。第二，英语能力好，CET - 6 优秀最好，及格是必须的。此外，TOEFL、GMAT、BEC - 3、TOEIC 等外语考试成绩对应聘"四大"也有很大帮助。第三，比较丰富的实践经验，例如参加过学生会、学生社团或者一些大型活动。最好有相关行业的实习经历，主要指会计师事务所和公司财务部。

"四大"每年寒假都有实习生计划，不过对于非会计类同学来说，要申请成功不容易，所以大家可以考虑去一些内资事务所或者公司财务部实习一下，为面试积累资本的同时，也让自己深入了解是否适合做审计这个行业。

3. "四大"的筛选标准

HR：在线申请通常考察的标准有三个：一是学习成绩，以了解学生的知识水平；二是在学校担任过的职务、参加过的社团和课余活动以及获奖情况，这主要是了解学生的组织领导和沟通技能；三是参加社会实践和实习情况，这主要考查学生具备哪些方面的职场经验。

（七）杂谈"四大"

1. 为什么"四大"的招聘质量在下降

相对吸引力下滑，这是一个事实，但也没什么好特别遗憾的。10 多年以前吸引力特强，某种程度上说，那是一种非正常状况，而现在的状况才是一种可持续的正常状况。"四大"无须最顶尖的人才来执业，自然也无须开出最有吸引力的薪酬。将"四大"同投行等作比较本身就没有意义。而且提到投行的人，大部分人下意识里恐怕都是外资顶尖投行，或是中资中绩效最好的那些。其他的那些小投行，收入真的比"四大"高？做几年真的有好出路？至于那些顶尖外资投行，可以确定地说，进入"四大"的绝大部分人毕业那年都无资格进入，你现在有什么好抱怨的。最好的人都来"四大"？他们都来了，恐怕你就进不来了。

工作生活平衡，是的，很多其他的行业/公司比"四大"来的好。但即使在那些行业/公司里面，你们有没有觉察其中做得出色的人是什么状态？恐怕比"四大"里很多人工作强度更大、更辛苦。想要简单的过过小日子嘛，如果你能力不拖后腿，情商高些，即使在"四大"里，你也可以做到工作生活的平衡。

国外"四大"待遇好？竞争力明显大过知名企业，领先的金融行业公司？不要开玩笑了。"四大"对于大部分的人意义，恐怕就是楼主提到的"业内（实习接触的人）对'四大'评价普遍都很不错，规范、培训好、打基础"也就是良好的财务基础以及比较清晰的职业发展路径。只是很多人并没有很清晰地认识到这一点，迷迷糊糊就进来的。当然，是迷迷糊糊进了他/她毕业时能进的最好的公司。如果你真的有才华，不满足这里所提供的待遇和工作机会，请确认你毕业时就锁定一个好工作。如果不幸滑落至"四大"，好好做个 2~3 年，获得 CPA 资格，强化自己的财务知识和商业意识，让自己成为同级中最好的，外面会有很多好机会对你开放的。

2. 关于"四大"的选择

现在很多人在骂"四大"，有说它性价比低的，也有说它拿人不当人的，工作太累，加班太多。不可否认，它的确有很多很多让人不满意的地方，但同时我觉得我们也应该明白，一家企业的好坏与个人发展的好坏，很多时候并没有太直接的关系。我在我们公司同一批进来的新人中遇到过一些非常让我佩服的朋友，从他们身上学到的东西是值得我受用很久的，而他们的综合素质也不亚于我的一些顶级基金、投行、咨询的朋友。所以，关键是看你来"四大"想干吗了，是来做一份工作呢，还是来学些自己想要的东西，抑或是别的什么。

"四大"之于应届生最大的优点是提供一个务实的学习平台，其一是指人，其二是指机制，其三是指自己可以发挥的空间。

（1）人的方面，主要是因为这里的员工非常多，各式各样的同事都有，各种出路也都有，可以见识到很多不同方向、不同想法的朋友。

（2）机制方面，主要是指这里学习机制不错，老员工会带着新员工一起工作，这种知识和体系的传承及发展是很必要的。另外说一句，个人认为，公司统一组织的培训很不到位，没啥实质作用。

（3）自己可以发挥的空间方面，这个就因人而异了，大家来"四大"的目的都不同，除了平时的审计工作外，看到的、想到的也会不同，这个我就不说太多了。但要注意的是，这些可以自由发挥的东西，是建立在平时的工作都做完做好的前提下，要是连工作都做不好，自主发挥可能还会本末倒置。

在"四大"发展路径明确，不管是留下来还是跳出去，几乎每条路都已经有前人走过了，而且每条路的难易程度和方法途径大家也都有目共睹，也都可以模仿比对，也都可以衡量出自己是否能走某一条路。

"四大"的严谨性和专业性会培育你成为一个专业的人，这对于一个刚毕业的学生而言，比较有意义，对基本功和一些意识形态方面的锻炼是很有帮助的。

没有一份完美的工作，"四大"的工作也有其缺点，比如，工作量过大、出差多，但比起工作强度大更突出的缺点是劳动机械化，特别是审计工作，比较单一、缺乏创新，工作方式方法也逐步趋同。另外，涉及面太窄，不利于视野拓展。最重要的缺点是一般 3~5 年的"四大"人都会"患"上比较严重的职业病，我接触的几个"四大"人做风险控制管理工作的，都有相同的特点，即能吃苦、认真、很认真、极其认真，认真是好事，但有些问题，过于认真可能并不利于工作的开展。

3. 访谈——入职一年半，我从"四大"裸辞了

Q：找工作时的心态是如何的，为什么在众多 offer 中选择了"四大"？

A：我决定找工作的时候都已经 10 月中旬了，好多企业的报名都截止了。前面也是诸多不顺，不过就当练手了。许多人找了好几个月还没有拿到 offer 就着急了，其实没有必要给自己那么大的压力，工作都会有的，只是说能不能达到你的预期。我当初选择"四大"有两个原因，一是安永提供的职位在北京，自己想去；二是没有拿到更心仪的工作。至于其他的当时没有多考虑。现在想来比较后悔的是当初在签了安永之后没有再去找其他的工作。其实许多好工作就在你放松的时候和你擦肩而过。

Q：在"四大"的工作状态是怎样的，工作量、压力、人际关系？

A：个人感觉在"四大"的整个工作环境还是很不错的。从工作量来说，没有一个统一的标准，完全由项目决定。好的项目审计费高，安排的人员也多，那么分到每个人手里的活就少；差的项目审计费低，客户比较难缠，那就只能天天加班了。我在安永第一年的项目是一家保险企业，从 12 月中旬一直加班到来年 4 月中旬，可悲的是到 3 月底就没有加班费了，其间每周只有周末一天不用加班。不过我的室友做零售企业，只加班了 1 个月，而且最晚加班也就到夜里 11 点。从压力来说，级别低的时候没什么，你只要按时按量完成就好，而且不懂的地方还有高级别的人来教。如果你能利用好这段时间，多问多想多做，那你就能脱颖而出。如果你到了（高级）阶段还什么都不懂的话，会很丢人的，手下的职员也不好管。从人际关系来说，还是很简单的，除了因为性格可能有些矛盾外，大家的目标都比较一致，那就是赶紧做完、做好工作，早点回家，多少还有点大学时的感觉。以上都是我自身的经历和感觉，并不代表所有。

Q：在"四大"的晋升路径是怎样的？以你所在的安永为例。

A："四大"的晋升渠道很清晰，你只要目标明确，一般都能计算出在相应年份的职位级别。谨以审计工作人员为例，一般分为审计人员、经理和

合伙人三个阶段。在安永，至少要经历 5 年才能升到经理，分别为 Staff Accountant 两年和 Senior Accountant 三年。由于每年新增经理职位有限，而做到 Senior Accountant 3 的人又不在少数，所以"四大"对升经理有了更多的要求。据我在安永时的了解，一般要求你在 SA3 这年拿到满分即 5 分，CPA 至少把专业阶段通过，才有资格去竞争。注意，这只是说你有资格去竞争，并不是说你一定能成为经理。当然了，如果今年有大量的 SA3 跳槽，那么升经理相对就容易——竞争会小一些。经理分为助理经理、经理和高级经理。助理经理一般属过渡阶段，是指 CPA 还没有通过的人员。当你 CPA 通过后自然就升到了经理，而且作为助理经理的时间是可以累计到经理阶段的，好像也是两年初级经理、三年高级经理，具体的晋升要求什么的就不太了解了，不过只会更难。私下听说合伙人阶段有 17 级……当时我和我的小伙伴们就惊呆了！

Q："四大"作为跳板的话有哪些路径，可以去哪些机构做什么事情？

A："四大"作为跳板的话我个人认为是个不错的选择，以我所了解的来说，大部分都是在 Senior 阶段跳槽的。渠道大概有三个，一是招聘网站，二是猎头，三是熟人介绍。由于我所在的是金融组，知道的一般是去了基金公司或企业，或者是投行，或者是审计客户那里。大部分的是做了内审之类的工作，朝九晚五，比较稳定；去投行的一般是工作狂型的，具体做什么不太了解，不过应该会更累。

Q：总结在"四大"的得与失。

A：得与失全在个人的心态上。就我个人来讲，"四大"的经历得远大于失。首先，给了我一份不错的薪水，让我能够在北京生存下去。其次，没有让我浑浑噩噩地混下去，而是最大限度地挖掘我的能力，使我明白自己远比想的更耐熬。当然了，有的人觉得"四大"没人性，把人当牲口用，这就仁者见仁，智者见智了。再次，学到了知识，无论是会计方面的，还是工具使用方面的。最后，让我享受到了工作的乐趣，包括领导的认可、自我解决问题的自由和友好的同事。"失"来说，可能就是身体状况多少有些退步。

Q：给求职路上的人有怎样的建议，什么样的人更适合在"四大"工作？

A：工作无所谓严格的好与坏，只要心态放正，都能从中找到乐趣，学到东西。

如果你想要一份稳定、轻松的工作，不要来"四大"了。如果你不知道自己想要什么样的工作或想做哪一行，可以以"四大"为跳板或过渡，给自己一个时间考虑。

九、公务员

提起公务员，很多人第一印象是"金饭碗"：低工作强度、还算不错的薪水、"豪华"的福利，甚至各种"统计外"的收入，考上公务员就是抱上了"金饭碗"。近几年，"公务员热"已成为备受关注的一种社会现象，2014 年国家公务员考试报名人数约 150 万人，最热职位竞争比超过9000∶1，"公务员粉丝们"争先恐后地挤向独木桥。公务员已成为吸引毕业生的香饽饽，但是不可否认，有些人对公务员的工作情况并不了解，属于盲从与跟风。理性就业的前提是对目标职位有着较清晰的认识，就业与择业相伴而行。

（一）概述

公务员，是指依法履行公职、纳入国家行政编制、由国家财政负担工资和福利的工作人员。

1. 职位类别

我国实行公务员职位分类制度。公务员职位类别按照公务员职位的性质、特点和管理需要，划分为综合管理类、专业技术类和行政执法类等类别。对于具有职位特殊性，需要单独管理的，国务院可以增设其他职位类别。

（1）执法类。执法类指行政机关中直接履行监管、处罚、稽查等现场执法职责的职位。与政府机关的综合管理类、专业技术类职位相比，行政执法类职位具有下列特点：一是纯粹的执行性。只有对法律法规的执行权，而无解释权，不具有研究、制定法律、法规、政策的职责。这一点，与综合管理类职位的区别尤为明显。二是现场强制性。依照法律、法规现场直接对具体的管理对象进行监管、处罚、强制和稽查。行政执法类职位主要集中在公安、海关、税务、工商、质检、药监、环保等政府部门，且只存在于这些政府部门中的基层单位。

（2）技术类。技术类指机关中从事专业技术工作，履行专业技术职责，为实施公共管理提供专业技术支持和技术手段保障的职位。专业技术类职位具有下列三个特征：一是具有只对专业技术本身负责的纯技术性。二是专业技术类职位与其他职位相比具有不可替代性。三是技术权威性，这种权威性体现在技术层面上，为行政领导决策提供参考和支持，最终的行政决策权仍属于行政领导。如公安部门的法医鉴定、痕迹检验、理化检验、影像技术、声纹检验，国家安全部门的特种技术、特种翻译，外交部门的高级翻译等职位。需要指出的是，机关工作大多需要一定的专业知识，许多职位还需要一定的专业技术知识，但并不是需要专业技术知识的职位都是专业技术职位。

（3）管理类。管理类指机关中除行政执法类职位、专业技术类职位以外的履行综合管理以及机关内部管理等职责的职位。这类职位数量最大，是公务员职位的主体。综合管理类职位具体从事规划、咨询、决策、组织、指挥、协调、监督及机关内部管理工作。

需要说明的是，公务员队伍中除上述三类职位外，还有法官、检察官职位。该类职位分别行使国家的审判权与检察权，与其他类别职位的性质、特点存在明显区别。

2. 定级

我国任用的公务员有严格的行政级别。公务员职务分为领导职务和非领导职务，领导职务层次由高至低依次为：国家级正职、国家级副职、省部级正职、省部级副职、厅局级正职、厅局级副职、县处级正职、县处级副职、乡科级正职、乡科级副职；非领导职务在厅局级以下设置。综合管理类的非领导职务由高至低依次为：巡视员、副巡视员、调研员、副调研员、主任科员、副主任科员、科员、办事员。

公务员级别由低至高依次为二十七级至一级。

公务员领导职务层次与级别的对应关系是：

（1）国家级正职：一级；

（2）国家级副职：四级至二级；

（3）省部级正职：八级至四级；

（4）省部级副职：十级至六级；

（5）厅局级正职：十三级至八级；

（6）厅局级副职：十五级至十级；

（7）县处级正职：十八级至十二级；

（8）县处级副级：二十级至十四级；

（9）乡科级正职：二十二级至十六级；

（10）乡科级副职：二十四级至十七级。

副部级机关内设机构、副省级市机关的司局级正职对应十五级至十级；司局级副职对应十八级至十二级。

综合管理类公务员非领导职务与级别的对应关系是：

（1）巡视员：十三级至八级；

（2）副巡视员：十五级至十级；

（3）调研员：十八级至十二级；

（4）副调研员：二十级至十四级；

（5）主任科员：二十二级至十六级；

（6）副主任科员：二十四级至十七级；

（7）科员：二十六级至十八级；

（8）办事员：二十七级至十九级。

副部级机关内设机构、副省级市机关的巡视员对应十五级至十级；副巡视员对应十八级至十二级。

专业技术类、行政执法类公务员职务设置与级别的对应关系等目前尚未有统一规定。2014年初，有媒体报道国家有关部门正在制定《行政执法类公务员管理暂行办法》和《专业技术类公务员管理暂行办法》。

公务员的级别的高低是公务员个人职业发展的直观体现，公务员的待遇水平也是与级别挂钩的。公务员晋升的重要内容就是级别的提升。

3. 国考与省考

我国公务员正规统一都叫国家公务员，不管是中央还是地方都是国家公务员，具体才分为中央、国家机关公务员（狭义的国家公务员）和地方国家公务员（地方公务员）两种。公务员考试可以分为国考和省考。国考即国家公务员考试，是指中央、国家机关以及中央国家行政机关派驻机构、垂直管理系统所属机构录用机关工作人员的考试，例如，中央部委、一些中央直属单位（如国税、海关、检验检疫等），还有一些参照公务员管理的事业单位，如证监会、银监会等机构招录工作人员。省考即各个省或直辖市组织的公务员考试，提供的是各个省或直辖市的公务员职位，省、市、县一级单位都是由省统一出题招考，但是也有的地方法检系统还有单独考试的。

中央、国家机关公务员和各省、直辖市分别组织公务员考试，不存在从属关系，考生根据自己要报考的政府机关部门选择要参加的考试，也可同时报考，相互之间不受影响。报考者可以报考国家公务员考试，也可以报考地方公务员考试，两者不冲突，如果招考单位没有户籍限制的话，也可以报考其他省市的公务员，比如，江苏省的可以报考浙江省的公务员。

对于报考者而言，有必要了解公务员考试的几个主要情况：

一是考试时间。国考招考时间相对比较固定，网上报名、笔试一般集中在10、11月，面试大多在下一年初；地方国家公务员招考时间一般在3、4月，有些省市一年会招两次。

二是招考条件。国考的招考条件相对而言要求更高，基本均要求全日制本科学历，部分职位要求硕士（博士）研究生和英语四（六）级、计算机二级，另外现在不少职位要求报考人员有一定的基层工作经验（应届生能报考的职位减少）。地方国家公务员目前大多数也要求全日制，成人类高等院校毕业的只有少数省市还在招考。学历上，市直机关一般要求本科以上学历，县级机关一般要求大专以上。无论国考、省考，都会明确标明所招职位的报考条件。

三是户籍限制。公务员招考对于户口的要求将会越来越小，目前中央国家机关国家公务员已基本上不再要求户口限制。地方国家公务员也基本上在逐渐取消户籍限制，很多职位都已不限省外户籍人员报考，尤其是一些经济发达省市（如北京、上海、广东等）的公务员。所以，报考公务员时，并不局限于自己户籍所在省市。

四是考试难度。国考和省考均需要经过笔试、面试，整体而言，国考难度更大一些。从考核风格来看，国考更喜欢宏大叙事，而省考偏爱细节处理。无论国考或者省考，都没有指定辅导教材，但市面上很多教材可以参考。

国考与省考提供的职位差异较大。省考可能招的到一线的岗位比较多，甚至乡镇工作岗位；而国考的话，即使你考上以后是科员，也不可能有一线工作那么繁杂，总体来说所从事工作的专业性会比较强。当然，具体职位还需具体考虑，一般而言选择行政级别高的部门会有更宽广平台、更远大前景。在一个部级单位跟一个处级单位，同一职级的领导数量是有显著区别的。当然，职业发展与所从事的具体工作也有很大关系，如果在当地的省考能考上一个比较不错的单位，参加省考无疑是一个不错的选择。

（二）招考单位

公务员考试的具体职位类别多、涉及的专业广，不同职位的工作内容、待遇情况差别较大，此处主要介绍金融、财务相关专业对口的部门或职位。

1. 国家公务员

国家公务员的招考部门有四类。

一是中央党群机关，包括中央纪委、监察部机关、各民主党派中央、最高法、最高检等。以 2014 年为例，中央党群机关共有 47 个部门招收考生。

二是中央国家行政机关的招考部门包括国务院的组成部门（各个部委）、国务院直属机构（海关总署、税务总局、统计局、工商行政管理总局、广电总局等十几个机构）、国务院直属特设机构（国资委）、国务院办事机构（侨务、港澳事务、法制办公室、研究室）以及部委管理的国家局（信访局、能源局、粮食局、烟草局等）。以 2014 年为例，共有 49 个机构招收考生。

三是中央国家行政机关直属和派出机构，主要有各地的海关和国税、邮政管理局、铁路公安局、出入境检验检疫局及财政部派驻各地的财政监察专员办事处、审计署派驻各地的特派员办事处等。以 2014 年为例，中央国家行政机关直属机构和派出机构共有 281 个部门招收考生。

四是国务院系统参照《公务员法》管理的事业单位（包括银监会、证监会、保监会及其在各地的监管局，统计局下属各地调查总队，各地气象局等）。以 2014 年为例，国务院系统参照公务员法管理事业单位共有 243 个部门招收考生。

国家公务员招收机构多，招收岗位涉及的具体工作内容五花八门，无法一一说明，简单介绍几个与经管专业相关性高的部门。

（1）财政部。财政部拟定国家财税发展战略、规划、政策和改革方案并组织实施，下设众多司局及部属单位，司局有税政司、预算司、国库司、国防司、企业司、金融司、会计司等；部属单位有国库支付中心、财政科学研究所等。

毫无疑问，作为一个职能非常重要的"高大上"部委，财政部的职位是求职者眼中的香饽饽，竞争压力可想而知。从历年情况来看，财政部各司每年或者不招聘或者招聘数量较少。作为"管钱"的部委，财政部的职能关键、"权力大"。众多宏观财税政策均由财政部负责制定并组织实施，因此财政部的工作往往宏观性、前瞻性较强，有机会接触到财经领域前沿知识和宏观政策的最新动态，眼界开阔。财政部管理各种财政资金，与各级政府及企业（尤其是央企国企）联系非常紧密。

（2）审计署。审计署总管全国审计工作，下设财政审计司、行政事业审计司、农业与资源环保审计司、金融审计司、企业审计司等14个内设机构，审计科研所、国外贷款项目审计服务中心等7个事业单位，外交外事审计局、发展统计审计局、教育审计局等25个派出机构及京津冀特派员办事处、太原特派员办事处等18个驻地方特派员办事处。

审计署的工作性质决定了不少岗位需要经常性出差，尤其是现在跨省交叉审计多的情况下。审计工作就整体而言不会清闲，忙的时候加班加点、周末出差也正常。审计署的审计与会计师事务所审计不同，其审计是依照行政命令，针对国务院各部门和地方各级人民政府及其各部门、国有的金融机构和企业事业组织进行的政府审计；事务所审计是根据委托人委托，对社会公众负责的社会审计。政府审计是针对政府企事业单位财政收支或财务收支的真实、合法和效益进行审计，发现问题有权处理、处罚；而社会审计是对被审单位财务报告的合法性和公允性提供鉴证。相比而言，前者实践中更侧重"找问题"，而后者侧重就公允性发表意见。因此，实践中，政府审计不会像事务所一样，需要求爷爷告奶奶，放低姿态请被审单位及其他方配合。

（3）国家税务总局。中国税收机构分为国税与地税，国家税务总局垂直管理全国国税系统，并协同省级政府对省级地税实行双重领导。国家税务总局设有政策法规司、货物与劳务税司、所得税司、财产和行为税司等内设机构，各司分别主要负责组织实施相关税种的征收管理工作，拟定具体的征收管理政策和办法，对有关法律法规在执行中的一般性问题进行解释和处理。

国家税务总局及内设机构并不直接处理税务征收一线工作，相对而言工作环境较好，工作的"管理"成分更多。我们日常接触较多的是基层国税局（如某某县国税局），基层国税局一般设有办公室、政策法规、税源管理、办税服务、监察、稽查、信息等部门，税源管理顾名思义负责税务来源工作，稽查主要查偷税漏税，监察负责检查工作，办公室杂事多。县级国税局一般为基层行政单位，事情多工作忙，尤其是坐在办税厅的一线人员，处理税务登记、纳税申报、税款解缴等具体工作，每天要面对大量的办税单位和人员，不断机械式地重复高强度劳动，所以常有人抱怨税务的人态度差、难伺候也就不足为奇了。

（4）国有资产监督管理委员会。国有资产监督管理委员会简称国资委，是国务院直属的正部级特设机构，代表国家履行对国企的出资人职责，监管中央所属企业（不含金融类企业）的国有资产。说白了，国资委就是国家设的管家，负责管理国有资产。国资委下设政策法规局、规划发展局、财务监督与考核评价局、产权管理局、企业改革局等多个机构。国资委负责各项国资监管政策的制定，指导推进国有企业改革和重组，推进国有企业的现代企业制度建设等。国资委直接管理中央企业，但并不直接管理地方国资委或地方国有企业，而是依法对地方国有资产管理工作进行指导和监督。国资委会向直接管理的中央企业派驻监事会，负责监事会的日常管理工作。中央企业的高管一般由国资委进行任免、考核，但部分央企"一把手"直接由中组部管理。国资委普通员工日常打交道较多的除了内部及上级部门领导及同事外，还有央企总部财务、办公厅等部门的员工。

2. 地方公务员

地方公务员主要指各省直机关及下属各地市的公务员，各省范围内的公务员一般通过省考统一招收。省考的招收单位包括省人大、财政厅、地税局等，具体单位及岗位会在每年的招考简章中说明，下面简单介绍几个经管类专业相关度较高的机构。

（1）财政厅（局）。省财政厅主管本省财政工作，下属各地市财政局分别管理各自区域财政。在地方行政机构里，财政属于比较好的部门之一，与平级部门相比，财政一般机构编制较大、人数多。以市级财政局为例，其下设一般科室较多，包括办公室、人事科、会计科、监察科、预算科、国库科、农业科、行政文教科、社保科、综合科、经济建设科、工贸外经科等众多科室。办公室主要是对内，杂事较多；会计科主管行政区内会计工作；监察科主要是监督相关单位财政资金使用情况；预算科编制每年的政府预算，是整个财政工作的基础，是财政局非常重要的科室，常常由财政局一把手直接兼管；国库科承担预算内外资金、政府性基金和专项资金等的集中核算；农业科主管农口线行政事业单位经费，征收管理农业税，管理各项农业扶助资金等，国家取消农业税后，这个科室也失去了以前的"辉煌"；行政文教科管理党群机关、教育部门的经费；社保科管理劳动社保、卫生等系统经费；经济建设科管理地方市政建设资金。

（2）地方税务局。地方税务局属于很多人眼里的肥差，地税征收的税种主要有营业税、土地增值税、资源税、烟叶税、个人所得税、企业所得税、城建税、教育费附加等。税务局具体工作有多种分工：人事科主要管理人员工资、职位任命、业务考试；办公室主要管理福利、车辆、财产；征管科主要管分户（企业新办登记）、定税、代开票等；税政科主要管政策解答；会计科主要管税收计划和财力等。一线员工一般有业绩任务（征税额），但在现有国情下，征收难度小，在与企业打交道时，地税局处于强势地位，一般不用担心业绩问题。

（3）地方审计局。审计局主要负责地方政府各部门和所有企事业单位的审计监督工作，具体工作分各科室分别处理。常见的科室有：经济责任审计科负责各机关干部及国企领导人员任期经济责任审计等审计工作；固定资产投资审计科负责基本建设项目的审计工作；财政行政事业科主要负责区内财政预算执行情况的审计工作；企业审计科主要负责对政府授权经营国有资产的公司和企业进行审计；综合科负责编制审计计划、审计统计等工作；办公室处理日常事务。

（三）职业发展

虽然公务员的招考单位众多、涉及专业及工作具体内容五花八门，但其职业发展有一些共同的地方，本部分将介绍公务员的待遇情况、职业晋升通道、工作强度与氛围等。

1. 待遇

公务员的待遇分为工资和福利两部分，公务员的工资有明确规定，基本非常稳定，基本工资以外的收入及福利待遇不同单位差异较大。

无论社会公众对公务员待遇好的认知有多么牢固，但仅从工资收入来看，公务员不算高收入者。我国不是奉行"高薪养廉"的国家，且国家财政也无力向庞大的公务员群体支付高工资。2014 年公务员工资改革备受关注，未来如何发展尚难定论，但至少改革落实前，相对于物价水平，公务员（尤其是基层公务员）工资水平不高。

公务员的基本工资分为职务工资和级别工资，分别与职务和级别挂钩，有明确规定——详见《2006 年公务员工资制度改革方案实施办法》，国人部发 2006（58）号，职务工资如表 1-16 所示，级别工资如表 1-17 所示。

表 1-16　2006 年公务员职务工资对照

单位：元

职务	职务类别		职务与级别对应关系
	领导职务	非领导职务	
国家级正职	4000		一级
国家级副职	3200		二级至四级
省部级正职	2510		四级至八级
省部级副职	1900		六级至十级
厅局级正职	1410	1290	八级至十三级
厅局级副职	1080	990	十级至十五级
县处级正职	830	760	十二级至十八级
县处级副职	640	590	十四级至二十级
乡科级正职	510	480	十六级至二十二级
乡科级副职	430	410	十七级至二十四级
科员		380	十八级至二十六级
办事员		340	十九级至二十七级

表 1-17　2006 年公务员级别工资对照

单位：元

级别＼档次	1	2	3	4	5	6	7	8	9	10	11	12	13	14
1	3020	3180	3340	3500	3660	3820								
2	2770	2915	3060	3205	3350	3495	3640							
3	2530	2670	2810	2950	3090	3230	3370	3510						
4	2290	2426	2562	2698	2834	2970	3106	3242	3378					
5	2070	2202	2334	2466	2598	2730	2862	2994	3126	3258				
6	1870	1996	2122	2248	2374	2500	2626	2752	2878	3004	3130			
7	1700	1818	1936	2054	2172	2290	2408	2526	2644	2762	2880			
8	1560	1669	1778	1887	1996	2105	2214	2323	2432	2541	2650			

续表

档次 级别	1	2	3	4	5	6	7	8	9	10	11	12	13	14
9	1438	1538	1638	1738	1838	1938	2038	2138	2238	2338	2438			
10	1324	1416	1508	1600	1692	1784	1876	1968	2060	2152	2244			
11	1217	1302	1387	1472	1557	1642	1727	1812	1897	1982	2067	2152		
12	1117	1196	1275	1354	1433	1512	1591	1670	1749	1828	1907	1986	2065	
13	1024	1098	1172	1246	1320	1394	1468	1542	1616	1690	1764	1838	1912	1986
14	938	1007	1076	1145	1214	1283	1352	1421	1490	1559	1628	1697	1766	1835
15	859	924	989	1054	1119	1184	1249	1314	1379	1444	1509	1574	1639	1704
16	786	847	908	969	1030	1091	1152	1213	1274	1335	1396	1457	1518	1579
17	719	776	833	890	947	1004	1061	1118	1175	1232	1289	1346	1403	
18	658	711	764	817	870	923	976	1029	1082	1135	1188	1241	1294	
19	602	651	700	749	798	847	896	945	994	1043	1092	1141		
20	551	596	641	686	731	776	821	866	911	956	1001			
21	504	545	586	627	668	709	750	791	832	873				
22	461	498	535	572	609	646	683	720	757					
23	422	455	488	521	554	587	620	653						
24	386	416	446	476	506	536	566	596						
25	352	380	408	436	464	492	520							
26	320	347	374	401	428	455								
27	290	316	342	368	394	420								

注：一般情况下，新入职的应届毕业生定级如下：大学专科为二十六级 2 档；大学本科为二十五级 2 档；双学士学位、本科研究生班毕业和未取得硕士学位研究生为二十五级 3 档；获硕士学位研究生为二十四级 3 档；获博士学位研究生为二十二级 1 档。

　　除基本工资外，公务员还有其他津贴或补贴及奖金，不同地区、不同单位的情况不同，很多公务员的津贴、奖金会超过其基本工资收入。公务员的整体工资水平如何，网上各个论坛众说纷纭。基本规律是一线城市高于二线城市、二线城市高于三线城市，发达地区工资水平更高，财务状况好、"油水多"的单位工资水平高。以上情况并不完全准确，事实上某些偏远地区的紧俏部门，如资源丰富地区的地税局，公务员的实际收入可能高于一线城市的平均水平。就笔者接触的个例而言，北京某部委新入职普通员工有月入5000元左右的，某一线城市省级部门有月入7000元左右的，某二线省会城市有月入3500元左右的。

福利是吸引很多人报考公务员的重要因素。公务员的福利项目较多，日常开销类的包括单位食堂饭卡充钱、内部超市消费、外部的购物卡、购物券、消费券，逢年过节发现金或实物商品等。当然，上述项目只是罗列的公务员可能享有的福利，不可能所有项目全发。预算宽松的单位福利多，反之则少。此外，公务员的医疗保障好，退休后养老有保障。

公务员福利还有一项重要内容是住房，以往很多单位直接分房，因此很多公务员工资虽低但实际所得高。目前公务员待遇越来越规范，福利房逐渐取消，一线城市、发达地区福利房已不多，欠发达地区、行政级别低的城市福利房相比而言更常见。例如，北京福利分房已经不多见，职工享受分房一般需要等待很长时间且私人不能取得产权；有些县级城市仍存在福利分房。很多单位虽然不再提供福利房，但是会免费或低成本向员工提供租房，尤其是青年员工。

至于户口，只要是正式编制，肯定没问题。

2. 职务晋升

公务员的发展主要靠提拔升职，其他通道有限。但是，兵有一堆，将只有那么几个，竞争之激烈可想而知。提拔后，收入会有比较明显的提高，且提拔为领导后，大多数情况下就有了一定权力，有权力就有利益了。

公务员的晋升空间与所在单位的行政级别关系很大，一个毕业后直接进财政部的人第一步的晋升目标是副处长，但是一个毕业后进入某县财政局的人，处级可能是一辈子的目标。下级单位的人看待从上级单位下派的"空降司令"会觉得其晋升速度快，但是对于上级单位而言，这是正常的速度。无论是公务员还是央企，往下派都是发展通道之一，在"上面"混资历和级别，条件成熟了派到下级单位当"空降司令"。对于立志从政者，就业时应该注意所在单位的行政级别。

与企业职工相比，公务员家庭或社会关系对其晋升影响更大，尤其在偏远或基层的单位。如果你觉得自己作为一个名牌大学毕业生，甚至硕士、博士学位，能力强，单位就必须提拔自己，那绝对是很傻很天真。不得不承认，在很多提拔机会面前，家庭背景可能比一个有分量的毕业证书给力，也可能比你扎实的工作能力管用。对很多没有特别家庭或社会关系的毕业生而言，考上公务员带给你的主要是稳定的工作、体面的身份、工资不高但福利较好以及安稳的生活，提拔、升官、当领导不会像想象中那么一帆风顺。

当然，过分强调家庭及社会关系对公务员提拔的作用也是不客观的，尤其是在管理相对透明的一线、二线城市，工作能力也是必要条件。公务员的提拔，更看重的是沟通、协调、管理能力，但这些能力水平的高低很难客观评价，主观性较强。

岗位的重要性也影响职业发展，一个重要的实权岗位与一个"喝茶看报"的岗位，即便职级完全一样，在争取竞争机会时话语权是完全不同的。当然，重要岗位通常工作任务多，不如闲岗整天优哉游哉。

公务员的经历对于跳槽会有一定帮助，尤其像财政、税务等部门的公务员，以前工作积累的业务经验及社会关系会被企业看中。不过，这些重要部门的公务员往外跳槽的情况不多。此外，某些实质性工作少、技术水平低、对口专业比较冷门的部门的公务员，跳槽机会不多。

3. 工作强度

提起公务员的工作，很多人立马想到"喝茶、看报"。不可否认，现在有些机关里养了不少闲人，与广大在企业里被负责人呵斥的苦逼青年相比，公务员的平均工作强度要低得多。公务员的作息一般较规律，加班加点的情况不多，甚至很多人上班时间也没什么事做，这既被很多"加班狗"向往，也被很多"有志青年"诟病。

不过，并非所有的公务员职位都是闲职，如前文已述及的税务局一线办税员、稽查员，审计局的审计员，大多数人上班时间工作强度不低，有些岗位还经常需要加班。大致分辨一个职位是否清闲其实不难，看这个职位的工作职能就行，像财政、税务、工商、审计等部门，都是"实权"部门、对经济活动影响大，这些部门内的职位大多数工作任务较多。此外，公务员工作强度也跟所在城市有关，一、二线城市的公务员大多数工作较忙碌，小城市的公务员相对而言较清闲。

公务员的工作还有一大特点就是"吃大锅饭"，因为不管做得多做得少，大家基本拿一样的工资，效率高、工作先做完的人就会被多安排，有些单位会存在部分员工消极怠工的现象，这一现象在管理不规范、分工不明确的单位更常见。

4. 工作氛围

不管什么公务员部门，一般都会有些官僚气息。有人认为，当公务员，服从并让上级满意最有出路，并养成了一个习惯：领导就是天，领导说怎么做就怎么做，即便明知领导说的不对，也等结果出来、事实已经证明不对，才建议领导考虑换个方案。对公务员而言，拍马屁并不鲜见。"聪明"的公务员，不仅会高质量完成领导派给的任务，还会察言观色，揣摩领导意图：领导抽烟时给递上烟灰缸；领导随口一句话，能明白背后的意思，知道工作往什么方向做等。由于这种官僚气息的存在，很多人不愿意当公务员，觉得失去了自我。有些名牌大学生，在学校里意气风发，在一线城市企业里工作虽然辛苦不过学有所用，但回到家乡当上公务员则迷失了自我。客观地说，公务员的官僚风气正在慢慢改善，但目前仍是比较普遍，市场经济发达的地区稍好一些。

公务员的应酬比较多，吃饭喝酒是常事，尤其是实权部门，是社会上"各路好汉"争相宴请的对象。此外，上级部门来视察，也时常需要宴请。

不过，自从2013年中央实施"八项规定"以来，公务员系统及国有企业单位的吃喝之风有了显著的收敛。北京是吃喝之风整顿最严厉的地方，其他地方的实际效果估计会略有差别，偏远地区、小县城情况差异更大。此外，若干年后吃喝之风是否会死灰复燃则要看中央政策执行的持续性了。

处理人际关系也是公务员的必修课，捋顺人际关系，是未来职务晋升的重要前提。人们印象里，"官场"讲关系，也是关系非常复杂的地方，各种钩心斗角，不过现实毕竟不是影视剧，不可能如影视剧里那么夸张、那么尖锐和跌宕起伏，不少毕业生刚进单位时感受不到所谓的"复杂人际关系"。有的毕业生很反感处理关系，其实"有人的地方就有江湖"，无论是在学校，还是在外企或民企，都存在处理人际关系的问题，只是其方式较直接、人际关系问题对个人发展影响较小。而公务员人际关系处理起来需要更加谨慎、细致，方式也要婉转，年轻人需要磨平棱角适应环境。

5. 你适合当公务员吗

以上介绍了公务员工作的一些情况，你应该大致明白什么样的人适合当公务员，什么样的人不适合。简单总结一下：

什么样的人适合当公务员？

（1）立志从政者。对政治比较关注，且自己也有这方面独特的兴趣和爱好，并且个人长期积累了一些相关知识以及培养了逻辑思维、管理技能或出色口才等软实力的人比较适合在政界发展。有些人本身就出身公务员家庭，对公务员氛围熟悉，甚至有不少亲戚朋友或者社会关系，当公务员是一个不错的选择。

（2）缺乏就业及发展空间者。某些地区由于地理、历史等原因经济不发达，就业机会少，人均收入普遍偏低，职业发展空间有限，很多当地人（特别是毕业后回到原籍的高校学生）便将公务员作为就业目标，这种情况在一些中小城市以及经济不发达地区比较多见。

（3）冷门专业就业难的应届毕业生。高校某些专业比较生僻，现实应用较少，社会需求量也很小，这类专业的本科毕业生很难找到对口的工作。对这样的学生来说，报考公务员不失为不错的选择。

（4）特别重视工作稳定性者。有些人喜欢安定的、稳定的工作生活，而不喜欢自己打拼并且随时朝不保夕的生活，公务员更适合。

哪些人不太适合当公务员？

（1）追求快速回报者。有野心的创业家、希望事业上快速实现成就的人不适合当公务员，这类人是风险偏好者，希望迅速打开局面，实现人生价值。而公务员的最大特征是稳定、"吃大锅饭"，个性太强的人不仅不易出头，还可能受到打压。

（2）经济压力较大者。前文已述及，整体而言，公务员收入不高，工资上涨较死板且增长缓慢，家庭经济压力较大的人，不适合当公务员。试想想，一个家庭贫困的毕业生，在北京某部委拿着每月约5000元的工资，工作虽然体面，但面对北京五环内4万元左右的房价，成家立业遥遥无期。

（3）重视自我、追求个性者。公务员讲究的是集体，个人意志要服从集体意志。对于重视个人价值实现，注重展示自我、张扬个性的人，公务员不是一个合适的选择。

（4）不擅应付人际关系者。人际关系是公务员职业发展中的重要内容，对于个性腼腆或者厌恶应付人际关系的人而言，长期迫于无奈去做自己不喜欢和不擅长的事情，不仅自己难受，效果也有限。不建议这类人选择公务员职业。

第二部分　笔试、面试技巧和注意事项

一、写在前面的话

（1）第一份工作很重要。第一份工作非常重要，是从"学校人"到"社会人"的转变，直接决定你未来人生发展方向，应届生的机会错过了就再也没有了。所以，对于第一份工作，绝对不能随便，要高度重视，用心去找，花费再大的力气也不为过。

（2）早作准备。工作找的好坏，并不单单由毕业这一年的实际找工作过程决定，更要靠整个学生时代的积累，成绩、实习、专业素养、社团经历。因此，一定要早作准备，提高自己的综合能力。

（3）厚脸皮成就机会。机会不是自己上门的，需要自己争取。找工作的时候一定不要怕"丢脸"，要厚脸皮，向 HR 主动大胆地介绍自己，甚至霸笔、霸面，都有可能给你新的发展机会。

（4）心态平和。有些企业莫名其妙的要你，有些企业莫名其妙的拒你，找工作很看"运气"和"眼缘"，心态很重要，一定要放平和，做好自己该做的。

（5）对 HR 微笑，即使他很严肃。面试时一定要面带微笑，这个是不花钱的，别吝惜。善意的微笑可以帮你平复心情，也可以加深 HR 对你的印象。

（6）职友。每次笔试、面试之后尽量留下职友的联系方式，以方便交流和信息共享。职友之间的信息共享可以带来巨大的益处，相互之间也会有很多鼓励，等到找工作结束时，你会发现交到了几个难得的朋友。

二、求职成功的关键因素

找工作是一件很辛苦的事情，就如那句经典的话，"Job Hunting is a Full Time Job."在找工作的过程中，即使你是"大牛"，也会经历很多挫折和失败，体味到找工作的艰辛和压力。然而，"阳光总在风雨后"、"有付出就会有回报"，只要你做好最充分的准备，坚持不懈，刻苦努力，注意技巧，就一定可以找到心仪的工作。总的来看，有以下几个方面因素决定着你的成败：

1. 目标和定位

找工作之前，一定为自己定下明确的目标。这个目标要结合自己的性格特点、兴趣爱好、专业特长、职业规划、实际能力作出一个相对客观而理性的判断，找准自己的定位，不要定下不切实际的目标。想清楚自己想要去哪，要去什么样的行业，想赚钱、想工作轻松，还是想社会地位高？投行、咨询、政府、事业单位、央企、外企？不同的企业有不同的要求，也完全是不一样的生活，这样才有针对性，提高成功率。永远记住那句话：没有最好的工作，只有最适合的工作。

2. 更加积极地对待求职

毕业生在大学校园里都待了 4～6 年，甚至 10 年，早已习惯了学校的生活，现在马上面临毕业、找工作，一下子被推到了社会，和数百万的就业大军竞争，一时难以适应，很多人还是以学校的方式和态度，被动、消极地等待机会、对待工作，往往四处碰壁。实际上，本着对自己、家人、社会负责的态度，毕业生应该更加积极、主动、尽最大努力去把握机会。不要"等着别人告诉我招聘信息"、"等着别人叫我去参加招聘会"、"等着别人帮我投简历"，而是要清楚，你找不到工作，跟别人没有任何关系。没人能对你的将来负责，除了你自己。

3. 主动争取机会

很多同学抱怨自己没有机会，那么，机会是怎么来的？是靠等来的，还是靠别人让给你得来的？都不是，机会是靠自己争取来的。有的人从大一就开始为职业规划做准备，学习、社团、实习一个都不误；有的人早早的和师兄师姐取得了联系，打听到各种"内幕消息"，得到各种"内部推荐"；有的人时刻关注着就业动向，在不同单位的选择上游刃有余；有的人霸王笔、霸王面、霸王签，最终去了心仪的单位。那么你呢？你有没有主动去为自己争取过这样的机会？当你在哀怨叹气、看电影、打游戏、聊 QQ 的时候，机会已经从你身边掠过。

4. 对待失败的态度

在找工作过程中，几乎每个同学都会经历失败，当你每次笔试或面试失败的时候，是会悲观、叹气、抱怨、骂××面霸抢了你的饭碗，还是会静下心来总结教训，向其他同学汲取成功经验，改进自己，重整旗鼓，为下一次机会做准备？你是否认真对自己的每一次失败教训认真做过总结，是否向其他成功的同学请教过，还是在嫉妒、抱怨？对待失败的态度，直接决定了你后面的结果，要记住：一个人要想成功，必须首先学会面对失败。

5. 充足的准备

光有积极的心态和充分的自信是不够的，求职的成功必须以充分的准备为前提，很难想象一个不经过任何准备就去参加面试的人能顺利拿到 offer。对于毕业生来说，一定要早做准备，最充分的准备，要对自己的优势和劣势、应聘单位的背景、面试中可能遇到的问题及各种可能的情况做事前的准备。机遇只会青睐有准备的人。

6. 坚持

找工作贵在坚持，具体体现在：当你一次次被鄙视的时候，你是否能继续坚持自己的理想，继续找下去；当你周围的人一个一个都签了的时候，你是否能不为所动，继续按照自己的计划坚持下去；当你对当前 offer 不满意时，你是否能顶住压力，继续坚持下去。只要你有一颗恒心，坚持自己的理想不放弃，最终一定能达成目标。根据经验，最好的 offer 往往是在后期出现，所以，就看谁最有毅力，能坚持下去，谁就是最后的胜利者。The best always comes the last.

三、求职前的准备

早做准备！早做准备！！早做准备！！！

1. 装备要齐全

一般来说，职业装是必备的，这是你职业化的基本表现，与之配套，一个职业一点的包也是必备的。再者，要有一个专用的、方便携带的求职本，用来记录求职讲座记录、招聘信息、总结等。注意随身携带本和笔，如果接到公司的电话通知可以立刻把重要的事项记录下来，比如，面试的时间、地点、携带物品、注意事项等，公司通常不会因为应聘者不方便记录而用短信把内容发给他，不方便是应聘者自己的事情，需要自己负责。

2. 材料要完整

整理好自己的身份证、学生证、职业资格证书、获得过的荣誉证明及其他能够证明你能力的材料，有证不嫌多。然后将它们按照顺序排好，复印若干份，用夹子夹起来，去哪个单位都带上一份以备万一。

3. 电子文件

（1）将上述材料扫描一下，存成一个文件夹。

（2）建一个收藏夹，将求职类的所有网站都放进去，还可以整理成求职论坛、校招信息、邮箱、公司网站等各种大类。对于每日都看的，如学校的 BBS、应届生、求职邮箱等，可以直接设置为浏览器的首页，让自己不忘查看。

（3）一个"备忘"Word，做成表格形式，记录你注册的各个网站和单位招聘系统的用户名和密码。

（4）一个"宣讲会"日历，将搜索到的所有宣讲会的信息，包括单位、时间、地点、是否现场收简历等，均记录在这个日历中，备查。

（5）一个"找工作流程控制"表格，记录你找工作的情况，比方说笔试过了没有、一面过了没有等，及时总结经验，也便于自己跟踪找工作的情况。

（6）一个"照片"文件夹。不同的单位对照片有不同的要求，有的要生活照、有的要一寸照、有的要白底、有的要蓝底等，这时就需要你把不同的照片全部都存起来，在网申时会极大地提升你申请的效率，可以用 Photo Shop 对照片尺寸进行修改。

（7）"网申模板"。把自己简历上的所有信息汇总到一个文件里，尽可能详细、尽可能多、尽可能全面。在网申的时候直接粘贴，而不用一个字一个字地敲了。网申时，如果遇到原来模板里没有的内容，要随时补充到模板里。

4. 邮箱

找工作时要申请一个专门的邮箱用来收发简历，邮箱名称最好有特定的含义，不要太非主流，最好是自己的姓名或首字母加学校信息等，以方便HR识别和回复。另外不要对邮箱进行设置，什么邮体都收。找工作期间，最好能每天查收一下邮件，而且要关注垃圾箱和订阅箱，因为有的笔试、面试邮件会被当垃圾邮件处理，如果错过了就悲剧了。

对于邮箱的选择，可以用或163、126或gmail、hotmail（由于谷歌和中国政府关系的问题，gmail邮箱一直不稳定，有时候登录不上，请谨慎选择），不要用QQ邮箱，QQ邮箱太随意、生活化，会给人一种这个孩子没长大的感觉，显得你很不专业。

5. 手机

求职期间，保持手机的畅通是应该的，否则错过重要的电话通知或者面试就太让人追悔莫及了。如果你的手机彩铃特别有个性或者表达的情感色彩不太健康向上，建议换一个或者取消掉。接公司电话的时候，最好注意周边环境的相对安静，等到他们讲完之后再核对一遍自己听到的内容，尤其是时间、地点、携带物品及注意事项一定要问清楚。接完人家的电话，建议养成一个随手保存电话号码的习惯，这样万一后来需要打电话回去追问当时没弄清楚的事情还能知道是哪个号码，否则从通话记录里往回翻很有可能已经记不起来哪个陌生的号码是对方公司的了。

四、实际行动

找工作就是那么几个环节。简历制作——投简历（网申）——笔试——面试——体检——入职。只要对每个环节都做好准备，求职就会没问题。重点是简历、网申、笔试和面试四个环节。

1. 写简历

简历的重要性毋庸置疑，是 HR 了解你的主要途径，一份好的简历能助你成功，一份差的简历会毁了你一生。简历要精练、丰富，突出自己的能力、素质和优势。写简历要注意以下：

（1）注意把握"度"。很多同学在写简历时都会或多或少夸大自己的成绩、经验和经历，这本无可厚非，毕竟把简历"做"得好看一点，可以带来不少加分，甚至能改变命运，但是一定要注意一个"度"，写上去的东西一定是自己了解的或知道的（亲，如果你借鉴同学的实习，一定要向同学打听清楚干什么了），尽量贴近事实，免得太过夸张，被 HR 识破，弄巧成拙。招聘的人是很专业的，如果想识破你，一定可以，一旦发现简历有造假，应聘者的人品道德也会被打上标签，招聘直接就结束了。

（2）简单、厚实。简历切忌繁杂，一般 1 页 A4 纸是最好的，如果内容很多也不要超过 2 页，有的同学拿着四五页的简历去应聘，简直是在"丢人现眼"。HR 在第一轮筛简历的时候，很多也就是 5 秒钟扫一眼，所以简历排版一定要简单、清楚，一目了然，别弄得跟"抽象派的油画"似的，要把自己最大特点概括出来，不要让 HR 总结、提炼你的特点。厚实是指简历内容要丰富，传递的信息量必须大。要把自己的教育背景、资格证书、能力优势都一一表达清楚，让 HR 能充分了解你的背景信息、特长和优势。

（3）采用倒叙方法。很多人在写简历时，喜欢从过去讲到现在。建议最好采用倒叙方式来写，直接从最接近的时间入手，让简历筛选者更容易获得重要的信息。必要时，一些重要信息可以重点处理，但千万不要"太花哨"，便于阅读是最主要的原则。另外要充分挖掘自己的特长和亮点，把最有优势的东西放到最前面。

（4）切不可一份简历打遍天下。要根据不同的公司、不同的行业制作不同的简历以更有针对性。如针对外企，重点要强调"英文水平"、"学习能力"、"领导力"、"团队合作精神"、"沟通能力"。对于国企，重点强调"教育背景"、"政治面貌"、"获奖情况"、"学习成绩"、"踏实稳重"等。

（5）几个没用的不要写。

第一，不要写籍贯和自己老家，除非应聘单位要求，这样做的原因和"言多必失"类似，因为你的这个不经意的籍贯，就可能让自己被刷掉。有的 HR 可能会有歧视和偏好，如某女 HR 北京人，喜欢看中超，因为恨天津人，所以在简历关把天津人都刷掉了，悲剧。

第二，你是党员，如果你投国企一定要写，如果是外企请不要写（你懂的）。

（6）要不要的几个问题。

第一，要不要贴照片？如果你对自己长相有信心，且有较好的职业照，请贴上，这会为你加分，毕竟大家都爱看美女帅哥，反之就不要贴了（你懂的）。

第二，关于成绩？如果你成绩好而排名不好，请写成绩，反之写排名，但是本科和研究生一定要统一，如果两个都不好，处理一下吧（你懂的）。

第三，特长和爱好？如果贴近公司文化或者对行业有用的可以写上，又如，应聘投行，你可以写你喜欢跑马拉松，因为只有良好的身体才能胜任投行的工作；又如，去事业单位，有文体特长可以加分很多。

（7）写活动和实习的时候，要写明项目是什么，你做了什么，取得什么成绩，要多用数字来量化你的成绩，语言也要精练，HR 筛简历时根本没时间和智商去分析长句，句子越短越好。

（8）简历打印黑白的即可，不用彩印，HR 根本不关心你简历是不是彩色的，关心的是简历里的内容，简历内容差，你就是用金子做一个也白搭。打印好的简历最好用硬文件夹装起来，发出去的简历必须是笔挺的，不能有褶皱，试想当 HR 收到一个个都是褶皱的简历时是什么感想（想扔掉啊，亲）。去参加宣讲会和面试要求自带简历时，多带几份，不要假设面试官只有一两个人，也不要指望人家公司有复印机，一般带三份即可，养成习惯。

2. 找单位

获得招聘信息的途径是多种多样的，主要有以下几个：

（1）求职主题社区：应届生、hiall 等。

（2）各大高校就业服务网站：BBS、宣讲会。

（3）辅导员、熟人、师兄、导师、朋友。这是最有效的信息来源方式，大家不妨尝试一下，发动周围的各种关系，获取招聘信息。

（4）专业招聘网站的校园招聘频道、智联招聘、中华英才、前程无忧。

（5）公司官网。

（6）微博、微信、人人网、QQ 空间。

3. 投简历

投递简历的方式主要有网申、电子邮件和内部推荐三种。

网申是主要手段，核心就是创建前文所说的"网申模板"，只要有了模板，网申时直接粘贴就可以了。电子邮件，主要是将自己的简历直接发给对方。内部推荐成功率最高、最有效。

（1）网申。

第一，时间选择。招聘单位都会给网申留下大半个月的时间，建议在中间稍前的时间填写，一是应届生上经常有人发帖子问网申的各种内容怎么填，一般他们问的都是不太好填的，在自己去填之前先看一下应届生，确认别人的问题自己都能解决了再去填，给自己留下充足的准备时间，提高效率和准确率；二是大家都有拖的习惯，到网申截止时刻会有很多人填写，系统可能过载不稳定，出现无法登录或者无法提交的问题；三是有些公司会先期审核先提交的简历，如果前面已经有了足够多的优秀的申请者，最后面的申请他们就不一定看了。

第二，几个要素的填写。

健康状况毋庸置疑填健康！

期望月薪尽量填中低档（录用了你也不会少发你钱的，你填的很高，单位都不敢要你，你懂的）

家庭背景，如果家里有资源，可以写上，但是银行的高层级别的（总行、省分行）可能有亲属回避制度，最好事先打听打听。

开放性问题。最好先去应届生等论坛看看大家怎么写的，填的时候最好咨询下别的同学意见或找师兄师姐咨询。注意，回答问题要考虑全面，表述得体；如果比较长最好分点阐释。每个开放性问题回答之后都复制一份放在一个 Word 里，这样互相之间可以借鉴。

（2）如果是电子邮箱投简历，有以下几个注意事项：

第一，第一时间投简历。在看到招聘信息的第一时间应该把简历投出，这个时候可是千军万马挤独木桥啊，先到先得概率比较大，也反映了个人求职的积极主动性和对该岗位的重视程度，如果很多，HR 可能就不愿看后面的了。

第二，邮件的主题一定要填写，主题中一般要含有"应聘职位——学校——学历——姓名"，以便于 HR 搜索。正文一定要对自己有个简单的介绍，不要这样写"您好，我是×××，想应聘×××，我的简历请见附件"，这样会死得很惨的，因为 HR 根本没耐性打开附件看你简历。

以下是求职邮件模板，供参考。

尊敬的先生/女士：

您好！

我叫××，大学××专业的应届硕士毕业生，将于明年××月毕业，想应聘贵公司××一职，个人信息如下：

教育背景××

资格证书××

实习、实践经历××

获得的奖励××

自我评价××

更多信息，烦请参见附件简历。

感谢您百忙之中关注我的应聘，向您表示由衷的感谢！祝工作愉快、事事顺心！

    此致

敬礼

第三，可以反复投简历吗？建议是，第一次投简历没回音的话，一周之后可以投第二次，因为好的公司每天会收到很多邮件，这种情况下可能会出现某种意外，为了防止这种意外造成损失，你可以投第二次，但是再没有回音的话就不要再多投了，引起 HR 反感的话就悲剧了。

（3）内部推荐。如果有师兄、朋友、亲戚在某个单位工作，而他们那里又正好有职位空缺，可以让他们帮忙推荐，会事半功倍，至少能获得面试机会。内部推荐是最有效的方式。总之，找工作最好是充分利用各种可用的信息资源，不放过任何可能的机会。

4. 笔试

对于笔试，国企和外企有很大的差别，国企的笔试包括综合能力测试（行测）＋专业能力测试＋英语。外企一般都是 SHL，分 Verbal 和 Numerical 两个部分，一个是语言，另一个是数学。

（1）国企（行测、专业知识、性格测试、开放问题）。

第一，行测。行测是笔试的重中之重，绝大多数单位笔试时，都会采用行测的方式。建议直接用公务员考试的真题进行练习，实际中很多笔试题也都是公务员考试的原题。

第二，专业知识。这个需要自己好好学，不管是平时积累还是临时抱佛脚，笔试前都要把基础的专业知识温习一下。一般而言，招聘时的专业题都不会太难，基本是期末考试的水平。

第三，性格测试。大多数情况下，只要按照自己的真实想法选择就行了。

（2）外企的 SHL。SHL 相当于英文版的行测，主要是逻辑、数学和资料分析，分为 Verbal 和 Numerical 两个部分。SHL 和行测一样，速度很重要，不要在一两道题目上浪费时间。

应届生论坛上有大量的 SHL 题目，建议多找一些练练，熟能生巧，参加 SHL 笔试时经常能碰到原题，所以你练习得越多，对你越有利。

5. 面试

面试主要有群面（无领导小组讨论）、单面（多对一）等。

（1）群面。无领导小组讨论也被称作群面，戏称"群殴"，一般是 5～8 个人一组，HR 给一个题目，给几分钟时间思考，然后发表各自意见，进行小组自由讨论，最后达成一致意见，并派出一个代表总结陈词。在群面中面试官一般会全程观察应聘者在团队中的表现，来考查同学的领导能力、沟通能力与分析问题和解决问题的能力等。无领导小组讨论主要有以下两种类型：

第一，商业案例分析。这种类型的题目要求小组针对一个特定的商业案例展开讨论，如要求找出企业利润下滑的原因并给出解决方案，这类题目都有特定的商业背景，商学院的同学有很大优势，只要结合自己的专业分析就好了，什么"成本效益原则"、"波特竞争战略"、"波特五力模型"、"营销4P 模型"、"波士顿矩阵"、"产品生命周期曲线"等都可以灵活使用。

第二，选项排序型。这种类型的题目比较开放，通常是在某一个特定情境下对给定的若干选项进行排序。对这类题目，成功的关键是商定一个判定重要性水平的标准。标准不一定只有一个，但是不同标准之间应该有先后之分。排序题中，有些定了标准以后很容易区分先后，还有一些不那么容易区分先后，针对后者也没什么好方法，大家迅速达成共识就行了，因为这种情况下没有绝对的对错，任选一种情况都是可以接受的，在无伤大雅的情况下要尽量避免不必要的争执。

无领导小组讨论常见的角色包括领头人、计时人、汇报人、参与人和打酱油的，如果非要挑角色的话，建议气场、逻辑思维能力和总结归纳能力欠缺的人不要挑选领导者，已经有人要计时了就不要抢计时人的角色了，公开发言说话紧张的人不要争汇报者的角色。

下面讲几个无领导小组讨论的"技巧"和"小把戏"，会极大地增加你通过群面的可能性：

第一，说话不要太多，不要太激进或强势，过分表现自己，但也不能太少，太少了就不会给考官留下深刻印象。要注意掌握小组的发展动向，在最关键的时刻，说出最有分量的话。要么不说，要说就选在最该你说的时候说。例如，当小组意见分歧严重，时间所剩不多时，你可以试着提出一个缓解矛盾的折中方案；或者当大家讨论的问题偏离主题的时候，你可以及时提醒大家；或者当你发现其他人的意见忽略了某些重要方面时，可以及时提出来。

第二，Leader 的风险很高，回报也大，要根据自己能力进行选择。做总结发言者最容易通过群面，同学们要踊跃当好这个角色。当发言者的一个核心要求就是能把组内成员的观点有逻辑性地记下来，然后有逻辑地表达出来。总结时，要先对其他成员表示夸奖和感谢，这类"小把戏"会让你加分很多。

第三，善于总结别人说过的话，如果你自己没有什么观点或者观点被前面的人说了，怎么办？好办，首先你要把前面同学的观点总结一下，并夸奖一番，如"前面几个同学已经提出很多好的想法，我来进行一个简单的总结，小明提到的××，小红提到的××，我觉着都非常好，可以带来什么××，但是我认为还应该×××（随便说一个不痛不痒的就行）"。

第四，多对别人赞赏，因为最后可能会让小组成员投票，多夸奖别人可以获得好人缘，增加票数。

（2）单面。单面是最为常见的面试形式，主要的流程和环节如下：

第一，自我介绍。面试的第一个环节一般都是自我介绍，面试官这样做一是为了对应聘者有一个基本的了解；二是趁介绍的时候快速浏览简历，以便根据情况进一步提问；三是初步考察面试者的素质。

第二，依据简历和自我介绍进行提问。主要涉及学习成绩、社会活动、实习等，一般会对面试者的专业知识进行考查，也会要求面试者详细介绍简历上的实习和实践经历。这一环节一般在面试中占最大的比重，面试者在回答时应该以事实为依据，前后一致，逻辑严密，表达清晰。

第三，考查对公司和职位的了解。面试官会问一些问题来考查应聘者对公司和岗位的了解，以确定应聘者是不是真的适合公司和岗位。应聘者应提前做好准备，对公司和职位进行深入的了解，增加通过面试的可能性。

第四，考查对薪酬的期望。在面试的后半部分，很可能被问到期望薪酬的问题（特别是国企的面试），面试官通过这个问题想了解应聘者的薪酬期望是否与公司可提供的标准吻合，另外也想了解应聘者对自己的定位。被问到时，建议用模糊语言回答，比如说，"并不在乎开始的薪酬，可能更看重机会等……"，因为薪酬的事情可以面试后私下打听，没必要在这里说，免得说得不合适被冤死。

下面讲单面试的"技巧"和"小把戏"：

第一，充分的准备。首先必须有一个万能的、精练的，又听起来不像是背诵的自我介绍，这个自我介绍要背到纯熟，可长可短（人家说一分钟就一分钟，说三分钟就能介绍三分钟），要做到从哪打断还能从哪接上！

自我介绍要有逻辑、有层次，不要说成一团糨糊，一分钟的无序讲话会让人听得很烦，建议将自我介绍切成明确的三四块，用排比句的形式表现，语言一定要短、精练，让人感觉整齐。比如，介绍自己优势可用，第一，成绩好（讲教育背景）；第二，能力强（讲学生工作）；第三，实践多（讲企业实习）；第四，表现优（讲荣誉获奖）。

第二，把握第一印象。进门的第一刹那，表情、姿态、行走，都要稳重大方，在对方主动打招呼时应立即回应，避免无言以对或惊慌失措；开头不用啰唆很多客气话，"尊敬的各位面试官下午好，我是××"足矣。

第三，肢体动作。虽然自我介绍是事先背好的，但是现场说出来的时候不要让人感觉在毫无感情地背书，应该是自信而流利地"表达"出来，中间要有适当的停顿，要有节奏感，不要一个语调。此外，和面试官要有眼神交流，如果面试官不止一个人，那么最中间的那个人就是现场最大的负责人，眼神可以多朝他看，但也不要忽略其他人，都要看。不要板着脸，要微笑，不要笑得太萌或太强烈，说到重点或者一段结束可以轻轻点头，表示和面试官有交流。手上的动作不要太多，不要一边说一边搓手，不要用手点桌子，也不要说的时候紧握拳头。建议将手放在桌子下面藏着或放在自己腿上。

第四，回答问题的技巧。问问题时，面试官往往并不在意你的答案，而是看你的现场表现、语言表达等综合能力，切忌回答问题时磕磕巴巴，或者刚说完答案就改口，而且要注意不要滔滔不绝，讲个不停；不要脱离主题，漫无目的；不要妄加论断或批评；切忌只回答"是的"、"好"、"对的"、"可以"、"没问题"。

第五，着装问题。面试的时候一定要注意着装，当然不是说必须西装革履，但是必须干净整洁（注意袜子颜色，很多找工作的同学正值本命年，西装革履，但是穿了红色的袜子，画面特别搞笑）。

第六，表现出热情。在面试的时候要对面试单位表现出极大的热情，要把你渴望到他们单位工作的愿望传达给面试官。实际上，单位是非常看重工作态度的，也喜欢要对他们单位感兴趣的学生，对于同一学校的学生来说，招谁都是招，为什么不招对自己单位感兴趣的人呢！

第七，重视最后的提问环节。这个部分比你想象的要重要，甚至直接决定了你是进入下一轮还是被淘汰。几乎每个面试官在结束时都会问：你还有什么问题吗？这决不意味着你可以不问，这实际上是一个非常难得的机会，一个有水平而让人印象深刻的问题，可以帮你直接获得 offer。你可以选择问公司最近的发展动态及下一步发展规划，以体现出你对公司的关心和热情或者借问问题的名义拍拍公司的"马屁"。

（3）面试中常见的几个问题及回答技巧。

Q1：自我介绍。

如果没有相关行业或者相关岗位的经验，可以回答自己的学习经历、长处、特色及所具备的专业技术等，把 HR 引向你擅长的领域，让他再针对该领域发问，你就具备了较强的主动性。如果你恰好有过相关的研究经历或者实习经验，你完全可以简单地自述后，很快地把答案转到自己的技能、经验和为得到目前这份工作所接受的培训上来。

Q2：你为什么会来本公司应聘？

这也属于套餐问题的必备配菜，完全可以提前准备，但切忌一味表现热情，会给面试官"假、大、空、虚"的负面印象。面试前多准备几个原因，最好简短而切合实际，答案最好是能与应聘公司的产品和企业相关的，要表现出充分研究过企业的样子。

Q3：你对本公司有多少了解？

这是一个测试应聘者对公司的兴趣及进公司工作的意愿有多少的问题，只要回答出一部分公司简介内容及招聘人事的广告内容就行。回答完之后如果加上一句"这只是我通过公开渠道了解和学习到的，可能不一定准确，如果不对请您指出，及时纠正"，配合谦逊的口吻，会提升面试官的好感，虽然这句话并没有在本质上回答问题，但体现了你的沟通能力和情商。

Q4：你认为这个业界的现况怎么样？

这个问题主要是了解求职者对产业现况的理解及展望，针对无经验者，是试探他对本工作的意愿与关心程度。回答时千万不要追求完美，在面试官面前装内行，也不必陈述什么独创的见解，知道多少就说多少，如果不知道可以实话实说并主动向面试官请教，但要注意发问的方式方法要适宜。

Q5：你的工作观是什么？

个人建议这个问题不必回答得太复杂，实际一点更容易让面试官产生"靠谱"的印象，你可以回答"为何而工作"，"从工作方面得到了什么"，"n 年以后，我自己有什么计划"等的话。

Q6：这个职位为什么吸引你？

如果问到这个问题，这是对方想要了解，你是否属于那种无论在什么公司，只要有活干就行的人。果真如此，他就不会对你感兴趣。用人单位想找的是能解决工作中问题的人，这样的人工作起来更努力、更有效率。所以，你可以这样回答专业对口、做的事情正好是你感兴趣的、工作性质和我的性格也比较匹配、我的××优点可以帮助我胜任这份工作、会给我带来成就感……

Q7：你能否接受加班？

这是在考查你的"工作热忱度"而问的。不管你是不是工作狂，为了获得这份 offer，你都必须、必须表现出对工作的极度重视和高度的工作热忱，回答可以接受加班或者"如果是在自己责任范围内，也不能算是加班"之类的话。

Q8：关于待遇问题。

针对待遇问题，最好提前了解你应聘的岗位再做回复，不要在一份基础销售岗位的应聘过程中开出过高的价码，也要结合自己的资质再做判断。客观归纳个人年龄、经验、能力，再依产业类别、公司规模等客观资料，提出平均的、合理的数字，但附带说明提高待遇的理由是很必要的。这也是评价应聘者的能力、经验和展示自信的好机会。

Q9：你的优点是什么？

这是面试官在测试求职者对自己的认知、表达能力的经典题目。基于事实的情况下，可以注水性回答，但应避免抽象的陈述，辅以具体的事件会增加可听性和吸引力。除了陈述自己的优点以外，还要注意说话的礼貌，这也会列入评分的项目内，最好加入"朋友们曾这样说"等周围人对自己的看法。

Q10：你有什么缺点吗？

许多应聘者把自己的缺点说得模棱两可，希望人家会看作是你的优点。例如，回答说"我性子急"，希望主考人认为你干劲十足，这类话主考人早听腻了。根据本人经验作为应届生这样表述效果会更好："虽然我自己做过我未来从事工作的相关研究，但我没有实际操作的经验，还有很多很多需要进一步学习的东西"，这样回答，既说明了事实情况，又把"缺点"归罪于应届生这个身份，这样表述可能面试官会更喜欢。

Q11：你还有什么问题吗？

假如你笑笑说"没有"（心里想着终于结束了，长长地吐了一口气），那你就亏大了，好不容易到了这个问题，你一定要抓住机会问回去，而你的目的不是要问住他，而是给他进一步了解自己的机会。回答这个问题时，你可以通过"问问题"来展现自己的特点和优势，证明自己的"实力"。如果面试官是公司高管，你就要注意"看人下菜"，高管更关心的可能是理想、目标等宏观、务虚的东西，你提出这种问题，正好符合高层的胃口，也让他们有兴趣谈。如果你能勾起领导们的兴趣，那恭喜你，你已经成功了一半；还会显得你是有实力、有思考、不盲目的人；同时也能进一步了解公司的状况，看看是否和自己想的一样，到底有没有前途。当然这个问题你也可以以一些侧面的问题来试探一下考官，推断一下自己入围有几成希望。

五、应该知道的几点知识

1. 几个相关概念：实习期、见习期、试用期

很多学生分不清楚实习期、见习期和试用期这几个概念，特此说明：

（1）实习期。实习期并非法律上的概念，专指尚未毕业的学生到用人单位进行的社会实践活动。学生到用人单位实习，并非与用人单位确定了劳动关系。我国法律规定，用人单位不得与在读学生签订劳动合同，在读学生到单位学习，只能采用实习的形式。

（2）试用期。试用期是法律上的概念，有特定的法律意义，是指用人单位和劳动者相互了解、选择而约定的不超过 6 个月的考察期，是毕业生与单位确定的特殊劳动关系。一般毕业生与单位签订的劳动合同里，都有试用期的条款，试用期过后，毕业生即成为单位的正式员工。

（3）见习期。见习期不是法律上的概念，而是人事上的特定概念，是历史遗留产物，一般是指行政、事业单位在人事制度的框架下对应届毕业生进行业务适应及考核的一种制度。从性质上看，见习期也是一种试用期，只不过它并不是劳动法意义上的在企业与员工之间的"试用期"，而是行政（公务员）、事业单位采用的"特定方式"，因为机关/事业单位一般是聘任制，而不是劳动制。

实行劳动合同制度后，见习期制并没有被废除，而是与试用期共同存在。这样就出现了有些用人单位（如实行劳动合同制的事业单位）要求毕业生有一年的见习期，有些单位则直接与毕业生约定一年的试用期，试用期过后即作为正式员工。还有一些单位，既规定了见习期，又规定了试用期，并且把试用期作为见习期的一部分。

劳动部在 1996 年全面实行劳动合同制时以复函的形式规定"关于见习期与试用期，大中专、技校毕业生新分配到用人单位工作的，仍应按原规定执行为期一年的见习制度，见习期内可以约定不超过半年的试用期"。见习期与干部身份有关。毕业派遣后的大学生见习期满 1 年，转正定级后，可以获得真正的干部身份。只有有派遣证的毕业生才有资格见习，因为派遣证是干部身份的标志（资格证明）。而研究生不实行见习期（研究生自动获得干部身份）。相关文件是人社部（84）教计字 085 号。

附件：研究生不实行见习期制度的文件

《关于攻读硕士、博士学位研究生毕业分配工作后工资待遇问题的通知》【发文号】（84）教计字085号

关于攻读硕士、博士学位研究生毕业分配工作后工资待遇问题，经国务院批准。现将有关问题通知如下：

一、凡攻读硕士、博士学位的研究生，获得硕士、博士学位的，毕业分配工作后不实行见习期，直接实行定级工资。未获得硕士、博士学位的，毕业分配工作后，应有一年的见习期，但对入学前参加工作满一年以上的国家正式职工（不含未转正的学徒工、练习生、试用人员等）不实行见习期；不脱产学习的，也不实行见习期。

二、获得硕士、博士学位的研究生，毕业分配工作后，无论做什么工作，其工资待遇均按所列定级工资标准执行。即：获得硕士学位的定为行政二十一级（六类工资区六十二元），获得博士学位的定为行政十九级（六类工资区七十八元）。如原是国家职工，其入学前原有工资等于或高于上述定级工资的，可在原工资基础上高定一级。如果在学习期间升过级的，不再高定一级。未获得硕士、博士学位的研究生（不含肄业），毕业分配工作后，无论做什么工作均按附表所列的见习期临时工资标准和定级工资标准执行。即实行见习期的，按附表所列的临时工资标准执行；不实行见习期的，则按附表所列定级工资标准执行。如原是国家职工，其入学前原有工资低于附表所列见习期间临时工资和定级工资标准的，按附表所列见习期间临时工资和定级工资待遇执行；高于附表所列见习期间临时工资和定级工资水平的，按原工资标准执行。

三、攻读硕士、博士学位的研究生，无论是否获得学位，他们毕业分配工作后的工资，都从他们向工作单位报到之日起计算。凡是在上半月报到的，发给全月工资；在下半月报到的，发给半月工资。如果当月已在原单位领取了工资或已在学校领取了助学金的，应将此款扣除。

四、派往国外学习人员获得学位回国分配工作后的工资待遇（含已回国人员），与在国内学习获得同等学位人员同等对待。

以上规定自一九八四年三月一日起执行，本通知下达前已分配工作的，工资差额不补。

2. 关于三方

三方协议是《全国普通高等学校毕业生就业协议书》的简称，是明确毕业生、用人单位、学校三方在毕业生就业工作中权利和义务的书面表现形式。

三方协议由国家教育部或各省、市、自治区就业主管部门统一制表，由学校发给，毕业生签字，用人单位盖章，是办理报到、接转行政（档案等）和户口关系的依据。

三方协议一旦签署，就意味第一份工作基本确定，应届毕业生在签署三方协议前，要认真查看用人单位的隶属，不同属性的单位在人事接收、户口办理上有非常大的差别，国家机关、事业单位、国有企业一般都有人事接收权，而民营企业、外资企业则需要经过人事局或人才交流中心的审批才能招收职工，协议书上要签署他们的意见才能有效。

（1）三方协议 VS 劳动合同。三方协议不是劳动合同，是毕业生、用人单位、学校三方之间签订的就业意向，主要用于解决应届毕业生户籍、档案等人事相关问题。三方协议在毕业生到单位报到、用人单位正式接收后自行终止。

劳动合同是毕业生到用人单位报到后才签订的，是明确毕业生和用人单位劳动关系的法律文件。对于毕业生来说，签订了三方协议并没有进入就业的"保险箱"，还需要接受用人单位实习期、试用期的进一步考查，理论上存在签订三方而不签订劳动合同的情况（当然这种情况发生的可能性比较小）。具体来看，三方协议和劳动合同有如下区别：

第一，三方协议是毕业生在校时，由学校参与见证的、与用人单位协商签订的，是编制毕业生就业计划方案和毕业生派遣的依据；劳动合同是毕业生与用人单位明确劳动关系中权利、义务关系的协议，是上岗毕业生从事何种岗位、享受何种待遇等权利和义务的依据，学校不是劳动合同的主体，也不是劳动合同的见证方。

第二，三方协议的内容主要是毕业生如实介绍自身情况，并表示愿意到用人单位就业，用人单位表示愿意接收毕业生，学校同意推荐毕业生并列入就业计划进行派遣。劳动合同的内容涉及劳动报酬、劳动保护、工作内容、劳动纪律等方方面面，更为具体，劳动权利、义务更为明确。

第三，一般三方协议签订在前，劳动合同订立在后，如果毕业生与用人单位就工资待遇、住房等有事先约定，亦可在三方协议备注条款中予以注明，日后订立劳动合同对此内容应予认可。

（2）三方协议注意事项。

第一，三方协议主要用于户口、档案转接，如果单位不能解决户口，就没有权利签三方，如果签了，只会浪费学生申报户口的机会。如果遇到单位不能办理户口，可以考虑将户口挂靠在人才中心，此时是和人才中心签订三方，而不是用人单位（准备在北京、上海就业的学生一定要注意单位有没有户口指标）。

第二，毕业生与用人单位达成一致意见后，均须签订三方协议。三方协议是国家统计毕业生就业率的根据，也是派遣证发放的证明。只有签署了三方协议，学校才会发放派遣证和报到证。

第三，毕业生在协议书上签署个人意见之后，用人单位或学校两方之间只要有一方在协议书上签字，三方协议即生效。

第四，毕业生违约时，必须办理完毕与原签约单位的解约手续，然后将原协议书交还招生办工作处，并换取新的协议书。

第五，用人单位通常以高额违约金约束学生，学生在协商中要力争将违约金降到最低，通常违约金不得超过 5000 元，最好能力争取消违约金。

第六，三方协议"备注"部分允许三方另行约定各自的权利、义务。

为了防止用人单位承诺一套做一套，毕业生可将签约前达成的休假、住房、保险等福利待遇在备注栏中说明，如发生纠纷，可以此维护自己合法权利。

（3）就业协议解除程序及注意事项。三方协议签订后，签字三方均应严格遵守，维护协议的严肃性。但毕业生可能会因种种原因，需要解除原有协议。对此，应按照有关政策规定进行办理。解除就业协议的程序如下：

第一，毕业生向原用人单位提出解除协议的申请，经过与用人单位的协商，取得用人单位同意后，由用人单位向学校出具同意解除协议的函（一般要交违约金）。

第二，毕业生持用人单位出具的同意解除协议的函向毕业生就业指导服务中心提出申请。

第三，毕业生就业指导服务中心对毕业生提供的材料进行审核，如果符合相关规定，则同意毕业生解除协议，方可领取新的三方协议书。

需要说明的是，个别毕业生在学校签字盖章之前就提出解除就业协议，虽说学校尚未签字盖章，但毕业生与用人单位之间的协议已经生效，也是违约，要解除协议也必须用人单位同意。

此外，学生违约会对学校声誉造成影响，有很多北京学校为了维护学校声誉，只发放一份三方，不准学生违约，签订三方时一定要弄清楚学校政策。

3. 关于派遣证（报到证）

派遣证是毕业生向学校上交签订好的三方协议后，由学校派发的用于档案、户口转接和毕业生报到用的证明。派遣证一式两份，一份是派遣证，另一份是报到证。派遣证将放入毕业生的档案，档案则通过机要形式直接转入用人单位（档案属国家机密，不允许个人持有，如果用人单位拥有档案保存资格，档案就放在单位，如果没有，单位会掏钱将档案放在人才市场）。而报到证则由毕业生自行保管，用于到单位报到。报到证最好妥善保管，以后可能会用到。

对于本科生来说，派遣证非常重要，没有派遣证是不能转正定级的，也即会失去干部身份。

4. 关于干部身份

（1）什么是干部身份？是公务员吗？大学生怎样获得干部身份？"干部身份"只是一种身份，是我国人事制度中的一项规定，而不是表明你是公务员。在中国原来的社会体系中，公民分三种身份：农民、工人和干部。农民归农业部管理，工人归劳动局管理，而干部归人事局管理。

大学生属于国家培养的专业人才，具有获得干部身份的资格，但本科毕业生并不会立即获得干部身份，而是需要为期1年的见习并完成转正定级，转正定级后即成为真正的干部身份，此时，学生档案会变成干部档案，干部档案可以在社会上自由流动。如果不能完成转正定级，是不会获得干部身份的，因此对于已经签了单位的本科生（签三方的），在这一年内辞职，就要回到学校改派，否则不能完成转正定级，也就不能获得干部身份（因为根据有关规定，见习期需要在同一单位完成，也就是你的三方、派遣证以及你的转正证明表，这三个上面盖的要是同一单位的章，否则视为无效）。

对于研究生来说，由于其不实行见习制，工作后自动获得干部身份。

（2）干部身份有什么作用，不获得的有什么坏处？现在，由于社会不断向前发展，身份问题已经不再被人反复提及，而且在日常生活中的体现也不明显。但是一旦遇到如提干和工作年限的问题，待遇就会出现区别。对于大学毕业生来说，如果没有留住干部身份，就是工人或农民身份，农民和工人身份是不能提干的，提干需要干部身份，特别对于公务员、事业单位来说，干部身份非常重要。

此外，不获取干部身份也不能评定职称，在目前，我国只有干部身份才能参与职称评定。任何单位都希望有职称的人来工作，而且，就算你工作的单位没有职称评定一说，如果你是高级经济师，你拿的钱也绝对比别人多。

而什么人能评定职称呢？有干部身份的人。所以从此看出，就算你不当官，你只挣钱，干部身份对你来说也还是有用的。

（3）单位不给解决户口，能获得干部身份吗？虽然单位不给解决户口，不和单位签订三方，但可以采用变通的方法来解决。方法就是挂靠在人才服务中心，这样就可以获得派遣证，获得派遣证就可以 1 年后在人才服务中心转正定级，获得干部身份。

5. 关于转正、定职、定级（本科、硕士分别谈）

很多毕业生，由于种种原因，刚参加工作不久，就要辞职。但是在辞职的时候，有很多事情需要注意，有很多手续也需要自己去办理，要不然会留下后患，主要是关于转正定级和干部身份的问题。

本科生：

（1）档案问题。接收单位有人事权的，档案直接由单位接收；没有人事权的单位，档案由单位指定，存放到某家人才服务中心（单位存档和人才存档在职能上没什么差别）。

（2）转正→获得干部身份。本科生毕业工作的第一年，称为见习期，在这一年里，本科生的档案不能流动。要等到见习期满（从到单位报到那天算起满一年整），并考核合格，提交见习期总结/小结（有的单位是印制的见习生手册，本质上一样），填写转正定级表格，此时本科生完成了转正的手续。

需要注意：完成转正的单位要与你派遣证上的单位一致，不能毕业被派遣到 A 单位，转正表格上盖章确是 B 单位（A 为 B 子公司或基层单位不属于这种情况）。单位没有人事权的，转正表格上还要加盖人才存档的章。

标志：填写《转正定级表》（存入档案）

（3）定职→获得初级职称。本科生转正之后，会根据你的专业结合你的岗位，给予定职，获得初级职称。

标志：填写《初聘技术职称申报表》（这个表存入档案）

（4）定级→定工资级别。我们常听说的"几档几级"，就是工资定级。

大学生在转正、定职之后，你的档案里会多一张《工资定级表》（存入档案），即完成了定级。

当本科毕业生完成了上述三项后，就具有了正宗的干部身份，档案可以在人才中心自由流动了（说难听点就是这时候可以跳槽了），不完成这三项的毕业生档案，被称为"死档"，其他单位或人才中心是无法调取你的档案的（原则上）。由于在时间上，这三项都是参加工作一年后完成的，所以这三项的手续单位一般也都绑定一起完成，到时候会填写很多表格，不要嫌麻烦，这些可都是关乎未来职业发展非常重要的东西。

（5）改派。这里主要拿北京举例，外省的政策可能要宽松很多。应届毕业生参加工作，在一年内辞职的，未完成上述三项的，应该去办理改派才能到新的单位就业（原因是你的档案是死档）。一般来说改派只有一次机会，不能反复改派。对于已经在就业单位落户、接收档案的毕业生，原则上不应该给予改派（所以那些户口被派遣到京外的，一旦户口落地，再找到能解决北京户口的，也很难改派了，那些未发生落户的，有可能办理进京手续），所以对于要改派的同学，最好你的户口还没有落地，这样办理起来容易很多。

对于要求改派回原籍就业的，办理起来相对容易，一般学校可以给予办理。如果改派成功，虽然国家规定，之前的旧单位的见习和之后新单位的见习时间可以累积合并计算，但是由于各单位有自己的规定，可能你之前不到一年的工作经历不被承认，这样你转正定级的时间就晚了几个月。

如果不能改派，原则上（肯定有特例）任何单位和人才都不能调取你的档案，这给你转正定级造成了麻烦。

这里以北京为例，这种没有转正定级表的档案，任何单位/人才都不会接收的。许多外省市的稍微宽松一些，可能人才中心会接管你的档案，或者人事代理公司，帮你负责转正定级。

奉劝各位本科毕业生走正常的程序，为自己的将来着想，尽量在同一个单位干满一年，把这些手续都办齐全了再跳槽，社会上不像学校，不公平的事情时有发生，有些事情需要忍耐……

硕士研究生：

（1）档案问题。接收单位有人事权的，档案直接由单位接收；没有人事权的单位，档案由单位指定，存放到人才中心（单位存档和人才存档在职能上没什么差别）。

（2）转正→干部身份。硕士研究生没有见习期，不需要见习，直接具有干部身份。研究生的转正其实是试用期转正，因为研究生没有见习期，所以有些单位安排了3~6个月的试用期，观察、考核毕业生的工作能力，试用期满后的"转正"不是见习生转正。根据观察，签3年劳动合同的，一般试用3个月；签5年以上劳动合同的，试用期最长可为6个月（备注：硕士研究生可以不填写见习转正相关的表格）。

（3）定职。硕士研究生参加工作后直接定初级职称，有试用期的单位，也有在试用期满后定职称的（备注：研究生有许多单位不填写初级职称申报表）。

（4）定级。硕士研究生工作满6个月，进行工资定级，工资定级表由单位人事给你放入档案（也有个别人才3个月就给做工资定级的，常见的是半年）。研究生如果办了工资定级，之后就可以档案自由流动了。

（5）改派。硕士研究生工作不满6个月的，上述三项未完成的，档案就是死档。如果在这6个月里要更换工作，可以办理改派。改派的政策和本科大同小异。

所以强烈建议硕士生，干满6个月再走（3个月定级的，那就至少干满3个月）。

6. 关于户籍和户口挂靠（托管）

一般来说，毕业生户口和档案是绑定在一起的，户口去哪儿，档案就去哪儿，只有转正定级后，档案和户口才能分离，档案才能自由流动。如果用人单位能解决户口，按正常的程序签订三方协议即可，但是如果用人单位不能为你解决户口，一般的处理途径有以下三种：

一是找人才挂靠或托管（最优的办法）。毕业生可以根据实际将户口和档案挂靠在人才服务中心。人才服务中心可以为毕业生提供以下服务：档案材料保管、查询；出具出国（出境）政审、升学、就业、考研、结婚等相关证明；办理落户手续；为毕业生党员提供组织关系转接，代收党费，进行年度考核，办理转正手续。

二是申请将户口和档案暂存学校（一般是两年的期限，过了期限后会被打回原籍，研究生不会打回原籍）。2002年国家下发文件，允许毕业时尚未落实单位的毕业生户口、档案留校两年。将户口和档案暂存学校的好处是可以暂时保留住应届生的身份，如果中途找到能解决户口的单位，可以重新办理派遣等。相当于是延长了择业期，缺点是与学校没有人事隶属关系，涉及人事关系的证明都不能出具。

三是打回原籍（从哪儿迁入的再迁回哪儿，研究生不会被打回原籍）。一提到生源地，许多来自农村的学生就会担心会不会转为农村户口，实际上打回原籍是不会转为农村户口的，生源地人事部门一般是指地级市的人事局。但各地方规定有所不同，如上海市要求统一派回上海市高校毕业生就业指导中心，天津市要求统一派回天津市教育委员会，这种转档案的方式比较适合准备在生源地范围内就业的毕业生和暂时不想就业的毕业生。其优点是在生源地就业后办理手续简单方便，而缺点则是毕业生两年内如离开生源地就业，需重新办理改派手续。

所以，如果遇到单位不能解决户口的情形，找一个合适的人才中心挂靠是比较好的选择，如天津人才。

在档案转递时要重点注意几点：

第一，在没有搞清楚用人单位是否具有人事主管权之前，不要把档案转入这个单位，应该把档案转递到这个单位所在地的人才交流中心去。我们经常碰到一些没有档案管理权的单位在接收档案，个别单位会把学生的档案弄丢了或是扣住不放。

第二，要询问清楚用人单位的性质，如果是国家机关、国有事业单位、国有企业，它们或它们的主管单位是有人事管理权的，可以接收档案。其他各类非公企事业单位、各类民营机构是无人事管理权的，要通过人才交流中心来接收学生，学生的档案要放到人才交流机构去。

第三，档案的转递是有规定程序的，在离开学校之前最好弄清楚你的档案在什么时间被转到哪个地方去了。因为在现阶段，主管学生分配的单位没有统一，有人事局、人才交流中心、教育局、专门的分配办等，比较乱。而且档案转进转出比较麻烦，最好一步到位。

六、毕业程序

毕业领走了毕业证、学位证还有报到证。你是不是感觉就啥事都没有了？你错了！千万不要以为毕业领了证书就万事大吉了。你还有很多事情要做。千万不要因为自己的疏忽，给以后带来不必要的麻烦。一生也许就毕业这么一回，大家还是认真点好。大家看看还是很有用的。

1. 毕业证、学位证

毕业证、学位证要复印两份收好了，那可是你四年青春换来的两个证书（最好是能扫描个电子版存在网络上备份）。先不说含金量如何，要是真弄丢了还真补办不了，只能给你开个证明，所以你还是不要大意。

2. 报到证（又叫派遣证）

报到证是一张 B5 纸，上半边是蓝色的叫"报到证"，下半边是白色的叫"派遣证"（很多同学都说自己没有白色那半边，那是因为有的学校已经将那半边白的撕下来，装进你的档案了）。报到证的名头单位就是你要去报到的地方，也是你人事档案存放的地方。很多同学都是某某公司或某某人才等。你要做的就是拿着报到证，去公司报到，报到证开出后一个月内必须报到。蓝色的报到证留在手里，以后取档案的时候，它就是凭证。

如果以后找到正式工作需要改派，这张纸也要收回。所以千万不要以为它没用，扔掉了，若干年以后你不记得自己档案在何方，找到这张蓝色的纸，你就会眉开眼笑的。你去报到了，就意味着你已经开始计算工龄了，如果没报到是不算工龄的，视为你没找到工作。所以大家最好按期去相关部门报到，填写见习定级登记表。需要办理户口迁移的同学更需要重视，因为没有报到证你是落不了户口的。

3. 人事关系档案

人事关系档案就是你的学籍档案，在校的时候叫学籍档案，毕业了就叫人事档案。很多人一辈子都不知道自己档案里都装进了什么，也不知别人在上面写了什么。档案中有高考材料、学生登记表、大学生毕业登记表、自传、学位申请表、大学成绩单、体检表以及奖励证明材料、党团申请和培训材料、资格认证表等，还有就是就业通知书。人事档案只有在事业单位和国企工作调动、公务员考试、研究生考试、征兵、国家志愿服务计划、事业单位考试或录用的时候才需要提调，否则你的档案有可能一辈子都沉睡在人事局。

4. 党组织关系档案

党员或预备党员除了人事档案之外，还有一个组织档案。毕业时都返给本人，档案由本人自带交给新的党组织。转接关系除了组织档案以外，还需要拿着学校给您开具的"党员关系转递介绍信"，到介绍信上的"名头单位"（一般都是市级组织部或单位组织部门）去报到，落组织关系。报到时间自开出介绍信之日90天内，落完组织关系，你要把介绍信最下边的回执信，邮寄到"×××大学组织部"。各位党员千万别不以为然，把档案扔到家里就没事了。党员脱离组织的后果很严重啊！尤其是需要转正的预备党员，一定要按时间要求报到，并记着要按期申请转正。

5. 户口迁移证

户口迁移证是一张近似正方形的蓝色纸，是你迁移户口的凭证。不是每个人都有，只有当年入学的时候，你把户口迁到学校的学生，才会有这张纸。迁移证上的名头地址，就是你要落户口的地址。如果是要迁回老家，那你就要带上这个迁移证，并在注明的有效期限内，带上上文所说的报到证以及家长的户口本到落户地派出所户籍科办理落户手续。有的地方落户后还需要重新办理身份证。

由于各地政策不一样，有的地区对"报到"落实得很严格，而有的地区不报到也没什么后果，但是大家还是去报到为好，这样你就可以把很多不明白的问题当面问清楚，还可以确认自己的档案的确转递到位，因为每年档案丢失的事情不在少数，难免你的档案不出问题。别到以后要用档案的时候，才发现自己档案丢了，那时补都来不及。

毕业之后两年之内涉及户档改派问题还需要到学校就业中心办理改派手续。要求带报到证原件（蓝色）、原来单位的离职证明或者解约的证明、新单位的录用证明、改派申请书、委托他人办理的还需要委托书。补办报到证需要之前签的三方协议或者公司的劳动合同、补办报到证申请书、毕业证复印件等。

第三部分　考证、实习和信息搜集

　　求职前多储备知识、技能、经验有助于提高求职成功率。除了学习成绩、专业技能、学生会及社团经历等所有行业招聘时均会考量的情况外，金融相关行业求职还非常重视证书和实习，一次含金量高的证书或者一个分量重的实习经历会显著提高毕业生的竞争力。

一、经管人需要考的几个证书

1. 从业类证书

　　从业类证书是从事这个行业的准入门槛，对于应届毕业生而言，从业类证书并不是你求职的必备，建议大家考取从业类证书的主要原因是可以通过从业类考试获取行业的基础知识，能够在从业前对即将可能从事的行业有个客观、全面的了解。应届毕业生面临的从业类证书大概包括银行从业资格证书、证券从业资格证书、会计从业资格证书（信托从业资格证书也即将出炉，但第一批认证考试应该在已从业的人员中间展开）。

（1）银行从业资格证书。银行从业资格考试的科目包括公共基础、个人理财、风险管理、公司信贷及个人贷款，其中公共基础是必修科目，其余四科是专业科目，可根据要从事的职业方向来选择报考，但是个人强烈建议如果要考取从业资格证书还是认真看书然后把全部都考下来，这样才方便你全面认知各项业务。比如，个人理财是为客户理财的，像理财经理、客户经理和需要努力争取较好的客户资源，特别是大客户；风险管理是搞内控的，要求对业务熟悉，把银行的文件及规章制度理解透彻；个人信贷业务主要指运用从负债业务筹集的资金，将资金的使用权在一定期限内有偿让渡给个人，并在贷款到期时收回资金本息以取得收益的业务。

（2）证券从业资格证。证券从业考试科目分为基础科目和专业科目，基础科目为证券基础知识，专业科目包括证券交易、证券发行与承销、证券投资分析、证券投资基金。和银行从业证书一样，基础科目是必选，其他科目任选一科通过后即可获得证券从业资格，但同样地，个人还是建议既然选择通过从业考试的方式去了解整个行业或者业务情况，还是把专业科目也都一鼓作气全部考完，对各个板块的业务了解清楚也便于自己在求职的过程中做出更好的选择。

（3）会计从业资格证。相比较证券从业和银行从业这种行业从业证书，会计从业资格证则应该被认定为职业从业证书，是从事会计这个职业必须持有的资质证书。会计从业考试包括会计技能考试《初级会计电算化》、会计专业知识考试《财经法规与会计职业道德》和《会计基础》，成绩合格证明两年有效。值得注意的是如果是会计财务专业学生，在取得相关学位两年内参加会计从业考试，初级会计电算化科目可以免考，这也是为什么建议财会类专业的学生及早备考会计从业资格的原因。

以上为大家介绍的是从业类证书，考试通过率高，不用耗费太多的时间和精力就可以实现对行业或者职业的大致了解。而下面要介绍的几种认证类考试则需要大家做好充分的心理和时间准备去攻克。其中，注册会计师和司法考试的"攻略"完全由本书作者团队中的"大牛"原创，讲述如何一次性通过这两个超具难度的认证考试。其他国际化金融认证的考试也为大家做了大致的介绍和分享。

2. 注册会计师（CPA）

在经济管理领域，CPA 的含金量和地位毋庸置疑且考试费用低廉，成为广大经管专业毕业生首选的考试证书，全国高校中至少一半的人都在考这个证书，现在分享一下经验和技巧。

CPA 作为国内无可争议的"中国第一难考"证书，一直以来受到广大经管专业学生的关注。CPA 考试涵盖的知识涉及企业财务和资本运作的方方面面，CPA 也已成为投行、私募等高端金融行业的"敲门砖"，很多公司包括政府部门在内都写 CPA 等证书的优先录取。有人戏称"CPA 是每个中国 CEO 的入门考试"，虽为笑谈，也有其合理之处。从最初的 4 门变为 5 门，又变成现在的"6＋1"，难度越来越大，"考生"们也变得越来越痛苦，但是不管怎么变，只要是中国的考试，就有通过考试的技巧，现在就为大家传授我认为最快、最高效的学习方法。

第一，要有吃苦的准备。现在的 CPA 考试采用"6＋1"的形式，先要考完 6 门专业阶段考试，涵盖会计、审计、财务管理、公司战略、经济法和税法，然后还需要考一个综合阶段考试，才能拿到合格证书。考 CPA 首先就要做好吃苦、长期努力的准备，当时 5 门的时候还可以一年考完，现在无论如何也要至少 2 年才能考完，而且要在第一年考过 6 科，是非常非常困难的，估计只有特别牛的人才能做到，大部分人都是一年过 2～3 科，这样的话就至少需要 3 年多的时间，快赶上读一个大学了。所以要有长期战斗的准备，要有"纵使 CPA 虐我千百遍，我待 CPA 如初恋"的状态和理想。

第二，要保持信心。CPA 虽然难，而且通过率低，但并不是高不可攀，要保持信心，不能被它的难度所吓倒。其实只要认真复习，方法得当，完全可以在有限的时间通过 3～4 门。拿我自己来说，我是用 1 个半月复习考过的经济法、税法，用 2 个月复习考过的会计、审计、财务管理，当然我是考的旧制度的 5 门的，大三期末就已经拿到了 CPA 全科证书。而且我周围同学很多人都是一次过 4 门、5 门的，而且即使改成"6 + 1"后也有很多同学一次通过 6 门的（对，你没看错，一次过 6 门）。这些例子都说明，CPA 并不是真的考不过，只要你有信心，只要你努力复习，一切皆有可能。

重要的是复习时要持之以恒、坚持住。很多考 CPA 的人在考试前立下山盟海誓，考不过要怎样怎样，但是真到复习就开始变怂了，找各种理由不学习、不努力，还有很多人中途退出或者打酱油，这些也很容易理解，毕竟准备考试的过程是非常痛苦的。但是怎么说呢，你要想想当初为什么上路，为什么要考 CPA，多给自己一些心理暗示，不断激励自己坚持下去。

第三，认真准备复习资料。复习资料买网校的书籍或课件即可，在 CPA 考试市场上，有两家巨头，分别是东奥会计网校和中华会计网校，这两家随便选一家都可，网校会有各种各样的资料，考生可根据自己的经济实力和情况选择相应的资料。想要轻松顺利通过考试，真心推荐要善用网校视频，一定要看完一个基础班，然后是习题班要跟着做题，其余有时间就看一下。而且有一个是必须买的纸质版的书，就是东奥的轻松过关一或者是中华的梦想成真一，这两本中选一本，就像三国杀中袁术的台词一样"一本到手，天下我有"。我个人倾向于东奥的轻松过关一。买书的时候有个技巧，就是在淘宝上买，一般老板会额外赠送网校的视频或课件（当然是盗版的课件，毋庸置疑，但是在国内，你懂的），或者是在淘宝上直接买视频或课件，淘宝上的课件都很便宜，而且很全，一般是买一家的送另一家的，经济实惠，感谢大淘宝吧！

第四，多做题，弄懂题目的真实考核点。中国的考试，特别是这种职业类考试，采用题海战术绝对错不了，关键是看你有没有这个时间和精力搞题海了，为了节省时间或者更高效地采用题海，最有效的就是做真题，这也是考 CPA 永远绕不开的一个话题。真题一定一定要反反复复做，其实网校的模拟题和练习题也都是根据真题改编的。我可以很确定地告诉你，只要你把过去 3 年的真题做得滚瓜烂熟，你一定会通过考试，一定的一定，过不了你来找我。根据我的经验，真题要至少做 6 遍以上，当然，每一遍的重点并不一样，但是总的原则是一样的，就是要把每个真题都弄懂！

第五，搭配的策略。专业阶段的 6 门中，经济法、公司战略和审计需要记忆的文字东西较多，也就是说要背书；财务成本管理、说法和会计逻辑性要求较多，背的东西相对较少。考生在报名的时候可以根据自身情况搭配报名。例如，财务成本管理搭配经济法或公司战略、会计搭配审计考等，这样能做到记忆和逻辑结合。

3. 司法考试

司法考试的作用也毋庸置疑，很多经管人在考完 CPA 和 CFA 时，都会加入到司考的大军，以期拥有财务和法律的"双宝剑"。现分享网上的一篇文章，供大家参考。

司法考试成绩出来了，我的是 373 分，高合格线 13 分，非法本 + 0 基础，很多人问学习方法，我就把我认为要注意的简单说一下，如果有想考的可以借鉴一下。

关于复习时间，我从拿到书到考试刚好是 2 个月的时间，一开始没拿到书之前觉着司考应该挺 easy 的，没想到拿到书后直接疯掉了，总共 12 本还多，而且每一本都很厚，包括专题加真题，2 个月估计连看都看不完，更别说去听网上的课件了。但是我明白所有的考试都是要达到这样的要求：会做 + 做熟，即要把真题做会然后做熟，这样才能保证快速地答完试题，以下将我的个人经验介绍给大家，仅供参考。

第一，关于复习资料，我用的是众和的专题和真题，其实万国的也差不多，两个都可以，但是最终是专题没怎么看，真题倒是做了很多遍。告诉大家一个比较快的方法，一开始的时候用分类的真题，注意一定是分类的真题，就是那种按知识点排列的，先做第一遍，第一遍主要是记住一些知识点，理顺一些思路。第一遍的时候是最痛苦的，因为你刚开始接触，肯定是一个都不会，也要继续做，因为中国所有的考试都是这样，就要你记住知识点就行，很多都是记忆，做的时候直接就是看答案，然后记住答案怎么说的。一般来说，对某一个知识点，在做完最近几年的真题后，就会把重要的考点记住，也就是说答题的时候知道怎么答了。第一遍非常痛苦，一定要有思想准备，如果连题带答案认真看完一遍，应该能会做其中的50%以上。然后看第二遍，第二遍的时候就可以稍微自己做做，也就是说先把答案挡住，然后自己选一个，看看是否正确，然后把不正确的标注出来。第二遍做的时候也很痛苦，错的也很多，大家心态要好。然后是第三遍，第三遍重点是关注自己标注出来的做错的那些，这一遍相对容易，用的时间也不是很多。然后再做第四遍，第四遍做完基本的考点应该都掌握了。

接下来换成按时间编的真题，也就是按年数，不是知识点分类的那种，一年一年地做。在第一遍的时候也很痛苦，因为你前面是按分类复习的，换成按时间后很不适应，不过没事，认真做一遍，把不会的标注出来。接着做第二遍、第三遍、第四遍，以后就会发现，做真题的正确率会在90%以上，这时候应该也就能考试了。

第二，要不要听班的问题。我是因为时间紧，没有听班的机会，而且我觉着辅导班讲得太慢，受不了，还不如自己总结。其实在做完几遍真题后，你自己完全可以总结出来，而且比辅导班的更适合你，所以我觉着听班不是必须的，如果大家想听班的话，可以到淘宝上买书的时候找老板要，一般买老板的书都会免费送辅导课件的，谁家的课件都有，众和和万国等，也不用到处去找了，浪费时间。

第三，感觉时间不够怎么办？其实时间都是挤出来的，如果真正方法正确，而且自己比较努力的话，有2个月是足够了，但我说的2个月是全日的，因为我是暑假复习的，所以全天都可以用来复习。如果是每天只能拿出几个小时的话，可能用的时间要多。我自己是每天9个小时左右，实际有效时间是4周，4周后应该也就能参加考试了。

第四，关于过程，准备司考的过程异常痛苦，因为要记的东西太多太多了，12本书，各种资料，如果要看的话怎么都看不完。所以心态一定要好，当感觉自己快要坚持不住的时候就想想自己为什么要上路，为什么要拿下这个东西，只要坚持下来，一般结果都会不错的。

第五，关于模拟题，众和和万国的模拟题非常恶心，我当初做的时候几乎是错一半以上，但我还是建议大家看一看以加深对知识点的理解，查漏补缺。当你在做会同一类型的难题后，再做同类型的简单题要容易得多。但是大家要有心理准备，做模拟题时会错得非常非常多，以至于都开始怀疑自己的复习效果，不用担心，真题不会那么恶心的。

第六，一定要对自己有信心，而且要持之以恒。记住只要是自己想要的，然后努力认真地去做准备，结果都不会很差的；还有就是要坚持住，准备司考是很痛苦的一件事，一定要有思想准备。

我特别认同我的一个学长给我说的一句话，做事的时候要像激光一样把所有的东西都集中到一个点上，虽然总能量不大，但是在集中一点后就可以有穿透钢铁的力量。希望大家都能有一个好的结果。

4. 特许金融分析师（CFA）

CFA 是全球金融从业第一证，由美国投资管理与研究协会（AIMR）授予，是证券投资与管理界的职业资格认证。CFA 考试进入中国后，由于众多的"考霸"翘首以待期盼 CFA 持证的镀金，每年的报考人数成倍增长。CFA 分三个等级，一级、二级都是大量的客观选择题，只要认真做了复习工作，对于中国考生而言难度不是很大，但三级就有大量的主观题，包括道德准则等需要成段成段地用英文表达，这对于长期中文环境、远离欧美资本市场的考生而言难度是相当大的。报考 CFA 的成本比其他认证考试要高很多，所以大部分报了的考生还是会认真复习的，总体通过率在 40% 左右。在中国由于考生基数过大，通过率会更低一些。但这个通过率已经远远高于第一国考公务员考试或者 CPA 考试了。

CFA 其实并不是金融机构用人的硬性要求，但为什么有志于从事金融行业的青年男女们都明知山有虎偏向虎山行奋不顾身地投入到考试大军呢？

原因在于 CFA 考试的正规性、专业性和权威性，且在全球金融领域均受到广泛的认可，成为银行、投资、证券、保险、咨询行业的从业通行证。CFA 证书持有者包括世界知名金融投资机构的高级工作人员，薪资也相当可观，持证者在美国年薪多在 20 万美元左右。

5. 金融风险管理师（FRM）

金融风险管理师（Financial Risk Manager，FRM）是针对金融风险管理领域的一种资格认证称号，该认证确定了专业风险管理人员应掌握的风险管理分析和决策的必要知识体系，由美国全球风险协会（GARP）组织考试并颁发证书。啰唆一下，GARP 是一个拥有来自超过 130 个国家 3 万多名会员的金融协会组织，主要由风险管理方面的专业人员、从业者和研究者组成。和 CFA 一样，FRM 之所以风靡全球金融机构，就是得益于其认证体系得到欧美跨国企业、监管机构及全球金融中心华尔街的认可，成为许多跨国机构风险管理部门的从业要求之一。在日益复杂和全球一体化的金融市场和商品市场中，有效地管理和控制风险的作用越来越大，无论是投资银行、商业银行还是证券公司、保险公司，都对加强风险控制提出了更高的要求，而随之带来的结果就是，对金融风险管理专业人才的需求急剧增加，这也导致 FRM 考试的报考人数每年激增。获得 FRM 也相应可以提高自己的薪酬议价能力，所以大量金融青年，特别是从事风险管理岗位的金融从业者都会选择考取该证书。

6. 注册国际投资分析师（CIIA）

CIIA 考试是由注册国际投资分析师协会（ACIIA）为金融和投资领域从业人员量身订制的一项高级国际认证资格考试。通过 CIIA 考试的人员，如果拥有在财务分析、资产管理、投资等领域三年以上相关的工作经历，即可获得由国际注册投资分析师协会授予的 CIIA 称号。和 CFA 一样，CIIA 的报考费用并不便宜，考试难度极大，但与 CFA 相比，在国内 CIIA 还处在培育期，报考人数并不多。参加 CIIA 这种国际性的认证考试的确是耗时、耗力的投入，但极具投资回报。除了在准备考试的过程中可以系统地重新巩固专业知识，拥有了 CIIA 资格，就是一个投资决策管理人员高执业水平和道德水准的有力证明。世界许多国家的相关行业都将其作为一个行业高水平人员的衡量标准，对获得资格者委以重任、报以高薪。

7. 国际注册内部审计师（CIA）

CIA 是专门针对内部审计职业的认证，包括对内部审计程序、内部审计技术、管理控制与信息技术、审计环境四部分。随着内部控制和内部审计标准的提升，企业对高水平、专业化的内部审计人员的需求越来越大，所以通过 CIA 考试的人求职内部审计部门就相对更有优势。

二、关于实习

每个求职路上奋战的战士在出征前的第一步都是如何在一张 A4 纸上尽量全面地表达自己，大部分时候这种"表达"都属于修饰性表达，通俗一点即"注水性表达"，水分最多的体现在两部分，其一学生工作方面，其二实习方面。

先聊一下关于注水的问题，适度注水一方面让简历看上去比较美好，另一方面也提升用人单位对求职者的好感度，毕竟人力资源部门都想尽量招个更优秀的人员加入。但注水一定要掌握好"度"，怎么样算是恰如其分，就像女生出门前化个淡妆，戴隐形眼镜，穿个高跟鞋，既提升了外在形象又没有失去自我。而如果烈焰红唇、烟熏美瞳、超短裙、恨天高就"过度"了，即便能在美感上存在或有提升的可能，但却失去了真实，反而引起人力资源部门的反感。

除了"度"要掌握好外，面试的时候做到"滴水不漏"、自圆其说更重要，一旦"漏"了基本就阵亡了，因为这关乎到诚信这一最底线的原则，谁都不想雇用一个满嘴跑火车还跑出轨道的人。在一次和领导招聘实习生的过程中碰到一个女生就很可惜，简历上面完全没问题，知识结构也很优秀，却在最后一个问题上栽了跟头，领导问到"你们学生会里一共有多少个人"（简历上写了她是学生会副主席，且负责举行了若干次大型活动），心理素质好的同学或许能脱口而出一个相对合理的数字应付这个问题，而这个女生显然没有那么幸运，因为她本来只是学生会里某个部门的副部长而非副主席，对待这个问题吞吞吐吐，讲了一个模棱两可的范围数字，就这样把注入的水原封不动地"漏"了出来。在这里友情提示，学生工作方面注水，最好根据如下原则，干事——副部长，副部长——部长，部长——副主席，副主席最好不要非要说自己是主席了，职位注水最好不要超过一个层级，而副主席的职位已经很高了，没有必要再提升成主席，就那么多学生会，哪里会有那么多主席？另一个活生生的例子是注水的时候没有做好摸底工作，该案例主人公在简历上写着曾在某券商研究总部实习，并将实习地点备注为北京，而事实上该券商的研究总部设立在上海并非北京，这当然会被面试官轻易地识别并剔除出局。这就属于典型的注水过度且前期准备不足而露馅，对于这种情况，只能送两个字——活该。

上文提到简历中最常注水的部分是学生工作和实习部分，但笔者摸着心肝肺想告诉你的是学生工作适度注水可以（但是要做好准备，有些校招现场面试，前后进去的有可能就是同班同学，而一个班级正常情况下不会两个男班长或四个女班长，我相信你懂我的意思的，当年笔者找工作的时候，有个战友就是这么被另一个战友"出卖"的），但是实习部分最好不要注水，特别是去券商、基金等行业，因为圈子很小，信息传递的速度远远超过我们想象，为了一时的投机取巧失去了安身立命的声誉的话，代价就太大了。

综上，简历上展示的实习经历最好是干货，下文将为各位解读实习那点事儿。

1. 关于实习重要性的"扯"

其一，实习重要吗？答案是肯定的，实习是重要的，很重要，非常重要，特别是对于经管类的拟就业的硕士生来说，实习的重要性甚至超越了学分成绩排名和各种"C"字头的证书。一般来说文科类、经管类的工作相较理工类更注重实习经历，而实习经历对研究生的重要性远超于本科生。由于本科学制较长，前四到六个学期基本都是以基础课程、专业课程为主，学业压力较大且时间限制较多，而一般金融机构也不甚喜欢用本科实习生，原因除上述陈列之外，本科生知识储备相对匮乏，性格也相对不够成熟，事务处理能力相对较差。所以金融机构实习生中可能有70%都是研究生在读或者大四保研学生，10%是极为优秀或者适合的本科生，另外20%是VIP。本文关于实习那点事儿的解读也主要针对经管类专业拟就业的研究生童鞋们。

上段一开始给各位读者一个肯定的答案，即实习经历是非常重要的，我想实习的重要意义主要体现在以下几个方面（一般说几个方面而不是三个或者四个或者十几个的时候是指我自己也没有特别清楚一共有多少个方面，敬请海涵）：其一，充实简历，如果实实在在付出了时间与精力去实习了，就没有必要作假或者注水了，这会装饰门面（简历），也会增加竞争力（特别是实习机构都相对比较好、实践经验相对比较多的时候），再不济也能在面试时增加底气（那种心理素质极好，撒谎脸不红心跳不加速的自动出列）。

其二，实习即便不能帮你迅速筛选出你喜欢的行业，至少能让你区别出你讨厌的工作（这是笔者去某前十基金公司面试时部门负责人告诉我的一句话，觉得实在是够实在的，从箱底翻出来与大家分享）。本书的第一部分已经相对全面地为大家介绍了各个行业各个职能的大体的工作形态，公司越大岗位区别越细化，光鲜亮丽的总是有限的，更多的人还是需要在幕后苦苦磨炼的。一段实习中，你会发现有可能你拟从事的正式员工做的事情或者是成天电话、邮件、行销或者是成天"office三剑客"轮番上阵，或者是各种提取数据、模拟建模，再或者是各种谈判——协调——再谈判——再协调。还有一种工作形态是要么在出差要么在出差的路上，在公司加班、在家加班、在路上加班。如果你通过在投行体验了半年空中飞人（非人）的感觉，风险偏好（说得难听点，你可能为了潜在的高收入去受虐）的你可能会有享受这样"折磨"或者"摧残"的生命与生活，风险厌恶（想安安稳稳过小日子不管外界风吹雨打）的你呢肯定要吐血了，你甚至都无法坚持完成这个实习期。所以即使你无法在这个实习经历上确定你将来找工作时几个行业（岗位）标的，最起码能让你认知一个行业（岗位），认知自己是否真心讨厌这个行业或者勉强可以接受。

其三，认真地实习是重新理解课本知识的一个重要手段。当你在学习投资论、货币银行学、金融学的时候会不会觉得有些理论、有些模型、有些推导这辈子都不会用到，甚至你可能还搞不明白为什么债券用到期收益率表达股票用价格表达，但是这些书本上生硬的理论在实习或者今后的工作中都可能会被非常高频率地使用。而财务类的工作可能就会更加深刻地体会每条分录的因果关系或者每个财务指标的含义，书本上的知识不再那么教条、生硬和苍白，只要你用心你会体会到原来课堂上老师轻描淡写地"扯"原来真是那么回事儿。

其四，我认为实习期间非常重要的一点是跟着优秀的员工学习，养成良好的职场习惯。比如，早晨至少不迟到，穿着要干净体面，面对任务要积极面对而不是逃避，出了问题要勇于承担而不是首先想到如何推卸，甚至做PPT至少字号、字体要一致，在别人的材料上做修改一定要留痕，你寄了快递要养成记录快递号的习惯（笔者某次实习当中，其中一个实习生往分公司寄了一份非常紧急的文件，却没有留单号，快递公司并未在预计时间内送达，无法跟踪快递，一度让部门内部氛围紧张到零点），帮领导贴发票也要注意领导的行程习惯（网络热文"我的助理辞职了"会告诉你贴发票也有贴发票的含金量）。总之有很多细小的职场习惯都可以在实习的过程中得到培养，这对正式入职会相当有帮助，在大家都越来越聪明的今天，这些细节方面的习惯已经不属于软实力了，是妥妥的硬门槛。

其五，我认为是超越了前面四点综合的作用，那就是在实习过程中你提前认识了这个行业的前辈，开始提前积累人脉，当然如果你是属于"二代"或者 VIP，那么这点效用对你而言可能不是那么重要，至少完全可以不通过实习的途径。而对于普通的一贫二白的学子而言，这些人脉资源可能就非常重要了，有一点认知要和各位读者分享，在当下的社会关系中人脉是最重要的资源，广结善缘，将会是人生旅程抑或职业生涯中不可多得的珍贵资源。有人会认为这种观点比较钻营露骨，但这却是事实。不管是几个人的轻型公司或者成千上万人的企业集团或者是政治机构、事业单位，无一不是靠人才的聚拢与堆积构成的，多人从众，企业或者机构走向繁荣或者衰落，除去自然规律不可避免之外，其余也多半是人造成的。所以实习期间，尽量多多利用公司资源认识内外部的从业人员，笔者在几次实习经历中积累的最宝贵的财富也正是当时共事的同事，有不少还成为了很好的朋友，一直保持至今。当然笔者需要提示的是，认识人、了解人虽然是非常重要的资源积累，但如何与人交流却是一门至高至深的艺术，且人以群分，只有你自己保持了良好的品质、优秀的涵养，同样优秀的人才会乐意认识你、与你结交。现在的年轻人都很聪明，深谙人脉的重要性，但免不了有时急于求成、急功近利，在实际交往过程中如果带有很强的目的性去攀爬和经营这种关系则会让人很反感。

2. 如何获取实习机会

与找工作的过程是一样的，甚至找实习的阶段更迷茫。获取实习机会一般有以下几个途径：其一，传统网络手段，通过学校 BBS 实习招聘板块、专业的求职网站（如应届生、智联招聘等）投简历、面试，某些单位的实习生招聘还会有相应的笔试。这种招聘方式基本属于海投，且过程较长，成功率相对较低，但对正式找工作流程具有很强的借鉴作用。其二，受人推荐，渠道包括但不限于导师、校友、家人、朋友的推荐及同学实习相互接替等，这种方式取得的岗位可能不是你最初想要，但流程短，成功率高。其三，属于新型网络手段，如通过人人网、微博、微信等网络社交手段，相比较传统网络手段，这种方式集招聘与社交于一体，信息发布也相对更有针对性，比较有利于人脉关系的维系，成功率也相对较高。但在寻找实习机会的时候建议不要对上述方式厚此薄彼，多管齐下、广泛撒网、重点捕捞才是真理。

3. 如何珍惜来之不易的实习机会

前文花了大量的笔墨说明实习的重要性，既然如此重要，那么一旦获得实习的机会，你就要好好珍惜这次来之不易的实习。把每个机会都看作是命运给予你的恩赐，你可能会获得非同凡响的体验。怀揣虔诚之心对待周围的人与事，会让你在今后的路上面对困难和挫折更为淡定和坦然。面对一份实习 offer，基本心理准备要做好，首先，做好工作日穿不了运动鞋与休闲服的准备，男生必备衬衣皮鞋，女生也要相对正式，接受高跟鞋的折磨。其次，做好被批评的准备，初生牛犊，没有相关经验，为人处世各方面也不会有多老练，出错是不可避免的，要有挨批的心理预期，哭鼻子抹眼泪这种事儿最好不要发生，即便发生也不要有第二次，拍桌子耍脾气的行为更会暴露自己的轻率，万万不可取。再次，做好加班的准备，不管是财务、审计、营销类还是金融类工作，正式员工的工作压力都是相当大的，如果你的领导任务繁重，作为实习生的你此时如果表现出畏惧困难、承压能力低下的话，你的名字将有可能会在实习生留用的名单上被抹去。最重要的一点，要清楚作为一个实习生，你不可能一开始就可以操作很有技术含量或者价值量的工作，填表格、送快递、贴发票、影印材料等，这些都是每个实习生成长的必备工作，只有你把这些基础的工作做得没有差错，你才有可能获得更"高级"一点的工作。比如，校验材料、准备文案草稿，循序渐进，也许半年实习后你就可以做半个正式员工了，这必然是你的领导包括更高级的领导所喜闻乐见的。从这个角度讲，实习的时间越久越有留用的机会，在面试同业机构相同岗位时也会被加分，所以笔者摸着良心建议你如果时间允许花半年甚至更长时间做一份你感兴趣的实习工作还是非常值得的。

关于实习的部分，笔者暂且分享到这里，如果你有其他问题，欢迎关注我们的公共微信平台（微信名：i_ caitou），我们将知无不言言无不尽。

三、信息搜集、整理技巧

求职过程中信息搜集、整理非常重要，只有充分掌握目标公司的情况，了解其笔试、面试的步骤、形式和特征等，才能在求职中做到有的放矢。信息搜集、整理贯穿求职的全过程。

1. 了解与求职相关的网站

搜索引擎：百度、谷歌。

论坛：应届生论坛、人大经济论坛、chasedream、各大高校 BBS 的 job 版或者 parttime job 版。

社交网站：人人网、微博、各种博客、linkin、qq 空间。

面试视频类：优酷、土豆。

各行业协会网站、目标公司网站。

在这些网站上都可以获取大量与应聘单位有关的信息和资讯。

2. 善用搜索引擎

（1）关键字要合适。在利用搜索引擎时，一定要把握关键字的选用，如果选用的关键字太概括、太模糊，可能会出来大量非相关的信息，给信息筛选带来巨大的麻烦；如果过于精确，可能就会搜不到相关信息，因为计算机搜索也是在匹配关键字，如果关键字太精确了，就可能产生匹配不上的情况。所以建议是关键字在 2～3 个，而且是最能概括你想要的结果的，比如，你想获取中信证券面试的相关信息，就输入"中信证券面试"或者"中信证券面经"，而不要用"中信面试"因为中信可能是"中信银行、中信信托"，也不要用"中信证券面试技巧"这样的，因为相关文章内容可能是"中信证券面试方法总结"，这样的话就不匹配了。

（2）善用快照查看搜索。查看搜索结果要善用搜索引擎中的"百度快照或谷歌快照"。快照是搜索引擎原先拍下的网页的照片，用快照有几个好处：一是很多原网页已经删除打不开了，但是快照还会保留历史记录，用快照还能打开；二是快照中去掉了很多原网站不必要的插件，打开速度比原网站快得多；三是快照会自动标黄你搜索的关键字，点进去以后和你关键字相关的内容会被直接标黄，使得查看信息更方便、快捷，如果进原网站的话，还要在网页里面找相关信息。

（3）善用搜索引擎高级功能。搜索引擎其实有很多的高级功能，能做相关度、时间等的筛选，可用于搜索最近一天、三天、一周、一月等的信息，这样就可以避免搜索出很多过期信息的情况。另外要善用搜索引擎搜索特定网站信息，如利用百度搜索应届生论坛中所有关于"中信证券面试"的帖子的方法就是，在百度中输入"中证证券面试 site：bbs. yingjiesheng. com"、site 的作用是指定特定的网站，由于百度和谷歌搜索技术非常强大，要普遍优于特定网站自己的搜索引擎，用百度搜应届生上的信息，可能比用应届生自己的搜索功能的效果更好。

第四部分　关于工作的几个问题

一、如何进行职业定位

　　很多毕业生都面临一个问题：没有一个明确的职业发展方向，不知道自己该把力气朝哪个方向使。记住"你是在找寻一个事业方向，而不仅仅是一份工作"。那么，如何进行职业定位呢？

1. 行业定位

　　现在很多大学毕业生，毕业时间不长，已经换了三四个行业，且不说这样频繁地变动工作是否能达到预期效果，俗话说，隔行如隔山，每个行业都有自己的行业特质，如果漫无目的地游走在各个行业而没有结果，何谈取得人生的成功？那么，求职前，如何确定我们所要进入的行业呢？选择具有长远竞争力的行业。你不能只图一时的收获，而忽视了长远发展。如果你选择的行业发展迅速，你个人的物质收入和精神满足感也会随着整个行业的发展"水涨船高"，发自内心地喜欢这个行业。你不能只看到现在某些行业的起点工资高，却忽视了长远发展。而且一个人如果不热爱一个行业，内心缺乏持久的动力，他很难获得长远发展。

2. 职业定位

首先，成为核心部门的员工。在企业里，哪个部门创造出了最多的利润？当然是核心部门；哪些人为公司创造了最大的收入？自然是核心部门的核心员工！其他的部门工作再忙，也是服务于这几个核心部门，因为企业存在的目的就是盈利。为什么要成为核心部门的员工，不言而喻，核心部门的成员，为企业创造的价值多，工资和提升空间机会自然多。

其次，发挥自己的专长。很多人认为，"自己学的是什么专业，就要从事什么工作"，这是一个很大的思维定式和误区。从全球范围来看，60%以上的人从事的工作并非是大学所学的专业。专业只是你的学业称号，并不代表你的实际专长技能，而专长则是你比别人突出的地方，是你求职就业时的亮点。每一位在职场上成功发展的人，依靠的都是自己的专长而非专业。

3. 公司定位

我们首先要分析不同公司的优缺点。政府事业单位的优点就是社会认知高，稳定的发展环境，收入增加有规律；缺点就是过于稳定，发展路线过于规律，需要很强的人际交往能力。外资企业的优点是薪资起点高，工作环境优美，工作有品质感，福利措施完善；缺点就是升迁到高层管理职位比较难，较难进入高层管理者，自主决定权少。国有企业的特点则融合了政府事业单位和外资企业的优点和缺点。私营企业的优点就是灵活自由，重在看个人业绩，能力强则提升快；缺点就是不够稳定。自我创业的优点很多，缺点也不少；创业成功后收益高，但是风险也极大。你到底是喜欢稳定的工作，还是喜欢有品质感的工作，还是喜欢自主激情型的工作呢？公司选择非常重要，但也并不是你想要到哪儿就能去的，这些都是建立在自我能力基础之上做出的选择。

选择比努力更重要，职业选择的过程就是一个自我定位的过程。

二、大城市 VS 小城市（该逃离北上广吗）

对于城市的选择问题，历来也是毕业生比较关注的一个问题，选择了不同的城市，几乎就是选择了不同的人生。由于每个人个性差异巨大，并没有适合所有人的方案，我们建议毕业生要在综合考虑多方面因素（如自身性格、所学专业在当地是否有发展前途、父母的意见等）的情况下做出自己的理性选择。

一般来说，毕业生的去向有三个：北京、上海、广州、深圳等一线城市；生源所在地（家乡）省会或者地级市；毕业学校所在地。

如表 4-1 所示，三种方向各有优劣。

表 4-1　毕业生去向的三种方向

	北上广深	家乡（假设是一个二三线城市，如济南）	毕业学校所在地
优点	（1）起点高，企业总部和核心管理单位集中 （2）医疗、教育等基础设施完善，娱乐业丰富 （3）法制、新闻监督较为透明，按规则办事的可能性更高	（1）离亲人较近，在家乡有家族势力和人脉资源 （2）生活压力小，生活节奏慢	（1）学校所在地城市比较熟悉，有很多师长、同学 （2）在当地找工作有一定优势
缺点	（1）远离亲人，没有归属感 （2）房价高、经济压力大 （3）人多、拥堵、节奏过快	（1）好工作的机会较少 （2）家乡的基础设施可能不够完善，吃喝玩乐的可能较少 （3）按人情办事的可能性较高，不看能力、看关系现象严重	（1）好工作机会可能也比较少 （2）也要远离亲人 （3）如果学校所在地是个小城市，也会有基础设施不完善、看人情办事的弊端

附上一篇知乎社区上很火的帖子：

> 问题：为什么现在的年轻人，大都愿意来北上广深打拼，即使过得异常艰苦，远离亲人，仍然义无反顾，在家踏实过日子难道不好吗？听说有些城市的年轻人基本都走光了，是不是这个社会体制的原因使大家的价值观都扭曲了，才会形成一个恶性循环？
>
> 答：在手机上看见这个问题，于是到计算机前来怒答，因为感触实在是太深了。我估计我会写得很长。中间夹杂了很多个人感情，结论在最后。
>
> 答主男：我于2008年某三流西安民办大专毕业，怀揣了2000元钱，买了一张火车票，来到上海。我在上海没有任何亲戚、朋友，甚至因为跷课，当时的学校暂扣了我的毕业证。我到上海唯一的理由，是喜欢互联网。在这里，我住在有9个人合租的一套房，小单间月租金650元钱。房间里只放得下一张床和一个笔记本电脑。
>
> 7月的太阳实在太热，求职问路基本靠12580。每周末去上海体育馆的招聘会，遇见突如其来的暴雨，浑身湿透根本不是个事儿，每天奔波而惶恐，我连毕业证都没有谁会要？
>
> 一个月之后我遇见了我工作的第一任主管，那天我求职时迷了路，步行走了一公里，找到面试公司的时候满头大汗。整个衣服湿透的，头发上的汗跟洗过了一样，中暑几乎站不稳，他递给了我一杯水，然后让我聊了聊对SNS的看法。估计是他可怜我的落魄，他给负责人打电话说暂时不要我的毕业证，先看看我的工作表现。
>
> 我进入到一家国内非常优秀的互联网公司，虽然工资只有1800元，但我丝毫不介意。第一次参加例会，身边有了一堆来自迅雷、阿里巴巴、腾讯、百度的同事，知道了产品经理的那人比我小两岁，是公司从盛大挖来的，他会用Axure，会用思维脑图，开会时能迅速提炼精髓，有着清晰的产品分析能力，分析互联网比我透彻的太多。遇见了正规军的我第一次明白，天外有天，我那点以往炫耀的知识根本连入门都算不上。

每天早晨 6 点半起床, 挤地铁, 为了节约, 基本中午不吃午饭。别人去吃饭的时候我就一个人上顶楼的天台, 对着上海的高楼大厦发呆。租住的住所卫生间的浴室龙头需要 9 个人共用, 每天晚上做饭需要排队, 上厕所的马桶只有一个, 时间长就会被室友骂, 电淋浴器的热水, 别人用完了你就要等好久。每天到家写分析报告到凌晨 2 点, 困得不行就把闹钟设置到早上 6 点, 然后睡觉。四个小时睡眠对我来说足够。当当满 300 减 150 的时候, 买了一大堆互联网的书狂补, 周末, 参加各类的产品经理聚会, 不敢说话, 只坐在最后安静地听。听他们分析, 讲一堆我压根不明白的词, 然后记在本子上, 回家用百度查。

国庆长假, 离家近的同事都回家, 我一个人替全部门的同事加班, 3 倍工资的待遇让我用一个星期的时间买了第一部智能手机——魅族 m8。

幸运的是我遇见了我一辈子的两个好哥们, 公司里的一个 PHP 程序员和一个广告销售, 我们三个人就像《中国合伙人》中的三个人那样形影不离, 他们俩都是上海人。销售在我眼里算半个"富二代", 但特别努力上进, 比我在上海见过的很多外地人都要努力, 这哥们儿是与人打交道的人, 各方面想法都更真实, 本地人也有底气, 他帮助我在各种情况下渡过难关——经济、事业、感情……为了我们的项目, 他甚至在公司里住过。程序员是个特别老实有点内向的男孩, 执行力强很适合做程序员, 总之, 我们三个好得"穿一条裤子"。

付出当然要有回报, 2010 年, 团购刚刚兴起, 我们开始负责公司里的团购导航, 这是公司的一个很重点的项目。我们三个每天都像打了鸡血, 那时候从没有考虑过是否和公司给的待遇对等, 我们都抱着创业的理想做。销售去北京出差, 我俩聊产品从晚上 8 点打到 12 点, 四个小时的长途, 他会将访问客户第一手的资料给我, 我迅速做产品要求, 然后提交程序员, 程序员加班当晚就做产品迭代。有时候凌晨 2 点我们会突然想到点子, 然后我们会打电话讨论, 加班到凌晨 3 点是太经常的事情, 张江满满的路灯和空无一人的街道，然后拦车送下属回家，再回家睡几个小时，第二天接着到公司上班。有时在凌晨 1 点发现一个页面 bug 然后打电话给技术，他也会立即起来改正。

这是上海工作的人对工作的执著，绝大多数的人，只要是他分内的工作，你多晚打搅他都不会怪你，而且很负责。三个人的拼命很快有了回报，几年的时间，我变成这个项目的经理，我有一个近十人的小团队，他俩也都是各自业务的骨干。

上海的生活节奏很快，你感觉自己有一天不努力就会落后，这让你有了动力拼命学习。这里的配套设施很好，张江楼下的便利店有很多 24 小时服务，你能在加班到凌晨 3 点饿了的时候下楼钻进任意一间吃关东煮或者让店员用微波炉加热一个鸡块便当给你。

职位和收入上来之后，生活状态也变化了，周末可以去田子坊和女朋友逛街。到世博会看各国风光，去 China Joy 找萌妹子拍照，去崇明岛抓小螃蟹，去阳澄湖吃大闸蟹，去松江大学城喝咖啡，坐在小店里看日落。自由的自己带着女朋友干自己想干的事情，去想去的地方。我的工资可以轻易地买得起 Ipad、Iphone，网购的东西基本第二天就到了，而且包邮。

我也遇见了很多我这辈子都佩服的人，他们是各个领域的专家。他们知识渊博，彬彬有礼，充满智慧，穿着时尚得体，说话恰到好处，做事井井有条。男男女女都好聪明，遇见他们你就会觉得，我也要努力变成这样。

再后来，搞销售的哥们儿开始带着我见客户，吃饭聊天，教我克服自己的弱点与人交流。过于内向是我的弱点，有了他的帮助，内向的我敢在公司战略会议上发言，为团队争资源、争利益。团队有一个正牌的复旦大学的中文系硕士和上海师范大学的新闻学硕士。是的，作为他们的经理，我是西安一个三流野鸡民办大学差点没混上毕业证的大专生。

离开的时候月薪 1 万元，每年 14 个月工资。我知道这个工资在上海并不算高，但我觉得对得起我自己的努力，至少我所在的公司，节假日 3 倍工资，晚上加班有额外工资，餐厅有免费的面包、饼干、方便面、咖啡、火腿肠及早餐免费。各种制度严格执行。

周围有同事收入比我高，但他们的学历、工作能力和为人处世也确实比我强，我输得心服口服，然后只要快速学习就好了。

上海是个神奇的城市，她不问你的出身、学历，不会鄙视你的家庭条件，她只看你是否努力，真的。

————————华丽丽的分割线————————

2013 年 5 月，母亲查出患肺癌，胸腔积液止不住，几乎丢了性命，我为了母亲离开上海，回到家乡，新疆维吾尔自治区的省会乌鲁木齐。在这座并不算小的，我曾生活了 20 年的城市，但至今无法适应。

家里的条件并不差，父母早年做生意，遭遇过火灾，但我们的生活并不拮据。作为独生子，家里父母自住一套房，2005 年给我买了一套房结婚用，之后全乌鲁木齐公务员分房又买了一套出租。加上早年购买的在外出租的几个商铺，当然，这些东西，每一分都是父母这辈子的血汗钱。我在上海的拘谨，只是因为我始终有一个信念，就是不愿在毕业后花父母的钱，事实上我做到了。

乌鲁木齐属于三线城市，新疆首府，经济上并不是落后太多。但回来后的我还是很不习惯，公共汽车基本不准时，服务人员没有服务意识。办酒店入住，我在等房卡，两个服务员在商量中午吃什么。等办好了进到客房，才发现上个客人走了房间没有收拾，要知道这并不是小酒店。鹿港小镇忙的时候，吃一个菜要催三次以上，服务员一脸的不情愿，餐厅服务员的服务让我时刻有种想要投诉的冲动。想起在上海的红辣椒，普通的川菜馆，服务员时刻观察你的举动，帮你脱掉大衣，帮你倒茶。那个城市里的每个人都在很认真地生活，于是，有些时候开始对家乡失望。

首先，没有合适的工作。回到家乡后，我的职业工作并不好找，新疆因为物流和互联网落后，电商落后不是一点点。后来，母亲不顾我的反对，送礼托关系把我搞到了机关，一家事业单位，一年以后可以拿到事业编制。上班，没完没了的上班，维护稳定。上班基本没事做，有食堂、有宿舍，所有的东西都不用花钱，就是不让你回家。好几天回一次家，只能在家待一天。有时候感觉自己像在养老院。你不需要太好的电脑知识，会重装Windows、设置打印机和路由器，在这里就是专家。会淘宝，简直就是大神。

其次，能力是个屁，人际关系和家族势力基本就是一切。每天，机关服务大厅都有一些不满意的群众，有的吵架、有的哭闹，我刚去的时候非常惊讶，但同事都习以为常。甚至好心地提醒我：不要管。管了就是你的事。

机关的小领导很势利，给我安排各种工作，在这种机关单位，你有能力，那你就多干活，没有能力你就混日子，反正月底大家拿的工资一样。一段时间后她知道我是某个领导的亲戚，对我的态度完全变了，什么都不用我干，还立即给我评了先进，让我哭笑不得。

你必须承认，这就是小城市的工作现状，你努力上进根本没用，因为谁该受到重用和提拔就是领导说了算，人脉和后台就是一切。

于是，新来的非编制临岗合同工，拿着全机关最低的工资，干着没完没了的活。大部分拿到编制的，日复一日的工作就是游戏、吃饭、睡觉、聊天、上网购物。

再次，你的仕途完全要靠巴结和拍马屁，而周围的人都劝你说：这是太正常不过的事情。新上任的机关领导，每天的工作就是斗地主，每天中午都和某上级下派领导聊天，然后帮领导洗碗献殷勤，三个月后，他迅速升成了主任……回家后我诧异地跟母亲提起，母亲说很正常。反而认真地找我谈话，说我太死板，不懂得溜须拍马。我无法辩解，三观崩溃。

最后，所有人判断你是否成功的标准，就是公务员。我有一个亲戚，托关系进了警察系统。35 岁的他收入 4000 多元，开着 20 多万元的车，单位有食堂而且伙食很不错，却永远和一堆朋友去外边吃，用他的话说这就是人脉。因为看上一套别墅但父母不给买就和父母吵架。经常问父母要钱，就是这样的一个人，母亲无比羡慕，认为他很优秀，他是公务员，出门有排场，有灰色收入；生活有保障，这一切深深地伤害着我的心，我有时候特别想离开家。只是，我舍不得化疗后身体虚弱的妈妈。一方面她年轻时候一个人干着两份工作，白手起家到给我准备了两套房子若干间商铺，把这辈子的一切都给了我；另一方面却又在试图更改我的价值观，告诉我要在机关时刻防着别人，要学会溜须拍马。她不许我做生意，不许我找私企的工作，只想让我进机关"吃大锅饭"。

这真的不是我家的个例，是这座小城几乎所有人的价值观。任何的事情都要靠关系。而且，这里有一群、是一大群三观基本一致的亲戚，茶余饭后的话题就是谁家条件好、谁家孩子收入高、谁家媳妇抽了婆婆一耳光等。参加家庭聚会没完没了的教育你学会溜须领导，要圆滑处事，要多动点脑子不要那么善良，你不参加家庭聚会就是你不懂事、你不合群。除非你完全按照他们的意思办。

其实我知道，原本两个世界的人，他们看不懂我的内心的想法，他们没有经历。也许我也不懂他们的良苦用心。我回来的半年几乎没有跟父亲讲过话，因为他一直固执地觉得，那么多人在北上广深打拼，有几个人拼成功了？还是回家乡做个公务员吧。

他们要的就是你回家，有份铁饭碗的公务员工作，找一个能照顾你的善良姑娘，赶快结婚生个孩子，过他们眼中完美的生活。生活本来就该是平庸的。

如今的我就生活在这种种不如意中，在看似富足却有些苦楚不安的状态下生活，我知道，我永远不会为了升职而去拍领导马屁、给领导洗碗，我无法成为自己原本最看不起的人，我在机关单位永远没有前途。

　　我更知道我有一天会回上海的，哪怕会变成房奴按揭。我不在乎自己是否有房，因为我有理想。留在上海，让我的后代有更好的生活，已经是我此生最大的理想。

　　回答你的问题：

　　我也知道家乡安稳，衣食无忧，在家乡我不需要一分钱贷款，买辆好车拉着姑娘过平凡的生活、吃吃饭看看电影，每月 1 日的时候穿着大拖鞋到租客那里收房租。

　　我也知道北上广深房价高也许要做一辈子房奴，买杯豆浆还要排队，坐地铁挤得像汉堡包，买辆车还要摇号，一个破车牌 8 万元。

　　那年幼稚得为了省钱不吃早饭的自己付出的代价就是如今每年体检都要观察随时准备切除的胆囊上的息肉。

　　你以为我不解亲情，为了一点钱放弃家乡到 4000 公里以外的城市拼得昏天黑地，看不到父母日益的年迈，就是为了回来过年聚会的时候喝着咖啡笑着告诉你我收入比你高？

　　你还说我虚荣、我自私、我价值扭曲？

　　我知道，再也遇不见那个陪我住 650 元一个月的房子，给我做饭学削土豆皮弄伤手指，我发烧时整夜跪在地下给我换毛巾的女孩子了。

　　我再也遇不见为了一个页面的用户体验几个哥们儿争得面红耳赤约好下班吃火锅边笑边骂对方傻逼的铁哥们儿了。

　　再也没有在办公室被经理骂得狗血淋头然后回到家努力改一个用户体验报告到凌晨 2 点半的自己了。

　　那些放弃了家乡富足生活去一线城市打拼的，都是有理想、有希望的孩子，他们才是这个国家各个领域改变的希望。

　　大城市奋斗的孩子和那些小城市养尊处优的孩子，到底是谁价值扭曲了？你倒是说说看？

三、单位性质的选择

工作去处除了创业外，不外乎就这几种性质的单位：政府单位、外资或合资企业、民营企业或私营企业。

1. 国有单位

国有单位分为行政单位、事业单位和国有企业，国企从性质上又可分为垄断国企、竞争性国企等。行政单位和事业单位均为政府部门，必须弄清楚它是全额财政拨款，还是部分财政拨款等性质的单位。当然，弄清这点之前，更重要的是要明白一件事情：行政单位里通常有行政编制也有事业编制的人员，更有众多的聘用工或者叫临时工。事业单位里同样也有行政编制人员和事业编制人员，也有众多聘用工。国企里一般也分正式工和聘用工。有的大型垄断国企甚至有 A/B/C 类工。

国家单位一般"吃大锅饭"，收入旱涝保收，工作一般很清闲，压力不大，稳定性很强，福利很好。缺点是人际关系复杂，收入提高缓慢等。国家单位的正式员工基本都保证五险一金（这很重要）。

国家单位到底有什么好处？首先还是那句话，回头看看第一讲就明白为什么很多人要打破头进入国家单位了。

进入国家单位意味着成为"体制内"的人。对于想要生活悠闲，没有大富大贵的理想的人特别适合，因为体制内的人可以以最少的代价付出得到中等或中等以上的生活待遇。

2. 外资企业

外资企业从性质上可分为外商独资、中外合资等，如果你是一个很有才华和能力的人，学历也不错，没有什么关系背景，建议你进入外企。但是前提是"非常有才华和能力"的人，因为外企是一个竞争非常激烈的地方。

首先要明白，外企能给予很高的待遇，是因为你所在的企业盈利能力很强。也正是如此，企业是有风险的，失业风险首当其冲。再优秀的外企也有业绩滑坡的可能，一旦发生则可能裁员，你就将面对失业风险。但是你如果真的很有才华有能力，通过在外企的历练，就算失业，你也将很快找到新的工作。外企通常会给予你一个公平公正的空间，你有多大能力，就能有多大的舞台，获得多高的回报。

总体来说，如果你的同学进入机关单位，而你进入"500强"企业，若干年后，如果你的同学没有混到一定程度的领导级别，你的物质生活是一定比他好的。而你的同学混到领导级别的困难度显然比你在外企升职的困难度大得多、概率小得多。

3. 民营企业

民企估计不是应届大学生毕业工作的首选，除了华为、联想、腾讯等少数的几个大型著名的民营企业。总体来说，我国的民企基础比较薄弱，但是处在成长之中。民企很少有像外企那样健全的制度和管理体系，优点在于不像外企将员工当作流水线上的作品一样生产培训出来，员工会有更大的个人自由发挥和施展能力的空间。当然，员工所要经历的风险将会更大。

四、怎么选择不同的 offer

对于拿到多个 offer 的人来说，选择是一样困难而痛苦的事情，经常看到很多人在论坛上求助应该选择 offer1 还是 offer2，听完不同人的建议后依然无法抉择。这里提供几个选择时候的体会，供大家参考。

1. 善于征求别人的意见，但要做出自己的选择

在进行 offer 选择时，我们也建议广泛听取来自长辈和高年级同学的意见，尽可能多地搜集信息。但是一定要注意，别人的建议都是建立在他们的经历和价值观之上的，可能并不适合你，可以把别人的选择当作参考，但是一定要有自己的判断和思考，千万不要被别人的意见蒙蔽了自己的眼睛。最终还是要自己认真思考，基于对自己充分认识的情况下做出自己的选择。

2. 不要期望最优，满意即可

很多人在做出选择时，大都期望获得最优的结果，这本无可厚非，但现实常常不能尽善尽美。比如，你想去投行赚钱，就不得不忍受巨大的工作强度、出差、熬夜；想当公务员，就不得不面对比投行同学低得多的收入。所以在进行工作选择时，首先要有"没有最优，只要满意"的意识，生活从来就没有完美的事情，我们总是会遇到很多遗憾和不顺，但是只要选择的结果能让自己满意，就是一个好的选择，与其整日纠结于寻找最优的结果，不如踏踏实实地做好自己满意的事情。

3. 制作属于自己的"利弊对照表"

对 offer 进行量化，把影响自己抉择的因子罗列成一张"利弊对照表"，借助该表客观地分析。哪些利益和弊端对你来说最为重要？这些因素是否符合你的价值观和理想？因子的选择可以有以下几个：发展机会、待遇（工资、福利）、成长空间、户口（特指北京、上海，其他地方一般都有户口）、工作强度（能否忍受出差、熬夜）、工作舒适度、城市的考虑等。

4. 选择后要有一个好的心态，能够"轻轻"放下

我们经常遇到这种情况，有的同学原本做出了客观公正的选择，但是在听到别人的不同意见后依然后悔不已；有的同学的选择不是最优，后续过程

中听到更加不利的信息会把不满过分夸大，最后带着情绪进入工作岗位。其实，无论抉择正确与否已经做出的决定无法收回，任何担忧或悔恨都是多余的。与其把时间花在无谓的焦虑上，倒不如把这些东西"轻轻"放下，一身轻松地去做自己应该做的事。

下面举一个 offer 选择的简单例子，供大家参考。

假设有 3 个 offer，一个是银行，一个是咨询公司，一个是商业银行，如何选择？

表 4-2　3 大 offer 优劣对照

操作	投行	咨询	商业银行
第一步：先确定 3 个 offer 的具体情况，采用的方法有网上搜集资料、询问长辈和学长，就是"不择手段"地搜集各种信息	（1）确定 offer 的具体岗位——IPO 承销或债券承销或交易员或分析师或投资顾问 （2）确定此投行在行业中的地位 （3）打听公司文化、工作强度、福利待遇，例如，行业排名前 10 券商，做 IPO 承销业务，第一年待遇 20 万元，以后主要收入看项目奖金，工作强度巨大，经常出差、熬夜、加班，工作地点：深圳	（1）确定岗位，战略咨询或风险咨询或财务咨询或中后台支持部门 （2）确认行业地位，国际顶尖战略咨询公司还是国内本土公司 （3）打听公司文化、工作强度、福利待遇，例如，国际顶级战略咨询公司的战略咨询岗，第一年待遇 20 万元，前几年每年 20% 涨薪，后续升职竞争压力大，工作强度高，加班多、出差多，工作地点：北京，无北京户口	（1）确定岗位，公司业务或个人业务或金融市场业务 （2）该项业务在行业内的地位 （3）打听公司文化、工作强度、福利待遇，例如，四大行总部个人金融业务，第一年 20 万元，以后涨薪不明显，工作较轻松、晋升困难，工作地点：北京，有北京户口
第二步：将打听到的东西进行整理、总结和量化，列出利弊	利：赚钱多，能快速致富 弊：工作强度大，熬夜加班严重，很难做到工作和生活平衡	利：待遇中上，平台较好，对以后跳槽、创业有帮助 弊：工作强度不小、压力大，需要持续不断学习	利：初始待遇不错，工作轻松，不占用个人空间 弊：升职困难，薪酬涨幅慢

续表

操作	投行	咨询	商业银行
第三步：对自己进行深入的分析，综合考虑其他因素做出自己的选择	适合的人：想赚很多的"快钱"，且能熬夜加班	适合的人：学习能力很强，想接触各个行业企业	适合的人：对薪酬要求不苛刻，求稳、求体面的人

第一份工作虽然可能不是人生的最后一份工作，但常常影响了以后的职业发展平台。如进入商业银行的同学二次就业往往会继续选择与银行相关的金融业，进入央企的同学在央企之间跳槽更加容易，进入证券公司的同学在非银行金融业继续选择，进入公务员体制的同学很难再次择业等。当然，这并不是确定的，跨圈跳槽的情况也时常发生，但是，不要忘记一点，从原来的圈子进入另外一个完全不同的圈子意味着之前积累的工作经验不再有意义，职业发展可能要从零开始，这样的成本不是每个人都愿意承受的。因此，选择第一份工作时，不要被别人的想法左右，在充分了解各个 offer 的情况下，坚定自己想要的生活，做出属于自己的选择。

五、平台与圈子

平台说白了就是品牌，就是公司知名度，好的平台会让接过你名片的人眼前一亮。更直接点，竞争同样一个客户，你拿着高盛的名片或者国内某不知名小券商的名片，客户不同的态度就反映出来了。

毕业后先去什么样的公司？这个大家理解都差不多，最好还是一些大公司，原因是大公司有着完善的管理体系、规范的制度和培训体系，也有行业中最为精英和优秀的人，所以对于需要利用人脉、客户资源，需要强有力的团队的工作来说，大公司相对小公司来说有着更明显的优势，更有利于初入职场的人镀金。大公司里面人多，可以和更多的人交流，了解别人的想法，学到很多东西。而且工作两三年后，如果你在里面做得可以，公司的品牌优势就出来了，就有很多猎头公司来找你，会给你推荐很多更好的工作，这样你的价值就能有更好的体现。俗话说，站得高看得远。很多人觉得自己怀才不遇，整天郁郁寡欢，其实这首先需要自己给自己创造一个基础，然后别人能提供给你一个平台，这样你的才能才可以更好地体现。

圈子是一个人立足于社会非常重要的一点，可以从两个维度来跟大家探讨这个问题，一是行业的维度，二是年龄的维度，这两条线会有交叉之处。

从行业层次来看，相关行业的朋友肯定是要有的，这一点，相信大家都明白。举一个简单的例子，一家公司要准备上市，投行券商会过来承销，事务所会过来审计，律所会过来调查是否合规并出具法律证明，担保公司也可能会被引入，前期还可能有咨询公司过来辅导，还可能有私募风投的介入，所以，我觉着，要掌握一张所谓的"whole picture"，单在本行业内混是远远不够的，相关行业的圈子也是需要累积的。毕竟，这是一张网，只了解网上的一个节点，无异于井底之蛙。

从年龄层次来看，我认为各个年龄层次的朋友都要结识一些，对于在校生而言，清华、北大、人大有几个社团挺厉害的，比如，清华经管的金融协会和项目管理协会，北大的咨询协会，人大的宝洁俱乐部，都是本科人才辈出的地方。

六、继续上学还是工作

考研，还是工作？一直都是很多经管本科生面临的一个比较重大和困难的抉择，有的人觉着本科找不到好工作，需要读研究生才行；有的觉着读研的目的还是找工作，反正都是工作，就不如早点工作。现在就来分析一下经管学生读研到底值不值。现在就业市场上有几个现象：

1. 硕士学历已经成一份还不错的工作的基本门槛

在目前经管学生就业市场上，好工作几乎都是硕士起步（很多门槛就是硕士，本科直接过不了简历关，虽然你可能很牛）。例如，很多公务员招考要求硕士学位；本科学生在银行、券商、基金里基本只能做操作层面上的工作，当个小柜员、基金登记或者客户经理、客服什么的，技术含量稍微高一点的职位都是至少要求研究生学历。即使门槛不设为研究生，竞争也很激烈，笔试、面试的时候就会发现一大拨研究生。目前，也只有那些真正的"牛校"的个别"牛人"，像北大光华、清华经管、上海交大的安泰经管，本科毕业生可以进摩根斯坦利、中金公司、麦肯锡、花旗银行这一类的顶级投行、管理咨询公司。

2. 学历是重要的能力量化指标，尤其在国企

国企央企（金融机构绝大部分是国企）对员工的考核、量化比较传统和保守，学历就成了一个很重要的指标。一方面级别、工资和学历挂钩，博士就是比硕士高，硕士就是比本科高；另一方面高学历在职位晋升时有优势。

3. 研究生的经历对自我有提升

本科阶段学的宽泛而不深入，研究生可以更深入地了解专业知识，同时读研也是一个平台，让你认识更多的人，积累一些人脉（包括同学、导师等）。

总之，除非你本科能找到很好的工作（现在已经变得非常困难），我们还是建议争取就读名校的研究生。

七、师兄师姐为什么不想帮你

本节文章转自网络，阅读完后发人深思，师兄师姐愿意在求职路上帮我们一把吗？他们愿意帮助具有怎样品质的师弟师妹？分享给大家，原文如下：

昨天清早到办公室查收邮件，一封名为"你可以帮我吗？"的邮件映入眼帘。打开来看，邮件正文如下：

"星姐你好：

我是一名长期阅读您博客和杂志专栏的大四学生，现在有一事相求，请问您是否可以帮我将我的简历转给贵公司的 HR 部门？我对贵公司仰慕已久，不知道投简历该投进哪个部门，因此希望能够得到您的帮助。

请相信我是真心的喜欢 4A 公司，想要成为其中的一员。

——林紫于××大学图书馆"

我简历都没打开就关了这封邮件，一来我根本不是 4A 的，而更多是因为……

师兄师姐为什么不想帮你？

求职或实习路上，有个靠谱的师兄师姐帮你内部递个简历，实在是一件快捷通达的大道。因此，每当有经验交流会以及各种已经就业的师兄师姐出没的活动，在校生们都争先恐后去参加。因为这种活动不仅可以听到很多第一手的经验，而且能认识自己梦寐以求的大公司的人脉，加上同校甚至同门弟子的关系，绝不愁师兄师姐不帮你个忙。可是你有没有发现，每次你争先恐后地抢到一张珍贵的名片并在所需的时候发个邮件过去之后，从来都是杳无音信？或者对方的回信只是泛泛而谈，并无任何有价值的建议和帮助？这是为什么呢？难道师兄师姐都不愿意帮小弟小妹的忙吗？难道师兄师姐已经变得世俗功利，非要收点好处才肯帮我吗？难道师兄师姐忘记了自己曾经也是从这时候走过来的吗？

其实说到底，师兄师姐不愿意帮忙的最重要的原因是：你是谁？我怎么才能相信你？

"推荐"不是单单转简历这么简单的一个事儿，这里面包含着推荐人，也就是师兄师姐在公司以及在业内的信誉问题。我想拿我自己的一个刻骨铭心的小故事来讲讲这其中的道理：

我在第一家公司实习的时候，曾经给公司的另一个组招了三个实习生来协助某个客户的线下活动。我回学校找了几个曾经一直恳求我帮忙想要来我公司实习的师弟，我只是在某个老师的活动中认识他们，平时却素无来往，了解不深。但由于我本人第二天要出差，时间太紧张，因此就随便地说了下这事儿就把他们的简历转给了公司同事。谁承想，第二天我刚下飞机，HR气势汹汹地打电话过来说："你推荐的是什么人？面试迟到，还在公司吵架！你怎么找的人？以后不要把你们学校杂七杂八的人都安排到公司里来！"我大惊失色地打回电话问同事是怎么回事。原来，这三个师弟彼此都认识，并准备早晨结伴一起来公司面试。由于三个人的面试时间不同，而他们以为是群面，时间应该一样，因此，其中两人都认为自己记错了时间，于是私自将面试时间统一地调到一个中间的时间，且并未通知公司。第二天公司同事特意早到办公室却找不到人。等三个人都来了，公司赶忙开始一对一的面试，其中另外两个学生在等候区等候期间并未看到公司有人给端水来或是送水果来招待，于是和公司HR理论起我的公司不人性化，不知道给面试者倒水的问题，于是轰轰烈烈地吵了起来。

这是一个多么不可思议的事情啊！我简直不敢相信这是出自名校的三个"大爷"！我当时拿起电话打给三个"大爷"一顿骂，可是放下电话，我开始明白，这绝不是骂了他们就可以解决的事情，更大的问题是我的信誉彻底毁了。社会不是学校，混社会的核心就是"信誉"，而现在我的信誉呢？让三个"大爷"活生生的全毁了，就像HR说的"以后不要把你们学校杂七杂八的人都安排到公司里来"，而我同事的签名也改成"××大学学生太不靠谱了"！之后的一年时间内，任凭多少师弟师妹的恳求和拜托以及各时段公司缺人的邮件通知，我都没有再给公司推荐一个人。

也许你要说"我很靠谱啊，我不会和公司吵架的，我不会这样不负责任的"、"我一定会努力，我一定不会半途而废的"，可是，我拿什么相信你？你自己都不知道自己未来会发生什么，需要承担什么。学生最大的问题在于没有足够的能力去承担社会责任，一旦发生一点责任纠纷或者受到一点点的批评，就会想办法逃避甚至彻底消失，而这种事情很多时候是自己都预料不到，却是随时可能发生的事情。

问题是，你逃避了，你逃避的只是一份小小的实习，逃避了当初推荐你的那个师兄师姐，可是当初推荐你的那个师兄师姐就要承担你所丢下的全部工作和全部责任，甚至要背负你不良信誉的罪名，而且要很久。

因此，亲爱的同学们，请你理解，倘若你我见过一次，或者仅仅网聊了几句，师兄师姐为什么要冒着声誉危险来推荐一个毫不了解的你呢？

求职路上，如何让师兄师姐相信你、帮助你？

Stella 比我小一级，且和我不是一个系的，我与她素不相识，但是我们却在某个讲座后相识。之后的两年里，我不仅推荐她进入了想要的实习，甚至她男友的实习我都全力帮忙。她是如何让我如此信赖的呢？

1. 在最最新鲜的时机，用最独特而质朴的方式，让师兄师姐认识你

那时候我大四，已经去过好几家很好的公司实习，我在一个校园实习分享会上做了 15 分钟的介绍，讲座结束后便被水泄不通的人群堵住。当人群慢慢散去，我和几个朋友走到校门口的时候，Stella 从后面追上来叫住我。这个时候我周围早已没有了很多问询的学生，因此她有足够的时间来介绍她自己。她向我要了一张名片，并没有什么问题要问我，也没有什么事情需要我帮忙，只是一再道谢，并说希望今后还能有机会和我相见。面对乌泱泱问我公司需要什么样的实习生的学生们来讲，追我到校门口还什么事儿都没有

的 Stella 让我多少有点意外。

2. 及时发邮件跟进，尊重对方，礼貌当先

Stella 当晚回去就根据我名片上的邮箱地址，给我发了一封邮件，礼貌地再次介绍了自己，并提出是否可以占用我一点点的时间来询问一些关于我所在行业的基本问题。我收到这封邮件的时候是第二天早晨上班的时候，出于礼貌以及前一天晚上的良好印象，我回复下午 6 点下班以后飞信聊。结果到下午 6 点我又去开紧急会议了。于是又重新约定了时间，决定下午 7 点电话聊一下。下午 7 点，她没有直接打进来，而是先发短信问我是否开完了会，能否电话给我。这个时候，我对她的这种在细节上的尊重非常欣赏，并顺利地进行了简短的通话。她的问题无论幼稚还是可笑，我都进行了回答，并且在最后她提出了想让我帮她看看简历的请求。之后我才知道，她手机没有飞信业务，是专门为了和我聊天，下午临时去中国移动装了飞信业务；又因为改成了电话聊，她下午 6:30 就坐在图书馆一个安静的没人的小角落里等时间。说实话，我为 Stella 这些小小的细节而深深感动，她能设身处地的觉得我上班很忙，没时间去为她改变什么，于是她就去改变自己，只是为了适应我。我问她要了简历，因为我真的非常想为这个懂礼貌、尊重他人的女孩子做点事情了。

3. 实力是保障，不够要去学

其实 Stella 的背景很一般，简历上也没有呈现出太多亮点，但是因为这个师妹给我的印象太好，我便好心了一下指明了她简历上的一些格式误差以及有关她经历背景的问题。没承想，Stella 回去认真地改了简历再发给我看，从那以后努力地按照我的指导（其实那天我也是随便说说）进行了全方位的提高和充实。一年中我们保持密切的沟通，甚至不远万里来找我吃饭，不断地给我讲她最近又做了什么，得到了什么启发，有什么新的机会，自己是否做得够好等。她不断地把自己的进步输出给我，一年之后，我将她的简历

发给 HR 部门开始面试。Stella 的实力在最初并不好，她明知我不可能推荐她的情况下，并没有选择断掉和我的联系去找一个新的人脉，而是选择在这一年不断努力，并不断地让我看在眼里，记在心上。而在这一年的交往中，我有足够的信心对其努力、人品、性格做保障，并最终推荐给 HR 部门。

4. 过了河还要再修桥

Stella 在长达半年的各种面试以及各种档期协调下终于进入我原来的公司工作，那时候虽然我还在那家公司，但是我们并不在一个部门。我隔三岔五地接到 Stella 的邮件，她给我讲她每天遇到的各种问题，她的小困难、小担忧和不明以及她的各种小收获。我虽然不是她的直接领导，但是似乎能一直看到她的成长和进步。她偶尔也会悄悄跑到我这里来跟我说说话，让我感觉到她对我还记挂着，并不是过河拆桥的姑娘。只是后来，Stella 因为家庭原因需要离职，她的领导和我都感觉非常的可惜，我知道她的领导是很满意她的，这便让我更加放心起来。她离职以后的日子里，我依然在不断地帮她找实习，找符合她时间安排的实习工作，而她也在之后的日子里经常帮助我去思考事情、搜索资料，有时候她为了帮我找东西甚至会忙到很晚。

对于 Stella，我有深深的感激，感谢她对我的尊重和礼让，感谢她一路相信我不动摇，感谢她让我重新拥有了一颗愿意分享和帮助他人的心。她和我的相识以及共同走过的两年日子，也让我学到了很多。也许她未来并不会到大家所熟悉的那些顶级跨国大公司任职，但是我相信，在她的人生路上，会赢得很多人无私的帮助，因为她谦逊、她尊重、她努力、她感恩，而这些才是一个人走入社会成就事业的根本，也是我们每一个人应该共同努力的地方！

寄语——毕业学长学姐的 136 条毕业赠言

网友总结了毕业时分学长学姐的临别赠言，分为学习、实习、求职、恋爱四个板块，笔者读完之后有一种五味杂陈的感觉。一方面感慨自己当初为何没有这方面的信息资源，可以帮助我们少走许多弯路；另一方面又深感欣慰，因为有了这份遗憾，才有了今天我们呈现给大家的本书，与君共勉，愿后来人居上！

学习篇

（1）大学里至少应该用一半的时间全身心地投入到学习中去。

（2）能不挂科最好不要挂科，不挂科的经历才是最完美的。

（3）上课时最好不要迟到，最好不要吃东西，最好不要天天都占座，不到万不得已时最好不要逃课。

（4）如果进校时选择的专业不是自己很喜欢的，可以通过辅修或者旁听，去延续自己的梦想。

（5）最好不要和你母语一样的人练习外语口语。

（6）懂得爱护图书馆的书。

（7）国家计算机等级考试证书很少有机会能用上。

（8）很多证书没有你想象的重要，不要跟风去考证，多花点时间实践与实习更重要。

（9）读万卷书行万里路，学习不仅仅是书本上的学习，实践与实习也是一种学习，并且很重要。

（10）英语四、六级尽量通过。

（11）一定要把外语学好，但千万别把外语当做你生活的全部保障，多学点东西将让你获得更多的"救命稻草"。

（12）不要轻易地相信任何学习辅导班，最好的辅导老师就是你自己。

（13）永远不要忘记学习，因为如果你学习失败了，你就什么都不是。

（14）自己外出时包里要放一本书，等车、等人时可以看看。

（15）要每天关注新闻，这样你才能跟上时代的脚步。

（16）文科生也要学学数学，微积分的思想博大精深。

（17）老师有可能不如你，但你仍要懂得去尊重他。

（18）没有人在大学里不触犯过校规的，但前提是自己一定要按时毕业和拿到学位证。

（19）多听听一些名人在校园里做的报告，同时借此机会多认识些社会精英人士。

（20）如果你想通过一项考试，最好在复习之前先制订好你的学习计划。

（21）说上大学没有用的人很大一部分都是那些没有上过大学的人，不要忘了比尔·盖茨也是考上哈佛后才退学的。

（22）不要看别人考研自己也跟着考研，自己是否应该继续读书、是否适合搞研究，自己最清楚。

（23）宝贵的暑期时间，不要只用来学习，学习是在校时的事，而应该用来游学、实习，大块的假期时间，实习更值得你投资。

实践篇

（24）不要因为看别人做家教、做兼职，自己也跟着做家教、做兼职。

（25）锻炼人的途径有很多，不要一门心思的一定要进入学生会或社团，但一定要找平台锻炼。

（26）如果你是学生会干部，不要天天围在辅导员身边，要以你身边同学的利益为重。

（27）参加比赛，不要忘记志在得奖，而不是重在参与。

（28）即便你是学生会主席，如果你的四级没过，没有毕业证，仍然不会有单位想要你。单位需要的是工作的人而不是当官的人。

（29）最好不要参加政治敏感的活动，因为没有一个中国人是不爱国的。

（30）当你对要推销的产品都不是很自信时，不要把你身边的同学当成你推销产品的对象。

（31）好好利用在公共场合说话的机会，展示或者锻炼自己。

（32）在学生组织的经历是多数企业挺看重的，不过学生组织的实力要强，做的活动要精、影响力要大，干部级别要高。

（33）大学 4 年，组织与参与 3 个以上学生社团、学生社会实践活动或者学生社会公益发展项目或 1 次学生创业实践，是需要的。

（34）不要忘记借学生组织这平台多认识学校的"牛人"，而不是漂亮学妹。

实习篇

（35）暑假、寒假不要就想着玩，多找机会去实习，它让你了解社会、了解自己，对以后找工作比那些证更有帮助。

（36）袁岳对我们说，"大学生不实习，就等于废物，至少实习三次或者兼职三次"。这句话值得我们多数童鞋思考！

（37）实习，从大一开始！大三才开始实习，那你就 OUT 了。

（38）一口吃不成胖子，不要奢望，之前没什么实习经历的你，马上就获得一份很好的实习。

（39）如果你没在 985、没在 211，在 985、在 211 却不是优秀的学生干部，那找一份对口的名企实习，是非常有战略意义的。

（40）不要太计较暑期实习的工资与补贴，而是要关心你能锻炼到什么，实习经历对你今后求职发展的含金量如何，以后找份好工作，钱就都来了。

（41）好的实习经历是，你以后想找什么工作就找什么实习，并且是单位知名度、美誉度越高越好。想考公务员，就找政府实习，想进银行、国企，就找银行、国企实习。

（42）好好地珍惜你获得的实习机会，特别是亲朋好友内部推荐的机会，因为你的亲朋好友会因此而欠对方人情，这个他以后是要还的。

（43）外企工作已经没以前热门了，现在公务员、事业单位、银行、大国企工作更受欢迎，那实习除 500 强外企要重视外，政府、银行、大国企的实习也得重点关注。

（44）找好的实习不要只知道海投，大多数好的实习岗位都是老师、优秀校友、亲朋好友内部推荐进去的，或者是找人脉求职网、hiall 求职邦这些内部推荐机构来推荐的。

（45）实习前，记得请给你推荐实习的亲朋好友吃顿饭，实习结束后，记得请带你的师傅和同事们吃顿饭，表示感谢他们的关心与帮助。

（46）99% 的实习生都是"影帝影后"，就是在复印机前复印来复印去的"影帝影后"，要做更多的挑战性实习工作先把简单的行政事务性工作做好。

（47）如果你选择考研，大三暑期千万不能为准备考研而不去实习，缺少丰富实习经历的研究生，更容易给用人单位留下只会读书不会做事的形象。

（48）如果你选择出国留学，商科类、金融类的名校申请，投行、外资银行、国内外知名投资公司、名企的实习经历是可以加分不少的。

（49）有条件的话，不同的实习多几份，这样你更能知道自己喜欢的是什么样的工作。

（50）不要单纯地认为找实习比的是你个人才能，那是低端的实习岗位，很多高端实习岗位，还比你的财力和关系网。

求职篇

（51）第一份工作很重要，要谨慎选择之。

（52）找好工作，大四9月开学就要着手了，多关注名校就业网的招聘信息。

（53）确定了求职目标，对口知名单位的实习经历能极大地提升你的就业竞争力，如果之前没有，9月能补就尽量补上。

（54）如果你不打算创业，事业单位、银行、大国企等体制内单位是不错的工作选择。

（55）考研，考公务员，还是直接工作？可以是边找工作边考研或考公务员。

（56）很多好工作是需要内部推荐的，500强外企也好，还是体制内单位也好。

（57）不要幻想自己能成为招聘会的宠儿，你要明白，现在博士、硕士都要满大街跑了。

（58）不要太迷信笔经、面经，你能找到什么样的工作，其实大一、大二你怎么锻炼过来的，就基本上决定你能找到什么样的工作了。

（59）海投简历是需要的，海投之外，记得多找有资源的亲戚、老师、校友帮忙推荐，内部推荐是找好工作的最有效方式，并且不少岗位是不对外公布的。

（60）hiall求职邦、人脉求职网、过来人求职商学院这三大求职培训、内部推荐机构可以关注下。

（61）找有些好工作，比"才"的同时，也在比"财"，要舍得投资。

（62）不要抱怨你的同学工作找得比你好，一是社会游戏规则与学校里的游戏规则不同，他在别人的眼中比你优秀；二是或许人家家里比你有背景。

（63）如果你没太大的抱负，家乡环境还不错，回家发展是明智的选择。

（64）选择了北上广、杭州等大都市，就要选择坚强。

（65）找工作，大家拼实力、找关系，迈向社会的第一课好好学学。

（66）有些单位让你过去面试，不用高兴太早，它是让你过去打酱油的。

（67）有一定的工作经验之后开始创业才是容易成功的，毕业不要急着创业。

恋爱篇

（68）找一个自己真心喜欢的人，用心的去谈一次恋爱。

（69）可以执著地去追一个人，但实在追不上，最好就放弃，以后追到一个更好的时候也不要幸灾乐祸。

（70）见到你以前的对象或你追过的人时，无论她身边是否有别人，都要打声招呼。

（71）不到万不得已时，朋友妻也尽量不要欺，即使欺了也要光明磊落地去欺。

（72）不要轻易说出"我爱你"。

（73）如果这段恋情让你很刻骨难忘，分手后最好不要马上再开始一段，因为这是对爱情的尊重。

（74）不要轻易地去吻别人，因为这是人类最伟大的行为。

（75）尊重、礼貌地对待追你的人。

（76）和你喜欢的人约会才是最让你开心的事情。

（77）不要轻易地下结论她才是你最爱的人。

（78）两个人在一起时，都要学会给对方留有私人空间。

（79）以前自己的感情经历尽量不要说，这是善意的谎言。

（80）在决定异地恋、撬别人的对象、脚踏两只船前，一定要慎重考虑。

（81）两个人亲密时要顾及他人和场合。

（82）不要为了争抢一个女生而打架，尊重她的选择。

（83）如果你女友的前任男友突然打来电话找她，不要妨碍他们谈话，要给他们自由交谈的时间。

（84）要懂得时间可以冲淡一切的。

（85）分手后即使偶然在街上遇到，也不要因此而再联系，对每个人来说一个稳定的家庭才是最重要的。

生活篇

（86）学会安排自己的时间，要让自己每天都过得充实。

（87）住在学校里，和寝室的同学要搞好关系。

（88）早上最好不要跑步，最适合锻炼的时间是傍晚。

（89）做学长学姐后，一定要有一个学长学姐的样子。

（90）人不可能所有的承诺都实现，但只要承诺了就尽量兑现，诚信做人。

（91）不到万不得已时，尽量要天天洗漱。

（92）爱自己的学校，不管她好与坏，毕竟是自己选择的。

（93）要有几首自己拿手的歌曲。

（94）不要在寝室里抽烟。

（95）要把你能用的物品和值得读的书籍卖给别人。

（96）做人要低调和懂得谦虚，向《天龙八部》里的"扫地僧"学习。

（97）要敢于像世界杯上齐达内那样去维护自己家人和自己的尊严，但要把握住分寸，因为他的惩罚仅仅是一张红牌。

（98）打架打的就是钱。

（99）最少每星期给自己的家人打一次电话。

（100）送给家人的礼物，最好是自己通过劳动挣来的钱。

（101）孝敬父母才是最要紧的事情，要给父母洗一次脚。

（102）如果不是绝症，得病了就不要告诉你的家人。

（103）尽量选择一个家乡以外的城市去读书，如果在一个城市里了，也不要总回家，要懂得怎样去独立生活。

（104）同学之间不要赌钱。

（105）打扑克、看武侠、看网络小说的时间不要太多。

（106）在寝室谈话中不要涉及城乡差别的话题，不要炫富，要懂得照顾别人的感受。

（107）借同学的钱一定要想着还。

（108）不要迷恋网络，除非你真能因此养活你自己。

（109）生活费不要月月都花光。

（110）不要选择低档的旅馆去休息，住的地方最起码被褥每天都要换洗一次的。

（111）自己要有经常参与的运动项目。

（112）见网友时一定要慎重，一夜情解决不了你体内的荷尔蒙。

（113）和异性出去时尽量自己先结账。

（114）喝酒时大家的关系是最融洽的。

（115）在寝室里要尊重别人的作息时间和生活习惯。

（116）无论这个同学、老师你是否喜欢，见面时尽量打声招呼。

（117）买电脑之前不要把学习作为你的主要理由。

（118）不要跟别人说你所在的学校、院系、专业有多么的差，在别人眼里，这种表现往往是在埋汰自己。

（119）如果他不是你的竞争对手，考试时不要装做不认识他。

（120）多向人际关系好的人学习，做一个受欢迎的人。

（121）如果你挣钱的业务不是很多，电话费就不要太多。

（122）在娱乐活动时，一定要考虑那些家境不太好的同学，懂得换位思考。

（123）没有特殊原因，散伙饭一定要吃的。

（124）如果有同学在没经过你的允许"借用"了你的东西，无论你是否知道他是谁，都不要恶语中伤他，不要得理不饶人，因为你们生活在一个校园里，毕竟还是同学。

（125）遇到心事时，不要憋在心里，懂得去倾诉，更不要讳疾忌医，可以去心理咨询，这在外国是一件很平常的事情。

（126）最好什么类型的歌曲自己都要听听，如邓丽君的歌迷并不比周杰伦的少。

（127）不要把看韩剧、美剧当成你生活的全部。

（128）假期最好不要带太多的书回家。

（129）很要好的朋友，记得要定期保持联系，如有一些大事，更要主动地去关心一下。

（130）说金钱没有用的人，要么是宗教人士，要么是身价已经过亿的人。

（131）没有什么比知识和智慧更具人格魅力。

（132）同学照一定要好好的保留。

（133）别人张贴的东西，最好不要把它撕扯下来。

（134）在网上发帖时别人要是不回就不要强求别人回，要厚道。

（135）没有一个人大学生活是没有留下遗憾的，所以不要过于悔恨。

（136）做一件事情最好把它坚持下来，就像我把这篇文章坚持写完为止。